U0864307

国家级特色专业体育教育专业系列教材

体能训练

主　编：谭成清　李艳翎
副主编：胡　湘　雷艳云
编　委：（以姓氏笔画为序）
汤长发　李艳翎
易小坚　陈　锐
胡　湘　贺　洪
郭建平　雷艳云
阙　剑　谭成清
主　审：周建社

湖南师范大学出版社

丛书编委会

主　任

金育强

副主任

李艳翎　汤长发

委　员

（以姓氏笔画为序）

马卫平　史绍蓉　许之屏

汤长发　李艳翎　张继生

陈嘉勤　易小坚　周建社

金育强　郑　澜　荆光辉

贺　洪　贺昭泽　郭建平

龚正伟　雷艳云　谭成清

作者简介

谭成清

男，汉族，1964年生，湖南省邵阳市人，湖南师范大学体育学院副教授。在《体育科学》、《北京体育大学学报》、《成都体育学院学报》等刊物上发表论文数十篇；主编《现代大学体育教程》，参编全国高校统编教材《体操》、《举重 健美运动》等4部；主持省部级课题2项，参与省部级和厅局级课题多项。主要研究方向：竞技体操、健美操、健美和体能的教学与训练。

李艳翎

男，汉族，1959年出生，湖南省新宁县人，中共党员，教育学博士、教授、博士生导师，湖南师范大学体育学学科带头人，湖南师范大学学位委员会委员，国际体操联合会技巧技术委员会副主席，全国高校体育教学指导委员会委员，湖南省高校体育教学指导委员会副主任委员兼秘书长，技巧项目国际级裁判员，蹦床项目国际级裁判员，皮划艇项目国际级裁判员。主持国家社科基金项目2项，省部级科研项目20余项；在国家级、省级学术刊物上发表论文60余篇，出版《体育课程论》、《竞技体育项目与管理》、《体育科研理论与方法》等多部著作。

总 序

专业是高等院校的基本构成单元，本科院校的特色来源于专业的特色，专业群的特色构成院系的特色，进而形成高等院校的办学特色。专业建设是高等学校人才培养的前提、基础和保障条件，也是反映高等学校综合水平和竞争力的一项主要指标，而特色专业建设不但有利于促进学校的教学基本建设，进一步改善办学条件，培育办学特色，同时有利于提高办学质量，适应社会经济发展的需要。

为全面贯彻和落实科学发展观，切实把高等教育重点放在提高其质量上，2007 年 1 月 22 日教育部和财政部颁布了《关于实施高等学校本科教学质量与教学改革工程的意见》。特色专业建设是质量工程六大内容中“专业结构调整与专业认证”的重要组成部分，文件指出要按照优势突出、特色鲜明、新兴交叉、社会急需的原则，择优选择和重点建设 3000 个左右特色专业点，引导各级各类高等学校发挥自身优势，努力办出特色。

湖南师范大学体育教育专业有幸在 2007 年被遴选上“第二类特色专业建设点”，经过近 5 年的建设，该专业在人才培养质量上有了显著提高。

体育教育专业是师范专业，是我国高等院校体育专业办学历史最长的本科专业，为我国体育事业培养了成千上万的体育工作者。该专业长期以来以培养学校体育教师为基本目标。随着社会的进步、经济的发展，以及社会对体育人才需求的变化，体育教育专业的人才培养目标从单一目标向多元目标发展，即从单一的学校体育教师培养向技能型、应用型、职业型的“多能一专”、“一专多能”和“复合型”体育教育人才培养发展。

5 年来，湖南师范大学体育教育专业在人才培养上突出强调了学生专业素质和综合素质的培养，围绕技能型、应用型和职业型的“一专多能”的人才培养目标、课程设置和社会对体育教育专业人才的实际需求，提出了“五重型”（即重“实”、“教”、“健”、“能”、“异”）体育教育师范专业人才培养体系，组织了数十位思维活跃、视野开阔的专家学者，在东西方文化的对比中，在历史与现实社会文化的对接中，在理论与实践的结合中浏览、思考、创造，编写了 10 本系列教材。这 10 本教材分别是《体育教育专业综合素质论》、《体育教育实习指导》、《体育教学新论》、《体育学创新性实验与研究》、《体育场地设计》、《体育竞赛的组织与管理》、《健康管理概论》、《体能训练》、《空手道教学与训练》、《健美操修炼》。本系列教材的编撰亦力求契合重“特色”、重示范性与推广价值及重人才培养与教学改革的目标与原则，重视教材的科学性、系统性、理论性和应用价值。

江河绵延，万古长流，在于不断融汇百川的新流；文化传承，昌盛不衰，在于不断承旧开新的勇者。唯愿更多的学者不懈坚持“独立之精神，自由之思想”，为体育教育的发展再添亮色！

金育强

2012 年 8 月

前 言

随着社会的进步，经济的发展，竞技体育运动和大众体育身体锻炼日益从社会发展的边沿走向中心，而体能训练和体能锻炼在竞技运动和大众体育中越来越受到重视。就竞技运动而言，运动训练科学化程度的提高促进了现代竞技运动水平的不断提升。运动训练从综合训练到单项的专门化训练，再到综合训练，其中体能训练作为各项目运动训练的核心内容倍受重视。除田径以外的其他球类项目以及技能类项目，开始配备专职的体能教练员。就大众体育运动的发展而言，随着休闲时代的来临，人们余暇时间的增多，体育锻炼正在成为人们的健康生活方式。体能训练是大众的健身基本内容，日益受到重视。尤其是针对我国学生体质近20多年来持续下降，科学的体能训练显得尤为重要。为此，我们特编写这本《体能训练》。

这本书为专业体育学院学生教材，也可作为普通大学生教学用书。从解剖、生理、生化等基础理论，到体能训练的基本方法和指导，再到体能训练的运动处方、运动损伤及预防、效果的测定与评价等知识，本书都做了详实的介绍。本书还运用了国外体能训练的最新理念和方法。通过阅读本书，学生可较好地掌握和运用体能训练的知识和技能。

本书一共11章，主编为谭成清副教授和李艳翎教授，副主编为胡湘讲师和雷艳云副教授，由周建社教授主审。各章编写的人员如下：第一章，谭成清副教授；第二章，汤长发教授；第三章，谭成清副教授和易小坚教授；第四章，李艳翎教授；第五章，雷艳云副教授；第六章，阙剑讲师；第七章，胡湘讲师；第八章，李艳翎教授和李光博士生；第九章，陈锐讲师；第十章，贺洪副教授；第十一章，谭成清副教授和李艳翎教授。

参加编写材料整理的硕士研究生有李光、张恒波、刘兵、郝仕芳、高铭鸿、易文婷等。插图动作示范：刘兵、郝世芳和邹雅同学。摄像和摄影：樊秋生老师、谭成清老师、廖莉博士生和陈强同学。硕士生刘兵、郝世芳、王莎莎、范敏和贺立娥同学做了文字整理与校对工作。全书最后由谭成清、李艳翎校对和统稿。

由于时间仓促，编者水平有限，书中难免有一些错误和缺点，恳请专家和读者批评指正。

编　者

2012 年 8 月

目 录

第一章 体能与体能训练 ……（1）
第一节 体能概述 ……（1）
第二节 体能训练概述 ……（5）
第二章 体能训练生理基础 ……（11）
第一节 体能训练与肌肉力量 ……（11）
第二节 体能训练与骨骼肌纤维类型 ……（16）
第三节 体能训练与心肌 ……（27）
第四节 体能训练与神经控制 ……（32）
第五节 体能训练与肺功能 ……（36）
第三章 体能训练理论基础与训练原理 ……（45）
第一节 体能训练的基本原理 ……（45）
第二节 体能训练的原则 ……（51）
第三节 体能训练的方法 ……（52）
第四章 核心稳定平衡练习 ……（55）
第一节 核心稳定平衡概述 ……（55）
第二节 上肢与腰腹力量练习 ……（56）
第三节 下肢与腰腹力量练习 ……（64）
第四节 腰腹力量综合练习 ……（69）
第五章 力量练习 ……（75）
第一节 力量练习概述 ……（75）
第二节 上肢力量练习 ……（75）
第三节 下肢力量练习 ……（86）
第四节 腹背力量练习 ……（91）
第五节 综合力量练习 ……（98）
第六章 速度与耐力练习 ……（102）
第一节 速度练习 ……（102）
第二节 耐力练习 ……（114）

第七章　柔韧、协调和灵敏练习 …………………………………………（121）
第一节　柔韧练习 ……………………………………………………………（121）
第二节　协调与灵敏练习 ……………………………………………………（150）
第八章　心理拓展训练 ………………………………………………………（155）
第一节　心理拓展训练概述 …………………………………………………（155）
第二节　心理拓展训练的理论基础 …………………………………………（158）
第三节　心理拓展训练项目 …………………………………………………（160）
第九章　体能训练的控制 ……………………………………………………（176）
第一节　运动处方 ……………………………………………………………（176）
第二节　运动损伤及预防 ……………………………………………………（183）
第三节　训练的心理调节 ……………………………………………………（202）
第十章　体能训练的测定与评价 ……………………………………………（207）
第一节　我国当前健康体能评价标准简介 …………………………………（207）
第二节　不同人群体质测定指标 ……………………………………………（209）
第三节　体能测定的方法 ……………………………………………………（212）
第四节　不同人群体质评定的方法与标准 …………………………………（219）
第五节　身体成分的测定与评价 ……………………………………………（221）
第十一章　体能训练的器材与维护 …………………………………………（228）
第一节　体能训练器材的种类 ………………………………………………（228）
第二节　体能训练器材的维护 ………………………………………………（251）
第三节　体能训练器材使用的安全保障 ……………………………………（253）
第四节　体能训练房 …………………………………………………………（253）
参考文献 ………………………………………………………………………（256）

第一章　体能与体能训练

本章导读　本章学习的主要内容是讲述有关体能和体能训练的概念、结构和分类，以及体能训练的地位和作用、任务、手段与途径。通过本章的学习，使读者对体能有一定的了解，明确体能训练的意义、方法和内容等，进而能自觉将其投入到日常的体能训练中，从而提高身体素质。

第一节　体能概述

一、体能的概念

自从20世纪50年代美国健康体育娱乐协会（American Alliance for Health, Physical Education, and Recreation, AAHPER）首先使用体能（Physical Fitness）这个概念以来，人们对于它的理解有了不断的发展，从不同的角度提出了不同的定义。美国白宫体能委员会将体能定义为：人在工作时表现积极、愉快而不感疲乏，同时还有余力去从事个人所爱好的休闲活动，以及能应付突发事件的能力。国外学者们普遍认为体能或体适能是指：身体适应生活、活动与环境（如温度、气候变化或病毒等因素）的综合能力。它包括健康体能（Health-Related Physical Fitness）和运动体能（Sports-Related Physical Fitness）。我国在体能的认识水平上与国外相比还存在较大的差距。国内学者对于“体能”含义的理解及在运动实践中的应用，都有各自不同的见解。1996年版的全国体育院校通用教材《体育理论》认为体能是体质的一部分，体能是指人体各器官系统的机能在肌肉活动中表现出来的能力。体能包括身体素质和身体基本活动能力如走、跑、跳、投、攀登、爬越、举起重物等能力。2000年出版的体育院校通用教材《运动训练学》中对“体能”进行了阐述。运动员体能指运动员机体的基本运动能力，是运动员竞技能力的重要构成部分。并且认为运动员的体能发展水平是由其身体形态、身体机能及运动素质构成的。这个定义认为体能是基本运动能力。美国陆军条例第 20－21 号《体能训练》中军人体能是指在体力劳动、训练和其他活动中能够有效地发挥作用，并且还有足够的精力应付任何可能发生的紧急事件的能力。美国陆军认为，军人体能除了通常所指的体力、身体素质（运动素质）以外，还应包括适应能力和应急能力。

从以上的体能概念可以看出，体能的概念在不同学者的认识上有着较大的差别。概括出来，有以下三个关系对体能概念产生影响：第一，体能与运动素质的关系；第二，体能与适应能力的关系；第三，体能与心理要素的关系。大多数人认为体能是一种运动素质。把运动素质作为体能内容的全部，即体能必须在运动时通过肌肉收缩才能表现出来，体能的表现与肌肉有着直接联系，即凡是不运动时的身体能力的表现与体能无关，甚至认为耐力就是体能或专项耐力就是体能，使得体能的范围越来越小；2000 年版《运动训练学》教材认为，体能的影响因素是身体形态、身体机能和运动素质。当人运动时，人体的各个器官为了满足肌肉活动的需要，进行协作性工作，即运动这个刺激因素使机体的器官机能围绕着运动展开，而运动仅仅是使身体各器官机能发生变化的刺激因素之一。还有一些因素也能使身体器官的机能发生变化。当人们乘坐车、船、飞机这些工具时，身体机能都发生不同程度的变化。有些人在乘船时会感到眩晕恶心，但如果坐的次数多了，这种眩晕的感觉就会弱些，身体也就具备了抗眩晕的能力。另外自然环境的突然变化，也是刺激机体的一个因素，为了适应气候的变化，也要进行一定时间的训练。因此我们把这种适应工作环境和自然环境的能力称为适应能力，它与运动素质组成体能的生理要素。另外，心理因素是否应包括在体能中，也有不同的认识，应不应该加在体能中，就看如何定义它了。但如果认为体能仅仅限于肌肉的外部表现，当然看不出心理因素作用。如果我们把体能定义为在大脑控制下肌肉的活动能力，我们就可以看出心理在体能中的作用了。通过我们对体能概念的分析，能认识到体能的概念界定的难度，站在不同的视角和立场所看到体能的内涵与外延是不同的。

根据以上三种关系和各类对体能概念的不同表述，有关体能概念的观点主要分为 4 类：第一，专项耐力论；第二，机能能力论；第三，身体基本运动能力；第四，大小体能论。这些论述为我们尽量正确、完整地认识体能的概念提供了积极参考。

本书中所指的体能是指（如图1－1）：人体各器官系统的机能在大脑控制下的身体（肌肉）和心理（神经）活动中所表现出来的主动与被动的能力，包括力量、速度、耐力、灵敏、柔韧和协调等基本的身体素质，以及人体对环境的适应，对心理障碍的挑战、调适与控制的综合能力。体能是体质的重要组成方面，其发展程度也是衡量体质水平的重要指标。

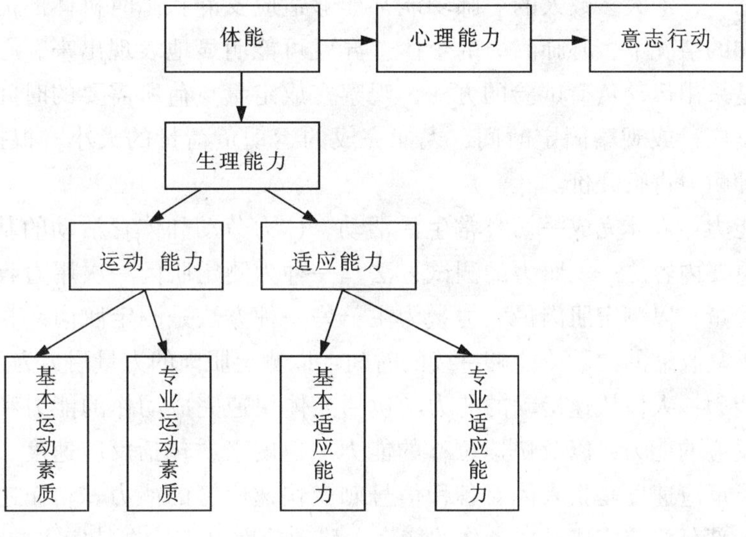

图 1－1　体能概念结构

二、体能的内容

1958 年美国白宫体能委员会提出美国青年体能测验标准，包括引体向上、仰卧起坐、立定跳远、折返跑、50 米冲刺、垒球掷远与 600 米等七项，用来测验人体的臂力、腹肌耐力、爆发力、敏捷、速度、协调与心肺耐力等七种身体运动能力。由于种族、文化、国别的差异，各国体能研究者，根据体能的各项要素，设计了各式各样的检测方式，造成研究与比较上的困难，因此国际科学会议（CISS）运动医学委员会于 1964 年在东京奥运会上组建了国际体能测验标准化委员会，以拟定体能检测的内容与方法，作为各国进行体能检测的参考。在健康体能被单独提出并强调其重要性之前，国际上有关体能的检测，主要以 ICSPTF 的标准为基础。国际体能标准化委员会制定了标准体能测试的 6 大内容。即：身体资源调查、运动经历调查、医学调查与测验、生理学测验、体格和身体组织测验、运动能力测验。对此，德国学者拉逊提出了构成体能的十大要素：对疾病的抵抗能力、肌力、肌爆发力、柔韧性、速度、敏捷性、协调性、平衡性、技巧性和心肺耐力。我国专家学者普遍认为，体能训练的内容包括运动素质训练、身体机能训练和专项所需的身体形态训练等。

体能的内容由生理能力和心理能力构成，生理能力分为运动能力和非运动能力，心理能力是指心理调适与控制能力。

运动能力由心肺耐力能力、力量能力、速度能力、耐力能力、柔韧能力、灵敏能力和协调能力构成。非运动能力主要是指环境适应能力。

心理能力主要是指心理调适与控制能力。

心肺耐力能力：人体心血管系统和呼吸系统摄入、运送、吸收利用氧气，进行新陈代谢，产生能量的能力。心肺耐力素质是健康体适能各要素中最重要的一项，从机能上讲，心肺耐力素质主要与人体的心血管系统、呼吸系统的机能有关。在相对安静状态下，绝大多数人的心肺功能都能够适应安静状态时机体的需要，但在体力负荷增加的情况下，心肺耐力的个体差异就可能明显地表现出来。心肺耐力素质测定主要是采用运动负荷试验的方法，观察完成定量负荷所需要的时间、负荷后心肺功能的反应；或观察固定时间，人能完成的运动负荷量的大小。根据试验结果，可以对心肺耐力进行评价。

力量能力：人体完成一切日常生活活动、体力劳动和体育活动的基础，为健康体适能的重要内容之一。肌力的测试方法，一种为测定肌肉一次用力收缩时所能产生的最大力量，以测定肌肉最大力量为主；另一种方法是测定肌肉在相当大的负荷下，能够重复收缩的次数或能够持续的时间，以测定肌肉的力量耐力为主。

速度能力：人体快速运动的能力。包括人体快速完成动作的能力和对外界信号刺激快速反应的能力，以及快速位移的能力。速度素质包括反应速度、动作速度和移动速度。反应速度是指人体对各种信号刺激快速应答的能力。动作速度是指人体或人体某一部分快速完成某一动作的能力。移动速度是人体在特定方向位移的速度。其评定如反应速度的评定、动作速度的评定、移动速度的评定。

耐力能力：人体坚持长时间运动的能力。按人体的生理系统分类，耐力素质可分为肌肉耐力和心血管耐力。肌肉耐力也称为力量耐力，心血管耐力又分为有氧耐力和无氧耐力。有氧耐力是指机体在氧气供应比较充足的情况下，能坚持长时间工作的能力。无氧耐力也叫速度耐力，它是指机体以无氧代谢为主要供能形式，坚持较长时间工作的能力。不同耐力素质的评定：有氧耐力的评定及其负荷量度评定；糖酵解无氧代谢功能的无氧耐力的评定与训练负荷量度的确定。

柔韧能力：人体关节在不同方向的运动能力以及肌肉、韧带等软组织的伸展能力。可以分为一般柔韧素质和专门柔韧素质。身体的柔韧性素质也是公认为健康体适能的要素之一。柔韧性素质与人体关节活动幅度的大小，以及跨过关节的韧带、肌腱、肌肉等的延展性有关。目前对于柔韧性的评价，虽然可以用各种仪器对关节活动范围进行测量，但是，用一些简单易行的方法对这一素质进行测定和评价，仍有重要的实用价值。柔韧性素质测定指标包括评价躯干和下肢柔韧性的坐位体前屈试验，肩关节活动的持棍转肩、双手背勾试验，以及躯干旋转活动性的臂夹棍转体试验等。

灵敏能力：在各种突然变换的条件下，运动员能够迅速、准确、协调的改变身体的空间位置和运动方向，以适应外部环境变化的能力。灵敏素质可分为一般灵敏素质和专门灵敏素质两类。测试灵敏素质可以在跑、跳中迅速做出的各种动作、各种调整身体方位的练习、专门设计的各种复杂多变的练习、各种改变方向的追逐性游戏中对信号做出复杂应对。

协调能力：人体在运动中，身体各器官系统、各运动部位配合一致，完成动作的能力。它不是一种单纯的运动素质，与锻炼者各器官的功能、各运动素质、心理品质和个性特征以及技能储备等联系密切，是各种能力的综合表现。在运动学领域，协调性被认为是机体运用两三种运动形式完成一个特定的运动目的的能力。协调性包括一系列复杂的活动，简单地说，这些活动包括感官对输入产生反应，然后从所学的技能中处理并选择适当的运动程序，最后执行动作。大脑在千分之一秒内对输入的信息进行预测、评价和调整。

环境适应能力：运动仅仅是使人体各器官机能发生变化的刺激因素之一。人体不运动时，外部环境也能使身体器官的机能发生变化。如，当人们乘坐车、船、飞机、飞船、火箭等工具时，处于缺氧、超重、失重等情况时，气候骤变、工作和生活环境变化时，身体机能都发生不同程度的变化。人体在乘船时会感到眩晕恶心，尤其是波浪大的时候，但如果坐的次数多了，这种眩晕的感觉就会弱些，身体也就具备了抗眩晕的能力。因此我们把这种适应工作环境和自然环境的能力称为适应能力，是体能的内涵之一，它与运动素质组成体能的生理要素。

心理调适与控制能力：体能是人体在大脑控制下肌肉的活动能力。可以看出，心理素质是体能的重要组成部分。按照辩证唯物主义的观点，身心是不可分的，身心是相互影响、相互制约的。体能作为一个开放的系统，必然考虑外界因素对体能的影响，而这种外部影响通常包括对生理和心理的影响。心理影响因素主要是指非自然因素。如竞技比赛中，观众的欢呼声等，这些因素通过人体本身特有的情感体验调节人身体的生理机能。因此体能表现应该包括心理因素，而心理因素变化要通过意志力才影响到生理的变化。意志对行动的调节有两个方面：一是发动，二是抑制。

三、体能的分类

依据不同的范围、性质、对象等，体能有很多种分类依据。结合上述对体能概念的理解和对体能内容的梳理，本书将体能分为生理能力和心理能力两大类。生理能力包括运动能力（运动素质）与非运动能力（环境适应能力），心理能力主要是指心理调适与控制能力。本书将根据此种分类对体能训练的方法和注意事项进行详细而系统的介绍。

第二节　体能训练概述

一、体能训练的概念

体能训练，顾名思义，就是旨在发展人体体能的训练，也就是运用科学的运动负荷刺激等手段，促使人的身体形态和机能产生适应性变化，以提高机体适应运动需要能力的训练。在“体能训练”一词被广泛运用以前，我国的训练理论界多用“身体素质（或身体）训练”的概念。用“体能训练”代替“身体素质（或身体）

训练”，并不仅仅是因为体能的概念可以比身体素质的概念涵盖更加全面的内容，它还反映了我国训练理论认识的一种深化，反映了一种理论的导向。尽管在训练的内容和手段上，“体能训练”与“身体素质（或身体）训练”没有实质性的差异，但仔细分析两个概念，在价值取向上，二者还是有明显差别的。身体素质是体能的综合表现，因此，从某种意义上说，体能与身体素质又是“本”与“标”的关系，体能是“本”，身体素质是体能的重要表现指标。“身体素质（或身体）训练”一词往往会使教练员在训练实践中过多地关注“标”的提高，而忽视对“本”的改造，对指标提高的盲目追求也常常会导致过度训练。

二、体能训练的地位与作用

尽管在不同的运动项目中，体能对运动员竞技能力贡献的大小不同、对一般普通人群的要求也不同，但这并不影响体能训练的基础地位。在现代运动训练的几项内容中，体能训练是顺利完成其他各项训练的基础，没有良好的体能，技能训练、战术训练等必将流于形式；没有高效的体能训练，运动员竞技能力的提高就难以保证，一般群体的体质提高也会出现问题。无论是运动员还是一般群体，体能训练的具体作用体现在以下方面（见表1-2）：

表1-2 体能训练的作用

体能训练项目		作用
生理能力训练	运动能力训练	促进身体健康、充分发展身体素质、保证比赛需要、延年益寿
	非运动能力训练	保证生活需要、提高自然环境适应能力、延年益寿
心理能力训练	心理调适训练	保证比赛需要、愉悦身心、保证人际交往需要、提高社会适应能力、延年益寿

三、体能训练的任务

体能训练的任务主要体现在以下几个方面：第一，根据专项运动的需要改善身体形态结构。如姚明和王治郅到NBA后都曾面对体重过轻、对抗能力不足等问题，他们的体能教练首先都通过力量训练和饮食结构调整，增加体重，改善其身体形态，以适应NBA比赛激烈的身体对抗的需要。普通人群也可以根据自身的身体形态，通过调整饮食结构、适量运动来调节生活和体能。第二，全面提高运动员机体各器官系统的生理机能，对于一般人群也可以提高其机体各器官的功能和适应能力。我们知道，机体的生理机能是运动能力的基础，任何一项运动能力都是由若干个器官系统的机能所决定的，如力量的大小不仅取决于肌纤维的收缩能力，还取决于神经系统的协调能力，因此体能训练要全面提高运动员机体各器官系统的生理机能。第三，充分发展身体素质。身体素质是技术、战术的基础，没有良好的身体素质，再好的技术和战术在比赛中都将成为无源之水、无本之木，就好像建在沙滩上的摩天大楼。一般人群可根据自身的身体适应能力，适当降低运动负荷和强度，从而有利于机体的健康发展。第四，提高对环境变化的适应能力。第五，提高人体在比赛、工作、生活中处理对心理障碍的挑战、调适与控制的综合能力。

四、体能训练的沿革及发展趋势

（一）体能训练发展概况

随着现代奥林匹克运动的发展，对运动员体能的要求越来越高。人们对运动员体能的训练也是不断在发展的。科技的发展，推动着体能训练的科学发展。人们对体能认识的逐步加深，对运动员训练的日益系统科学化，竞技体育的激烈程度不断增加，使得体能训练成为教练员和运动员进行训练的核心部分。

1. 国内体能训练的发展概况

“体能”一词在中国使用是在20世纪80年代。在1982年以前以体能为研究内容的研究是没有的，1983年项群理论产生，“体能”一词逐渐进入人们的视野。1987年开始有人对与体能相关的问题进行研究。1994年中国足协开始“足球运动员体能测试”，1996年后对体能相关的研究逐渐增多，因此有人认为“体能”一词的传播与足球关系重大。20世纪90年代中期，体能训练开始在中国升温。20世纪90年代后期开始对体能训练进行专门的研究。2003年中国足协引进YOYO测试对足球运动员进行体能测试。1983年项群理论提出后，技能与体能相对应而存在，体能这个概念日益被技能主导类对抗运动项目教练员、运动员所接受和使用，界定明确而方便，同时在对外学习交流时“体适能”的传入和中国特色化，体适能也日益融合到体能概念中，并逐渐流传开来，确定下来。

体能训练的发展与中国足球的发展是有莫大关系的。随着比赛程度的日益激烈，对运动员体能的要求也不断提高，因此，通过聘请外籍教练带来国外最新的训练方式对运动员的体能进行训练和提升，使体能教练也应运而生。1954年，我国为了迅速提高足球水平，派遣一支队伍赴匈牙利学习。中国队在匈牙利的教练是阿姆别尔·约瑟夫（匈牙利），为此他也成为新中国足球队的第一位外籍教练。1992年，聘请施拉普纳（德国）成为中国足球队主教练，施拉普纳也因此成为中国足球队的第二位外籍主教练。1998—1999年聘请鲍比·霍顿（英国）为中国足球队主教练。2000—2002年聘请博拉·米卢蒂诺维奇（南斯拉夫）为中国足球队主教练。米卢其实也是一位体能教练，2002年1月他在准备国家足球队与斯洛伐克队的比赛前采用科学理论指导国家队集训时的体能训练。2002年国安聘请帕约维奇（南斯拉夫）做体能教练。2003年中国国奥队聘请国内著名体能教练毛翼轩为体能教练。2004年3月，中国男篮聘请埃尔·阿维达斯为体能教练。2006年国家足球队聘请塞黑人托马斯为体能教练。2007年聘请杜伊科维奇（塞尔维亚）为中国足球队主教练。2007年国家女子足球队聘请伊莲娜·安德森（瑞典）为体能教练。2007年国家男子足球队聘请巴西的苏利万为体能教练。2008年12月8日在上海市体育职业学院举行了我国首家体能协会揭牌仪式——上海市体能协会正式成立。2009年9月20日辽宁盼盼篮球队首次聘用体能教练（沃勒）。到目前为止，体能教练在运动员运动训练中已经是核心组成部分，在任何运动项目的训练中都很重视对运动员进行体能训练。体能训练的方式也随着科学技术的进步在不断地更新，体能训练器材的研发如火如荼，体能训练一词也逐渐被人们接受。未来的体能训练将会趋向于系统科学化、生理生化指标精确化、个性化等。

2. 国外体能训练的发展概况

体能训练由来已久，但体能训练在非体能项群项目中专门独立分化出来的时间并不是很久。纵观近20年奥运会历史，连续5届奥运会的奖牌数位居世界第一的美国无疑是国际竞技体育强国，美国的体能训练也走在世界的前列。纵观整个体能训练的发展史，大致可以分为以下几个阶段：

（1）第一阶段——雏形阶段

“二战”期间美国海军制定了《海军航空兵体能训练计划》是体能训练发展的雏形阶段，该计划的目的是为了训练出体能素质适合战争需求的士兵。当时美国体操运动员和教练员的训练均参照了这一训练计划进行指导运动员的体能训练。

（2）第二阶段——自发阶段

20世纪40年代以前，体能训练主要应用在体能项目中，且训练集中在一两个运动素质上，训练质量很低。在集体项目中教练员和运动员还没有认识到体能对运动成绩的重要性，此时的体能训练是运动训练的一个盲区。由于当时对体能认识的薄弱，体能训练没能得到各项目教练员和运动员的重视。虽然个别队员进行了相关的体能训练并从中受益，但大多数教练员和运动员还是没能充分重视体能的作用。该阶段主要的特征是体能训练属于自发，而非自觉行为。

（3）第三阶段——自觉阶段

体能训练在20世纪中后期风靡世界，特别是在欧、美等发达国家，体能训练已成为专业竞技运动训练和大众健身的重要内容。在20世纪四五十年代从事个人竞技项目的运动员还不能完全接受全年体能训练的概念。如在参加1948年奥运会的几个10公里长跑运动员在参加比赛前只训练了6个月。到20世纪50～70年代，集体运动项目的运动员通过发展体能提高自己的竞技能力已非常普遍，一些影响力较大的单项俱乐部，如美国的篮球、橄榄球、拳击等，专门安排了为运动提高员体能的教练员。20世纪70年代末，随着美国国家力量教练协会的成立，体能教练的概念逐渐地在被熟悉，其任务是鼓励力量和体能教练员之间观点意见的交流。此时，教练员和运动员为了提高运动成绩，保持健康和延长运动寿命，开始自觉从事体能训练。

（4）第四阶段——快速发展阶段

20世纪八九十年代，无氧代谢、力量训练和其他方面的研究变得比较流行和重要，并被科学领域所接受，如灵敏的研究。主要标志是1978年，美国体能协会（National Strength and Condition Association，即NSCA）成立。1985年NASA成为体能训练的专业机构，运动队中出现了专职的体能教练员。1992年美国成立了全美篮球体能教练员协会（National Basketball Condition Coacher Association，即NBCCA），1994年美国第一部体能训练专著 *Essentials of Strength Training and Conditioning* 出版。

20世纪90年代，体能训练研究领域的扩展和高科技的出现，为力量和体能训练提供了理论和技术的支持。教练员追求着新理念到新器材设备作为体能训练工具摆放在力量房、体育馆和运动场中，很多跨行业的产品已经被运用和帮助运动员运动能力的提高和损伤的预防，现被形象地称为运动医学。新产品的发明在运动医学领域正逐年上升，药物治疗、外科技术和治疗技术被运用到治疗和预防损伤方面。2000年出版了私人体能训练专著 *Personal Training*。力量和体能训练也成为一个职业，运动队中出现了专职的体能教练员。20世纪90年代，研究领域的扩展和高科技的出现，为力量和体能训练提供了支持。几乎所有的美国大学生运动员和职业的高水平运动员都进行过全年的专业体能训练。

（5）第五阶段——成熟阶段

20世纪90年代以后，很多跨行业的产品被运用到帮助和提高运动员的运动能力和预防损伤。体能训练中心相继成立，主要代表之一有美国的AP（Athletes Performance），相比美国体能协会来讲，它是个刚出道的小兄弟，却有后来居上之势。虽然AP提供体能训练的价格不菲，但职业运动员却十分热衷。随着各种体能训练中心的相继创建，体能训练开始步入稳定发展阶段。体能训练行业出现产品品牌化，许多家体能器材公司销售各式各样的力量和体能训练器械，公司品牌数不胜数，训练器材的研制不断创新。体能训练新产品的研发和创造在体能训练领域逐年上升，利润相当可观。美国一个规模不大的专营体能训练产品的公司年利润不少于1.5亿美元。

（二）体能训练的发展趋势

1. 体能训练国际化

现在体能训练的交流日益频繁和国际化。运动队聘请国内外知名体能教练指导体能训练，有实力的运动队还将赴国外进行体能培训和交流。体能教练已成为了一个国际性的职业，体能训练也伴随着人们对运动员体能的重视和体能教练职业的飞速发展而融入国际化的行列。

2. 体能训练科学信息化

随着科学技术的进步，各种先进的训练设备、训练手段、信息交流等不断引入体能训练中。运动员训练过程中各项身体指标的测验和测验仪器越来越精确和精密。体能训练的手段和分类越来越科学化，训练日趋专项化，训练方法和手段的供能特点及对机体的负荷特征更加接近运动员的比赛状态，如：在训练过程的各阶段训练任务均围绕比赛要求有目的选择体能训练手段；训练多周期化和以赛带练，准备期训练时间缩短，时间也有所提前；比赛期时间则大大延长，一般训练的比例减小，专项训练的比例增加；以赛带练，赛练结合等。以科学理论为指导，制定科学的训练计划，广泛运用科技成果，采用先进的技术与科学的训练方法和手段，对体能训练的全过程实施最佳调控，传统和现代训练方法相结合，更加注重实效性和发挥个人特点，发展了许多新的训练方法。每年的体能教练培训和国际交流都带来大量的体能训练信息。

3. 核心力量训练不断重视

核心力量存在于所有运动项目中，所有运动中的动作都是以中心肌群为核心的运动链，强有力的核心肌群对运动中的身体姿势、运动技能和专项技术动作起着稳定和支持作用。任何竞技项目的技术动作都不是依靠某单一肌群就能完成的，它必须动员许多肌肉群协调做功。核心肌群在此过程中担负着稳定重心、环节发力、传导力量等作用，同时也是整体发力的主要环节，对上下肢体的协同工作及整合用力起着承上启下的枢纽作用。现代对运动员的体能训练更加强调的是系统整体性，任何一个动作都不是孤立的，因此对核心力量训练的地位的重视不断提高。

4. 训练、管理、恢复一体化

借鉴男子体能训练的经验应用到女子体能训练中会获得明显的提高效果，这一方式目前受到各国的广泛重视，在对女子运动员的体能选材、运动素质的训练以及与体能密切相关的意志品质与有关心理能力方面等均有涉猎，称之为女子训练的“男性化”。现代体能训练更加重视训练过程中的科学管理，重视每个阶段每位运动员的训练状况，注重个性化的体能训练，有针对性地进行科学有效的管理，进而提高体能训练的效率。对运动员的训练恢复也是高度地重视，采用多种科学的手段加速运动员从训练中恢复到最佳状态。恢复是消除疲劳的最佳手段也是提高运动员体能状态的最佳手段，因此采取科学有效的手段对运动员进行训练恢复，构建高效能的恢复训练体系就尤显重要。

希望通过对本书的学习，能够使读者更加科学、系统和全面地认识体能训练。

思考题

1. 体能是只针对运动员，还是也适用于其他人群？

2. 体能可以分为哪几类？其主要内容是什么？

3. 体能与身体素质有哪些区别与联系？

4. 依据我国国民体质监测报告，我国国民体质持续下降，已引起了国家有关部门的高度重视，并制定和实施了配套政策。请你结合身边的实际情况谈谈体能训练的意义或作用。

第二章　体能训练生理基础

本章导读　本章学习的主要内容是有关体能训练与肌肉力量、肌纤维类型、神经及心肺功能之间的关系，及它们对训练的影响。通过本章的学习让读者对体能训练的生理学基础有一定的了解，明确体能训练与各组织、器官的关系，从而很好地指导体能训练。

第一节　体能训练与肌肉力量

一、肌肉体积

肌肉体积的增加（肌肉肥大）直接引起肌肉力量的增加。一定程度上，性别之间的差异表现出肌肉体积的差异，可以解释为肌肉力量之间的差异。另外，研究发现机体力量的大小与体重呈正相关，例如举重项目的世界纪录与运动员的体重呈正比例的关系（见图2－1）。研究证实，几个星期或几个月的肢体固定首先表现出的是肌肉体积的减小（即肌肉萎缩），然后表现出肌肉力量的减弱，肌肉体积的大小常常与肌肉力量的大小呈平行关系。但是，肌肉体积并不是影响肌肉力量的唯一因素。

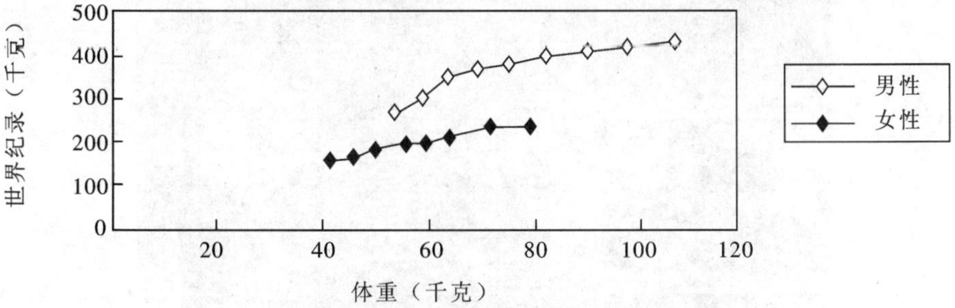

图2－1　举重世界纪录与运动员体重的关系

（依据Wilmore和Costill，1994）

肌肉肥大的发生机制包括两方面：急性的肌肉肥大和慢性的肌肉肥大。

急性的肌肉肥大指肌肉在一次性的运动后表现出的肥大现象，其中的主要原因为液体在肌肉空隙和细胞间的聚集（即水肿），液体的主要来源为血浆。急性的肌肉肥大具有持续时间短的特点，通常在运动后的数小时内消失。

慢性的肌肉肥大指肌肉在长期的运动后表现出的肥大现象，其反映肌肉结构上的变化，其中主要原因为肌纤维横截面积的增大或肌纤维数目的增加（见图2－2）。肌纤维横截面积增大的影响因素为：肌原纤维（myofibril）的增多，肌动蛋白（actin）的增多，肌浆球蛋白丝（myosin filament）的增多，肌浆（sarcoplasm）的增多，相关组织（connective tissue）的增多。

肌纤维数目增加指肌纤维在运动训练过程中表现出的肌纤维分裂或生成现象，高阻力（high resistance）训练可能是肌纤维增加的重要途径和方法（见图2－3）。

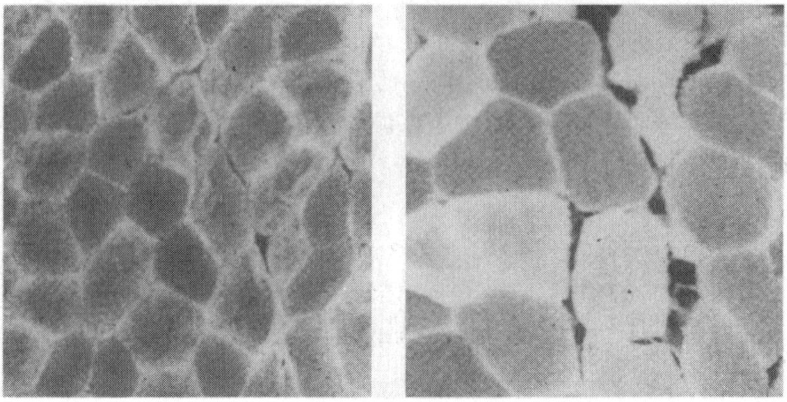
A B

图2－2 肌纤维肥大

（依据 Wilmore 等，1994）

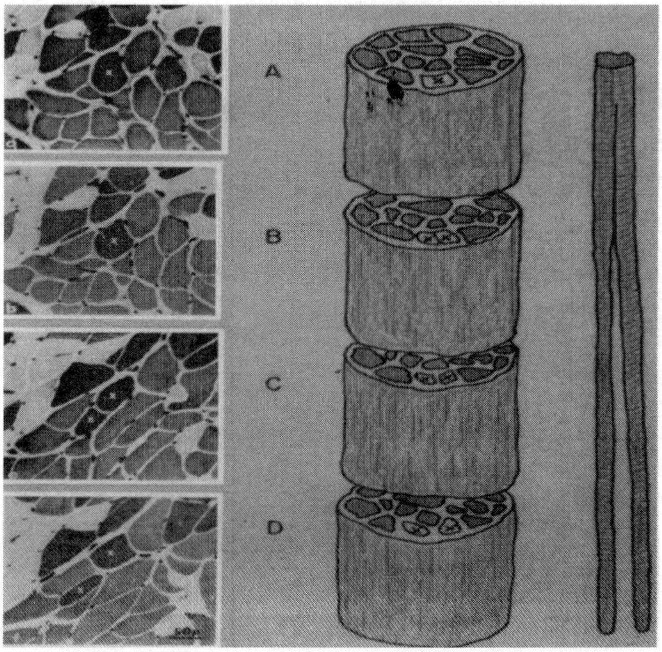

图2－3 肌纤维数目增加

（依据 Gonyea 等，1977）

肌肉萎缩是伴随着肢体固定而发生的肌肉体积减小现象。研究证实，机体在固定后6小时蛋白质的合成速度开始逐渐减弱，肌肉力量在固定后的第一周会以3%～4%的速度递减。肌肉萎缩的负面影响主要作用于慢肌纤维，表现为Z线流圆盘状和线粒体的破坏，结果呈现出肌纤维横截面积的减小和慢肌纤维比例的下降。另外，适当的运动可以恢复萎缩的肌肉。尽管肌肉萎缩消除的时间通常长于产生的时间，但是消除的时间仍显著短于第一次运动训练产生肌肉体积增大的时间。因此，运动员在停训期间和受伤治疗期间进行适宜的运动方式有助于保持肌肉力量和肌肉体积。

二、肌肉长度

肌肉长度可以影响肌肉力量的大小。肌肉在收缩时的初长度与肌纤维中每个肌节的长度有关，因此肌节长度可以影响肌纤维收缩的力量。研究发现，单一肌节处于最适长度时产生的张力最大，过长或过短的肌节长度产生的张力皆小于最大张力（见图2－4）。另外，肌肉长度决定于主动成分（active components）和被动成分（passive components）的情况，有效横桥的数目可以影响肌动蛋白和肌凝蛋白相互作用产生的力量大小，肌肉处于静息状态时有效横桥的数目保持最多。完整肌肉长度与肌肉力量的研究表明，一定程度上肌肉的长度越大其产生的张力也越大（见图2－5）。

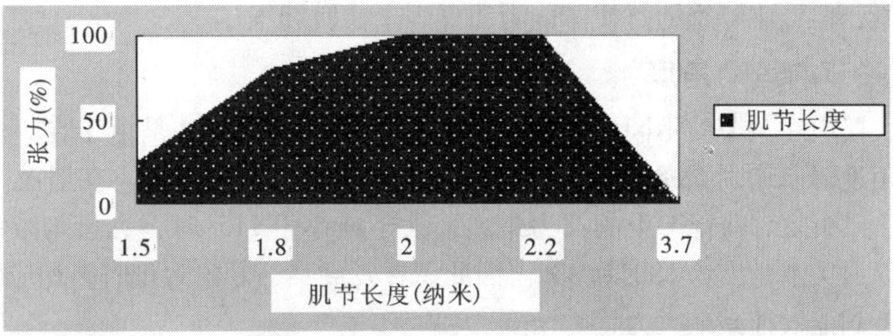

图2－4　肌节长度与张力的关系

（依据Richard，1982）

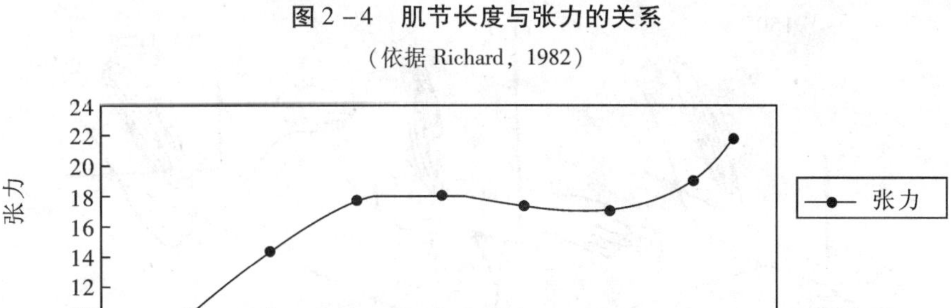

图2－5　肌肉长度与张力的关系

（依据Eston，2001）

三、肌肉的收缩速度

研究证实，肌肉力量与肌肉收缩的速度之间存在着一定的关系。Hill首先系统地观察了肌肉力量与速度的关系，其发现随着肌肉向心收缩速度的线性增加，肌肉力量表现出非线性的下降特点。之后，Wilkie 等也发现随着肌肉离心收缩速度的线性增加，肌肉力量表现出相应的增加（见图 2 –6）。

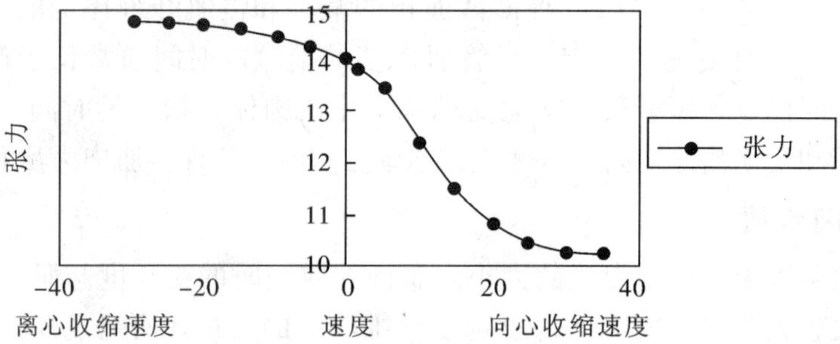

图 2 –6　肌肉收缩速度与张力的关系

（依据 Hill 等，1938；Wilkie 等，1950；Chapman 等，1976；Tiahanyi 等，1987）

四、肌纤维类型的改变

力量不仅取决于肌肉的体积，而且决定于肌纤维的类型。根据肌肉的收缩速度，骨骼肌纤维可以分为快肌 A、快肌 B 和慢肌纤维三种类型。肌纤维类型与力量有着密切的关系，快肌纤维的收缩力量明显大于慢肌纤维，快肌纤维的收缩速度明显高于慢肌纤维，但慢肌纤维的抗疲劳能力明显强于快肌纤维。

五、关节的运动角度

同一块肌肉在关节的不同运动角度时产生的力量不同，这是由于在一个关节的不同运动角度时肌肉对骨的牵拉角度不同之故。如图 2 –7 所示，在肘关节角度为 115°时，肱二头肌对前臂产生的拉力最大，大于或小于 115°时，力量均减小，最虚弱的位置是肘关节角度为 180°和 40°。因此，在发展某一专项力量时，相应的关节角度必须调整到能发挥其最大力量的角度。

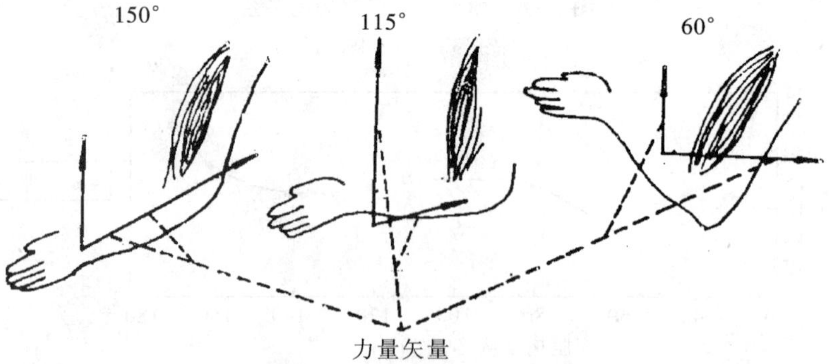

图 2 –7　不同屈肘角度时，肱二头肌对桡骨头牵拉角度的效应

六、神经控制能力

力量并不是完全由肌肉的性质所决定，其与神经控制能力也有一定的关系。神经控制能力可以有效调节肌肉内运动单元的募集。Enoka 研究指出力量的增加可以与

肌肉的结构变化互相独立，但是不能脱离神经控制能力的适应性改变。

研究证实，人类机体内的神经肌肉系统有抑制机制即自生抑制（autogenic inhibition），其可以有效地防止肌肉力量超出骨骼和关联组织的承受范围。例如，当肌腱和内部关联组织结构超出高尔基腱器的阈值，机体启动自生抑制，相关的运动神经元被抑制。但是，力量训练可以逐渐降低或抵消机体的自生抑制机制，保证肌肉能够产生更大的肌力。对为期 6 个月力量训练的观察发现，神经控制能力是力量增加的主要因素，而肌肉肥大只是一个次要影响因素。

七、激素

人体的内分泌系统与力量的大小有一定的关系，对机体肌肉力量影响较大的内分泌激素有生长激素（GH）和睾酮（T）。GH 对肌肉力量的营养作用主要是通过激发胰岛素样生长因子（IGF）而发挥生理效应。临床研究证明 GH 能促进肌肉蛋白质合成、增加萎缩肌肉的体积、改善肌肉功能，而 IGF 可以加强骨骼肌细胞间氨基酸和葡萄糖转运，增加骨骼肌血液供给，促进肌蛋白合成、抑制分解。T 可以刺激肌肉摄取氨基酸，进而促进肌纤维的生长。研究证实，尽管 T 不是肌肉肥大的唯一因素，但是 T 对肥肉体积的增大具有积极作用。

八、性别

在儿童时期，男孩和女孩的力量差别不大，在青春期后性别的差异就越来越明显，男孩的力量明显大于女孩。

这种变化是由于雄性激素分泌增多造成的。雄性激素可以促进肌肉和骨骼体积的增大，因而肌肉力量增大。

成年女子的平均力量是男子的 2/3。

虽然男子绝对力量明显大于女子，但用相对力量表示性别之间的差异却明显地缩小或消失了。

九、年龄

人在成年之前，力量的增长很快。肌肉体积的增长与力量的增长成正相关。20～30岁之间的肌肉力量最大，以后逐渐下降。65 岁老人的力量大约只有 20～30 岁青年人的 80%。

男子在 25 岁以前进行力量训练，能收到较好的效果。30 岁以后力量开始下降。

女子的力量在 20 岁后力量达到最大值。同男子一样，30 岁以后力量开始下降。因此女子在 20 岁以前进行力量训练，会取得良好效果。

十、体重

体重大的人一般绝对力量较大，体重较小的人的相对力量可能比体重大的人大。

第二节　体能训练与骨骼肌纤维类型

骨骼肌纤维根据其结构、机能特点分为快肌纤维和慢肌纤维。劳轮悉尼（Loranzini，1673）首次报道兔骨骼肌有些颜色较红，有些颜色较白，并发现肌肉的色泽与运动能力有关。仑威尔（Ranvier，1883）用电刺激方法证明红肌纤维收缩速度慢而相对持久，白肌纤维收缩速度快，但容易疲劳，并将骨骼肌纤维分为“红肌”和“白肌”两种类型。1962 年伯格斯特隆（Bergstrom）发明肌肉活检技术以来，对运动员的骨骼肌纤维特征与运动机能进行了大量研究，证实骨骼肌纤维类型与运动员科学选材和一般人群身体训练有着十分密切的关系。

一、骨骼肌纤维类的分类

骨骼肌纤维根据不同的分类方法，可分为若干种不同的类型。

（一）根据色泽和机能划分

用肉眼观察动物的骨骼肌可以发现不同的肌肉其色泽不同，有些肌肉颜色较红，称为红肌；有些肌肉颜色较白，称为白肌。红肌纤维的收缩速度较慢，所以又称为慢肌纤维（slow twitch muscle fibers，ST）；白肌纤维的收缩速度较快，又称快肌纤维（fast twitch muscle fibers，FT）。快肌纤维又可以分为快肌纤维 A（FTa）和快肌纤维 B（FTb）。

（二）根据组织化学染色方法划分

采用组织化学染色方法，发现不同类型的肌纤维在不同条件下的染色不同，有些肌纤维染色较轻或不着色，有些肌纤维染色较重。根据肌纤维 ATP 酶染色方法，可将肌纤维分为Ⅰ型和Ⅱ型，Ⅱ型纤维又进一步分为 a、b、c 三种亚型。Ⅰ型纤维的收缩速度慢，相当于慢肌，Ⅱ型纤维的收缩速度快，相当于快肌，Ⅱ型纤维中，Ⅱb 的收缩速度快于Ⅱa，Ⅱc 纤维则为介于Ⅱa 和Ⅱb 之间的中间纤维。

（三）根据代谢特征划分

根据肌纤维的有氧代谢酶和无氧代谢酶活性，可将肌纤维分为慢氧化型（slow oxidative，SO）、快氧化型（fast oxidative glycolytic，FOG）和快酵解型（fast glycolytic，FG）。SO 的收缩速度慢，肌纤维中琥珀酸脱氢酶活性高，肌肉收缩时以有氧代谢供能为主；FOG 的收缩速度相对较快，也以有氧供能形式为主；而 FG 则收缩速度快，肌纤维的乳酸脱氢酶活性高，肌肉收缩时以糖无氧代谢供能为主。

（四）根据基因蛋白划分

为了观察肌纤维类型是否随年龄和运动训练等后天因素而发生改变，根据肌肉收缩蛋白中肌凝蛋白重链（myosin heavy chain，MHC）的基因表达，可将肌纤维的 MHC 分为Ⅰa、Ⅰc、Ⅱa、Ⅱac、Ⅱc、Ⅱab 和Ⅱb 七种类型。

骨骼肌纤维的分类方法和分型见表 2－1。

表 2-1　骨骼肌纤维分类方式及分型

分类方法	肌纤维类型		
肌肉颜色	红肌	白肌	
收缩速度	慢肌	快肌 A	快肌 B
ATP 酶染色	Ⅰ型	Ⅱa	Ⅱb
代谢特征	SO	FOG	FG
MHC	Ⅱc	Ⅱa　Ⅱc　Ⅱac	Ⅱab　Ⅱb

二、骨骼肌纤维类型的形态、机能特点和运动特征

不同类型的骨骼肌纤维具有不同的形态、机能和代谢特征，这在运动实践中具有十分重要的意义。

（一）不同类型骨骼肌纤维的形态学特征

不同类型骨骼肌纤维的形态学特征主要表现在肌纤维直径、肌浆网、毛细血管密度和神经支配等方面。

肌纤维直径：快肌纤维与慢肌纤维相比，直径粗，体积大，这种形态学特征保证快肌纤维具有较大的收缩力量。

肌浆网：快肌纤维的肌浆网较慢肌纤维发达，因此，快肌纤维在接受刺激后向胞浆释放 Ca^{2+} 的速度比慢肌纤维快，兴奋收缩耦联时间短，表现为肌纤维收缩速度快。

毛细血管密度：慢肌纤维周围的毛细血管数量较快肌纤维多，慢肌纤维工作时血液供应较快肌纤维丰富，有利于肌细胞和毛细血管的气体交换。

神经支配：支配快肌纤维的运动神经元体积大，神经纤维传导速度快，而支配慢肌纤维的运动神经元体积小，传导速度慢。一个神经纤维支配快、慢肌纤维的数量不同（即运动单位不同），一个神经元可以支配 300 ~ 800 条快肌纤维，而仅能支配 10 ~ 180 条慢肌纤维。

线粒体：线粒体（mitochondria）是肌纤维中重要的氧化代谢场所，慢肌纤维中线粒体数量多，体积大，而快肌纤维中的线粒体数量相对较少。

（二）不同类型骨骼肌纤维的机能特点

1. 肌肉收缩力量

快慢肌的收缩力量主要决定于单个肌纤维的体积和神经肌肉支配比，由于快肌纤维体积大，运动单位中的肌纤维数量多，因此，快肌纤维的收缩力量明显大于慢肌纤维，这是快肌纤维重要的机能特征之一。

2. 肌肉收缩速度

快肌纤维的收缩速度明显高于慢肌纤维，这是快慢肌纤维的重要区别。在快速爆发性工作中主要是快肌纤维参与工作，而在慢速活动中，则主要由慢肌纤维参与工作。

3. 抗疲劳能力

慢肌纤维的氧化代谢能力强，毛细血管丰富，氧气供应充足，因此，肌肉工作持续时间长，抗疲劳能力明显强于快肌纤维。

不同类型骨骼肌纤维的结构、机能特征见表2－2。

表2－2 骨骼肌纤维的结构、机能特征

特征	Ⅰ	Ⅱa	Ⅱb
运动神经元体积	小	大	大
神经传导速度	慢	快	快
肌纤维数量/神经元	10～180	300～800	300～800
毛细血管密度	高	中	低
肌红蛋白含量	高	中	低
收缩速度（m/s）	50	110	110
肌凝蛋白ATP酶类型	慢	快	快
肌肉收缩力量	小	大	大
抗疲劳能力	强	中	弱
有氧代谢能力	高	中	低
无氧代谢能力	低	中	高

（引自Wilmore，1994）

（三）不同类型骨骼肌纤维代谢特点

肌纤维的代谢能力主要决定于能源物质的含量和代谢酶活性，不同类型肌纤维中能源物质的含量、有氧代谢酶和无氧代谢酶的活性也不相同。

1. 能源物质含量

ATP和磷酸肌酸（CP）是存在于肌肉组织中重要的高能磷酸物，主要参与肌肉收缩时的快速供能，快肌纤维中高能磷酸物的含量高于慢肌纤维，因此，有利于肌肉在快速收缩时的能量供应。而与糖代谢有关的肌糖原、6－磷酸果糖和乳酸含量也是快肌纤维高于慢肌纤维。

表2－3 不同肌纤维中高能磷酸物含量（umol/g dw）

高能磷酸物	快肌	快慢混合肌	慢肌
ATP	33.33±2.29	29.60±2.97	20.66±3.31
PC	101.91±6.55	87.14±4.59	57.52±11.52
Cr	65.78±7.10	50.57±7.11	41.80±6.57
TC	167.69± 7.77	137.72± 7.96	99.32±16.72
6－磷酸果糖	4.04±2.03	2.12±0.37	2.49±0.57
乳酸	13.26±6.43	6.27±2.33	6.61±2.14
糖原	173.0±37.3	157.8±21.9	129.8±41.0

注：快肌：腓肠肌浅层；混合肌：跖肌；慢肌：比目鱼肌。

2. 代谢酶活性

（1）ATP 酶：ATP 酶存在于肌凝蛋白，在肌肉收缩和放松过程中分解 ATP 提供能量，快慢肌纤维中 ATP 酶的催化速度和效率不同，快肌纤维的 ATP 催化速度快，慢肌纤维催化速度慢，因此，肌肉收缩时快肌纤维的能量供应速度高于慢肌纤维。

（2）琥珀酸脱氢酶（SDH）：SDH 存在于肌纤维线粒体中。慢肌纤维的线粒体数量较多，SDH 活性高，保证慢肌纤维的有氧代谢供能能力高于快肌纤维。

（3）乳酸脱氢酶（LDH）：LDH 是糖无氧代谢标志酶，快肌纤维中 LDH 活性高，糖无氧代谢供能能力强。

（四）运动时骨骼肌纤维的动员

肌肉接受刺激收缩时，并不是以整块肌肉为单位参与工作，也不是以单个肌纤维为单位参与工作，而是以一个神经元及其支配的一组肌纤维（运动单位，Motor Units）为单位参与活动。

在肌肉进行一些维持性工作中，如人体静止直立，主要是下肢的慢肌纤维（或慢运动单位）参与工作，而在一些大力量和快速度的爆发性工作中，如短距离冲刺、排球扣球、篮球扣篮等，主要是快肌纤维参与工作；在一些长时间耐力性运动中，如马拉松跑、长距离游泳等，主要是慢肌纤维参与工作。

肌纤维的神经支配是决定不同类型肌纤维参与工作的主要因素，支配快肌纤维的神经纤维的兴奋阈高，需要强度较大的刺激才能引起快肌纤维的收缩；而慢肌纤维的兴奋阈低，小强度刺激就可以引起慢肌纤维的收缩。在肌肉工作时，当肌肉刺激强度不大或外界负荷较小时，慢肌纤维被动员参与工作，当外界负荷较大时，快肌纤维被动员参与活动。

肌肉工作时不同类型肌纤维中的糖原消耗可以间接反映肌纤维参与收缩的情况。在一些大强度活动中，快肌纤维中的糖原被大量消耗，而慢肌纤维中的糖原含量相对不变，表明快肌纤维参与工作；而在一些强度较小的活动后，慢肌纤维中糖原含量被大量消耗，表明该活动以慢肌纤维参与工作为主。

运动时不同类型肌纤维参与不同强度工作是相对的，在小强度长时间的运动或工作中，当慢肌纤维疲劳时，快肌纤维也将参与工作，以维持肌肉的正常工作。而在一些大强度活动中，当快肌纤维工作能量下降时，慢肌纤维则被动员参与工作，但肌肉力量和工作特征也会发生相应变化。

在进行中等强度的长时间运动中，肌肉收缩力量相对较小，神经系统将动用适合于耐力性工作的 ST 和部分 FTa 参与收缩。当运动中这些肌肉的能量供应物质（如糖原）被大量消耗时，FTa 将大量参与工作，以保证身体以同样的运动强度保持长时间运动；当 ST 和 FTa 都力竭时，FTb 也将被动员参与长时间的肌肉收缩（见图 2－8）。

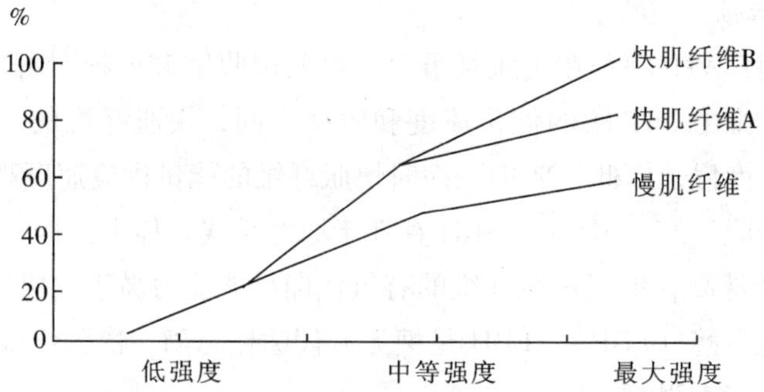

图 2-8 不同强度运动时快慢肌纤维的募集百分比

（引自 Wilmore, 1994）

三、肌纤维的分布特征

（一）一般人骨骼肌纤维分布特征

人体骨骼肌纤维类型的分布是混杂的，不同肌肉中快慢肌纤维的比例有较大差异。一般人股外肌快、慢肌纤维各占50%，比目鱼肌中慢肌纤维较多，腓肠肌中慢肌纤维较少，在腓肠肌中，浅层肌肉中快肌纤维百分比较高，深层肌肉中慢肌纤维百分比较高。人体上、下肢骨骼肌有相似的肌纤维分布特征，如果上肢肌肉中的慢肌纤维占优势，下肢的慢肌纤维百分比也较高。

人体骨骼肌纤维类型的分布有较大的个体差异，有些人骨骼肌中快肌纤维占优势，有些人则骨骼肌中慢肌纤维成分较多，一般人股外肌中快、慢肌纤维各占50%，但慢肌纤维百分比高者可达85%，低者仅为15%，这种肌纤维的分布特征是运动员科学选材的重要依据。

骨骼肌纤维类型没有明显的性别差异，男女股外肌的快慢肌纤维百分比分布范围均在15%～85%之间，平均约为50%左右（表2-4）。但肌纤维面积却有显著性差异。男女体育大学生股外肌的平均肌纤维面积分别为6200 μm^2 和4400 μm^2，因此，男女肌肉力量的性别差异并不是由于肌纤维类型的百分比不同，而是由于肌纤维面积的不同所致。

表 2-4 男女骨骼肌不同肌纤维类型分布特征

受试者	肌肉名称	Ⅰ%	Ⅱa%	Ⅱb%	Ⅱc%
一般人（男）	股外肌	46	39	15	
一般人（女）	股外肌	51	37	12	
体育大学生（男）	股外肌	52	35	10	3
	肱三头肌	50	41	9	1
体育大学生（女）	股外肌	52	34	12	1
	肱三头肌	51	36	10	4

（二）运动员的骨骼肌纤维类型分布特征

运动员的骨骼肌纤维类型有明显的项目特征，特别是与肌肉供能形式有密切关系的周期性运动项目与骨骼肌纤维类型组成的关系更为密切。优秀耐力运动员骨骼肌中慢肌纤维百分比高，而优秀的速度项目运动员中快肌纤维占优势。研究表明马拉松跑世界冠军的比目鱼肌中的慢肌纤维百分比高达93%~99%，而世界级短跑运动员的比目鱼肌的慢肌纤维百分比仅为25%左右。力量性运动项目，如举重、投掷运动员的快肌纤维相对较多；既要求速度又要求耐力的运动项目，如田径中的中长跑、自行车，运动员的快慢肌纤维各占50%；技巧性运动项目，如体操、球类，运动员的肌纤维组成与一般正常人相比，没有明显的运动项目特征，但有明显的个体差异。不同专项运动员骨骼肌纤维的分布特征见表2－5。

表2－5　不同项目运动员骨骼肌肌纤维横断面积和百分比

运动项目	性别	肌肉	慢肌 ST%	快肌 FT%	慢肌面积（μm^2）	快肌面积（μm^2）
短跑	男	腓肠肌	24	76	5878	6034
	女	腓肠肌	27	73	3752	3930
长跑	男	腓肠肌	79	21	8342	6485
	女	腓肠肌	69	31	4441	4128
自行车	男	股外肌	57	43	6333	6116
	女	股外肌	51	49	5487	5216
游泳	男	三角肌	67	33	—	—
举重	男	腓肠肌	44	56	5060	8910
		三角肌	53	47	5010	8450
铁人三项	男	三角肌	60	40	—	—
		股外肌	63	37	—	—
		腓肠肌	59	41	—	—
铅球	男	腓肠肌	38	62	6367	6441
非运动员	男	股外肌	47	53	4722	4709
	男	腓肠肌	52	48	3501	3141

（引自 Wilmore，1994）

四、运动训练与骨骼肌纤维类型

（一）骨骼肌纤维类型与运动员选材

优秀运动员骨骼肌纤维类型的分布特征表明运动能力与肌纤维类型密切相关。慢肌纤维百分比占优势的人，具备了成为优秀耐力性运动员的先天优势；而快肌纤维百分比较高的人，有希望成为优秀的速度短跑运动员。由于人体骨骼肌纤维类型的组成在很大程度上决定于遗传，因此，肌纤维类型被认为是运动员科学选材的一项重要指标。

肌纤维类型的直接测定目前多采用伯格斯特隆的肌肉活检技术，这种方法损伤程度小，取出的肌肉样品不足50毫克，不会对肌肉机能和运动训练产生不利影响，可以用于小范围的肌纤维类型测定。

（二）骨骼肌纤维类型与无损伤指标的关系

虽然，伯格斯特隆的肌肉活检技术损伤小，但由于人们对手术的恐惧，而难以在运动员科学选材中实施，特别是青少年运动员不易接受。从运动员科学选材角度讲，骨骼肌纤维类型的测定对青少年更具有实用价值，因此，学者们通过大量研究，采用一些非损伤的间接方法推测人体骨骼肌骨骼肌纤维类型百分比，以适应运动员选材的需要。

1. 肌肉力量

肌肉力量与快肌纤维百分比呈正相关，肌肉中白肌纤维越多，肌肉力量越大。研究发现一般人最大随意伸膝肌肉力量与Ⅱ型肌纤维呈中度正相关，相关系数在0.55~0.90之间。

2. 耐力工作时间

慢肌纤维中线粒体数量多，氧化代谢能力强，持续工作时间长，因此，肌肉耐力工作时间可作为推测快慢肌纤维百分比的指标。慢肌纤维越多，肌肉耐力工作时间越长。Hulten发现大学生等长伸膝持续时间与慢肌纤维百分比呈正相关，并根据慢肌纤维百分比建立了推测耐力工作时间的回归方程：

$$Y = 9.35 + 1.093X$$

Y：耐力工作时间（秒）；X：慢肌纤维百分比

3. 肌电图（EMG）

随着电子技术的应用，人们越来越注重人体生物电信号与肌纤维百分比之间的关系。肌电图是采用专门技术将肌肉收缩过程中动作电位变化引导、放大和记录下来的图形，用于推测肌纤维组成的肌电图是采用无损伤方式记录的表面肌电图。

推测肌纤维百分比组成的常用肌电图指标有积分肌电图（IEMG）、均方根振幅（RMS）、平均功率频率（MPF）和电－机械延迟（EMD）等。采用肌电图技术测定肌纤维组成的方式为：让人体进行持续性的等长收缩，记录整个收缩过程的肌电图变化，根据肌电图的变化特征推算肌纤维百分比组成。

（三）肌纤维类型的无损伤推测

大量研究结果证实，骨骼肌纤维类型与肌肉力量、肌肉耐力工作时间和肌电图等无损伤指标存在着依存关系，用无损伤方式可以间接推算骨骼肌纤维百分比组成，使这一指标广泛应用于运动实践。

Moritani根据肱二头肌（快肌纤维百分比高）和比目鱼肌（慢肌纤维百分比高）在等长收缩时肌电图的变化特点，用多项肌电图指标推导出用于推测腓肠肌纤维类型的多元回归方程：

$$\text{Ⅱ}\% = 25.58 - 0.828X - 1.079Y + 0.410Z$$

X：MPF（Hz/min）；Y：EMD（msec）；Z：RMS（uv/min）

我国运动生理学者高强等人经过多年研究，发现肌肉力量和肌肉等长收缩过程中的肌电图变化与肌纤维百分比有密切关系，建立起推算肌纤维百分比组成的多元回归方程，并研制出肌纤维无损伤测定仪，广泛应用于运动员科学选材。

（四）骨骼肌纤维类型对运动训练的适应

运动训练会引起骨骼肌纤维类型产生适应性变化，早已被大量研究所证实，这种适应性变化主要表现在肌纤维体积、肌肉酶活性等方面。

1. 肌纤维面积

运动训练可以增加肌纤维收缩蛋白的含量，因此可以引起肌肉体积增加，肌纤维面积增大，表现为明显的专门性特征。耐力训练引起慢肌纤维面积的选择性增大，而速度、力量训练则引起快肌纤维面积增加。研究发现对一般人进行力量训练后，虽然肌纤维百分比未发生显著性变化，但肌肉力量和肌纤维面积均有显著性增加（见图2-9）。

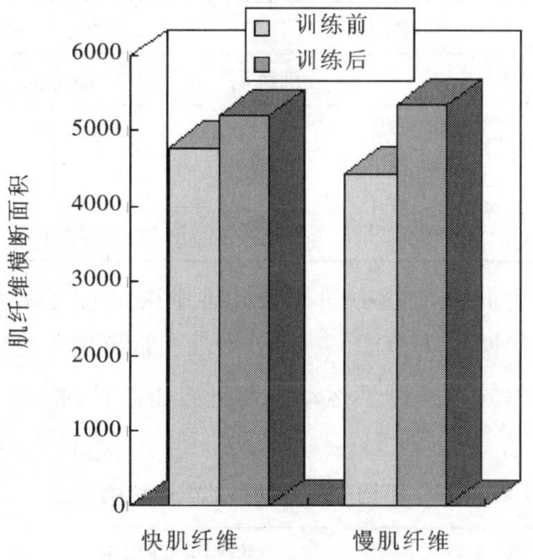

图2-9 力量训练对股外肌肌纤维面积（μm^2）的影响

（引自 Wilmore，1994）

也有研究结果表明运动训练引起的肌肉体积增加与训练内容有关，而无专门性特征。力量训练可以提高Ⅰ、Ⅱa和Ⅱb的肌纤维面积，而耐力训练则使肌纤维面积减小，既包括力量训练又包括耐力训练的混合性训练对增加肌肉体积的效果不明显。

耐力性运动员肌纤维面积相对减小是对耐力训练的适应性反应，符合耐力性运动对机体的特殊要求，肌肉体积的缩小和神经细胞分支的增加有利于运动时氧利用率的提高，以及创造优异的运动成绩。

表 2 –6　不同训练内容对肌纤维面积的影响（μm²）

肌纤维	C		S		E		SE	
	前	后	前	后	前	后	前	后
Ⅰ	4946	5177	4883	5450	5437	4853	5008	4756
Ⅱc	3733	4062	3981	5301	2741	2402	4175	4658
Ⅱa	6310	6407	6084	7527	6782	6287	5892	7039
Ⅱb	5917	6120	5795	6078	6325	4953	5160	4886

注：C：非运动对照组；S：力量训练组；E：耐力训练组；SE：混合训练组。

（引自 Kraemer，1995）

2. 肌纤维酶活性变化

肌肉酶活性可以随运动训练的内容发生显著性变化，耐力训练使快慢肌纤维的有氧代谢酶活性增加，速度训练使无氧代谢酶活性增强，而肌纤维酶活性对训练内容有明显的适应性（表 2 –7）。

表 2 –7　运动训练对肌肉酶活性的影响

酶活性	速度训练		耐力训练	
	训练前	训练后	训练前	训练后
ATP 酶	0. 070	0. 091		
琥珀酸脱氢酶			4. 70	9. 10
磷酸果糖激酶			27. 10	58. 80

不同专项运动员由于训练内容不同，肌纤维中酶活性也表现出专项特征。耐力性运动员肌纤维中有氧代谢酶（SDH），酶活性高，而无氧代谢酶（LDH 和 PK）与一般人相比没有显著性差异；速度性运动员肌纤维中酶活性特征正相反，LDH 和 PK 活性高，SDH 活性低（表 2 –8）。

表 2 –8　不同项目运动员的肌纤维酶活性

项 目	琥珀酸脱氢酶 SDH	乳酸脱氢酶 LDH	磷酸激酶 PK
短跑	12. 0	1287	15. 3
中跑	14. 8	868	8. 4
长跑	16. 6	704	8. 1
无训练者	7. 4	822	7. 6

（五）运动训练与肌纤维类型转变

运动训练能否引起快、慢肌纤维的相互转化一直是运动医学领域有争议的话题，早期研究认为无论是速度训练，还是耐力训练都不会引起肌纤维类型发生变化。但近来有研究迹象表明骨骼肌纤维类型会随外界刺激条件的改变而发生变化。

1. 骨骼肌纤维类型决定于遗传

骨骼肌纤维类型的分布特征是先天决定的，虽然后天因素可以引起肌纤维面积和肌肉酶活性发生显著性变化，但不能引起快、慢肌纤维的相互转化。单卵和双卵双胞胎的研究结果表明，单卵双生子的慢肌纤维百分比完全相同，遗传性好，而双卵双生子的慢肌纤维百分比的相关性较小。遗传学研究表明男性受试者的股外肌慢肌纤维百分比的遗传度高达96.5%，女子也达92%，从而证明人体骨骼肌的肌纤维分布特征决定于遗传。

对训练者进行长期速度和耐力训练后，观察快慢肌纤维对训练的适应性变化，结果发现耐力训练可以提高受试者的最大摄氧量、慢肌纤维面积和肌肉有氧代谢酶活性，但慢肌纤维百分比并未发生显著性变化；速度训练后显示出相似的结果，虽然肌肉无氧代谢酶活性提高，但快肌纤维百分比没有显著性增加，说明训练并不能引起快肌纤维向慢肌纤维转化或慢肌纤维向快肌纤维转化。

2. 交叉神经支配可引起肌纤维类型的转变

骨骼肌快慢肌纤维的神经支配不同，提示改变肌纤维的神经支配可引起肌纤维类型的变化，这种假设在动物骨骼肌交叉神经支配实验中得到证实。将支配快肌纤维的神经纤维支配慢肌纤维，或用支配慢肌纤维的神经支配快肌纤维，结果发现，数周后，被交叉支配的肌纤维类型发生变化，说明肌纤维类型并不完全取决于遗传，改变后天因素可以引起肌纤维类型的相应变化。

3. 运动训练对肌纤维类型的影响

根据肌纤维 MHC 的分类方法，Ⅱ型肌纤维分为 5 种亚型，在外力刺激作用下，可以观察到 MHCⅡ型变化的迹象。悬垂和失重力可引起动物和人体 MHC 亚型中快成分（Ⅱb）增多，而运动刺激可造成 MHC 中慢成分（Ⅱa）增加。对人体进行 6 周大强度功率自行车训练，前三周每周训练 2 天，后三周每周训练 3 天，结果发现 MHC 的Ⅱb 型在 6 周训练后明显下降，MHCⅡa 明显增多。

运动训练可以引起Ⅱ型肌纤维之间的相互变化。人体进行 19 周力量训练后，不仅使 MHCⅡb 型成分减少，Ⅱa 型成分增多，而且Ⅱb 型肌纤维百分比也明显下降，Ⅱa 型肌纤维百分比升高。目前许多研究证实，耐力训练、阻力训练和速度训练后Ⅱ型肌纤维的Ⅱb 向Ⅱa 型转化，而在停止训练和肌肉废用后，Ⅱ型肌纤维出现相反的变化，即Ⅱa 向Ⅱb 转化。

4. 运动训练对快慢肌纤维的影响

运动训练能否引起快（白）慢（红）之间的改变目前仍然是有争议的研究内容。目前比较公认的观点是运动训练无法引起Ⅰ型肌纤维向Ⅱ型肌纤维的转化，即慢肌纤维向快肌纤维的转化，而运动训练能否引起Ⅱ型肌纤维向Ⅰ型肌纤维转化还有待于更多的实验证实。

证明快肌纤维向慢肌纤维转化的研究主要集中在 MHC。采用长期低频电刺激动物快肌，可以使Ⅱ型肌纤维向Ⅰ型转变，其转变过程为 MHC－Ⅱb→MHC－Ⅱx→

MHC－Ⅱa→MHC－Ⅰ。当低频刺激作用停止后，快肌纤维收缩特性又重新恢复。可见，Ⅰ、Ⅱ型肌纤维之间存在Ⅱ型向Ⅰ型纤维转变的可能。

优秀运动员的研究结果证实 MHC 可出现Ⅰ、Ⅱ型之间的变化，学者对10名优秀划船运动员进行为期4周的训练，训练内容分别为力量训练、高强度耐力、专项耐力和参加世界比赛，观察股外肌收缩蛋白（MHC Ⅰ型、Ⅱ型和肌动蛋白）的适应性，结果发现，肌动蛋白在训练过程提高，比赛期间下降；MHC Ⅱ型在力量训练阶段提高，并达峰值，耐力训练阶段逐渐下降；MHC I 型的变化正相反，力量训练阶段下降，耐力训练阶段升高。

根据IIC类纤维的划分，有学者提出了快肌纤维向慢肌纤维转变的模式。IIC类肌纤维被认为是一种未分化的肌纤维，是Ⅰ、Ⅱ型肌纤维转化的中间纤维。运动训练引起肌纤维的转化过程为：Ⅱb↔Ⅱab↔Ⅱa↔Ⅱac↔Ⅱc↔Ⅰc↔Ⅰ，这种转化过程对运动训练具有重要的指导意义，因为Ⅰ、Ⅱ型肌纤维的相互转化意味着后天训练因素对提高运动成绩的作用越来越大。

越来越多的研究证实运动训练会引起Ⅰ型纤维百分比增多，而Ⅱb型百分比减少。采用高强度的速度和耐力交替性功率自行车运动训练，15周训练后发现Ⅰ型肌纤维类型百分比有显著性增加，Ⅱb型肌纤维百分比显著下降，Ⅱa型不变（图2－10），这种研究结果已被大量研究所证实。

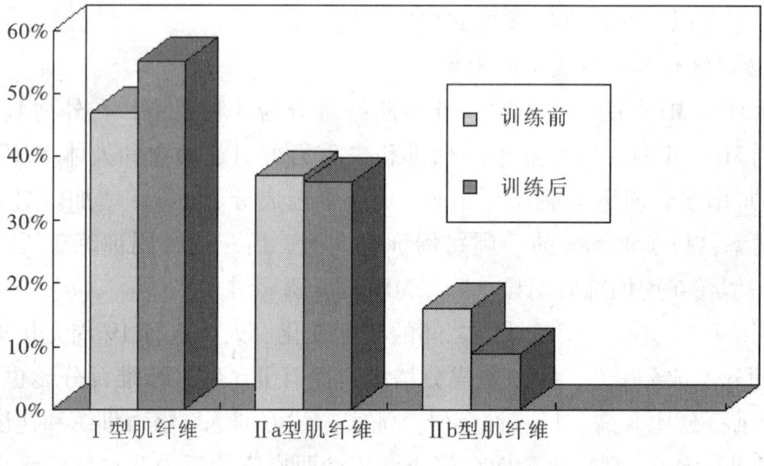

2－10 运动训练对骨骼肌纤维类型的影响

一般受试者分别进行12周高强度耐力训练（E）、高强度力量训练（S）、高强度耐力、力量混合训练（SE），每周训练4天。力量训练强度相当于5次最大重复负荷和10次最大重复负荷，耐力训练为40分钟长跑，强度相当于80%～85%最大摄氧量。结果发现12周训练后，各运动组股外肌的Ⅱb型肌纤维百分比明显下降，而Ⅱa型百分比明显增加（见表2－9）。

但是，更多的实验并无法证实训练或其他刺激方式可以引起Ⅰ和Ⅱ型之间的变化，特别是Ⅰ型向Ⅱ型纤维的转化。已有的实验仅能证实快肌纤维可以向慢肌纤维转变，即Ⅱ型向Ⅰ型转变，且多数是一些收缩特性的变化。

表 2-9　不同训练内容对肌纤维类型百分比的影响（%）

肌纤维	C		S		E		SE	
	前	后	前	后	前	后	前	后
Ⅰ	52.0	52.8	55.2	55.4	54.1	54.6	55.6	57.7
Ⅱc	1.6	1.3	2.4	2.0	0.9	2.5	1.9	1.8
Ⅱa	25.6	26.6	23.4	40.5	25.8	34.1	28.4	39.4
Ⅱb	20.8	19.2	19.1	1.9	19.2	8.8	14.1	1.6

注：C：非运动对照组；S：力量训练组；E：耐力训练组；SE：混合训练组。

学者们对人体进行 6 周大强度训练，虽然发现 MHC Ⅱa 型增多，Ⅱb 型减少，但却未见Ⅰ、Ⅱ型 MHC 或肌纤维类型比例发生变化。对 28 名男性受试者骨骼肌纤维类型进行了 20 年的追踪研究，结果发现随年龄的增加未训练对照组和健身跑训练组受试者的Ⅰ型肌纤维百分比明显增加。而大强度长跑训练组受试者由于先天实验开始时Ⅰ型纤维百分比就比较高，所以未观察到Ⅰ型肌纤维的进一步增加。研究结果表明中年男子Ⅰ型纤维增加可能是由于年龄增加所致，而长期耐力训练并不能提高Ⅰ型纤维百分比。因此，快肌纤维向慢肌纤维的转化尚需要更多的实验结果证实，而慢肌纤维向快肌纤维的转化则缺乏足够的实验支持。

第三节　体能训练与心肌

一、运动对心肌耗氧与氧利用率的影响

心肌是严格需氧代谢的组织。心脏的耗氧量很大，这除有解剖学上毛细血管较丰富的特点外，在心肌中还含有大量的肌红蛋白。肌红蛋白可被视为氧的贮库，在周身缺氧时，心脏仍可获得一些氧的供应。从冠状动、静脉血液中氧含量的分析得知，心脏的氧摄取率即使在安静时也可达 70% ~80%，这远比全身总的氧利用率高。身体其他组织氧利用率仅为心肌的 1/4，约为 22%。尽管如此，心肌组织液的氧分压仍比其他组织要低（约 20 mmHg）。这说明心脏的耗氧量很大，而血液量相对仍然较低。所以心脏也是一个易于受到缺氧损害的器官。安静时心肌耗氧量为每 100 克心肌 7.4 mL/min，冠状血流量为每 100 克心肌 6.3 mL/min，冠状动、静脉氧差是 12.0%，比体循环的其他动、静脉氧差（6% ~7%）约高一倍。因此心肌是耗氧量最多的器官之一。在一般情况下，心肌吸氧量相当高，一旦心肌负荷增加，需氧量也随之增高，此时必须通过增加冠状循环血流量来维持。此种情况在心肌缺血、缺氧时尤为明显。影响心肌每分耗氧量的因素主要有：心肌张力、心肌收缩力、心率、体温和心脏活动状况。

（一）心肌耗能特点

安静状态时测得运动员的心室壁压力（MWS）和心肌耗氧指数（MVO_2 Ⅰ）均低于同年龄一般人。MWS 表示心脏收缩时心室壁受到的张力，它与心腔内压和心腔曲率半径成正比，而与心室壁厚度成反比。运动时由于心室舒张末期容积增加和充盈压升高而使室壁所受到的张力随之增加，这需消耗更多的能量。心脏为了适应运动时的机能变化，室壁必须相应地增厚以维持室壁张力的正常水平，不致使心壁承受过大负荷。在安静状态，心壁舒张末期充盈量相对运动时减少，心室充盈压也相对降低，而增厚的室壁所承受的负荷就显得较小，使心室壁的应力也相对减小。所以安静状态时运动员 MWS 低于一般正常人。这表明运动员安静状态心脏能量消耗较少，是机能节省化的表现。

运动时，动脉收缩压升高或左室容积增加时，都可使心肌张力增加，使每分耗氧量增加。心肌收缩力强、收缩速度快时耗氧量大。例如肾上腺素可以增加心肌张力和收缩力，从而增加每分耗氧量。心率增加所致的耗氧量增加，主要是由于单位时间里牵拉心室弹性壁的次数增多。此外，每次收缩时的始动机制和制动机制也要消耗一定能量。例如 Ca^{++} 的释放和由 Ca^{++} 泵泵回肌浆网都需能量。心率增加 3 倍，耗氧量可增加 112%。尽管增加心率、收缩压和每搏输出量都能使心脏做功增加，心输出量增加，但靠增加心率和动脉血压造成的心输出量增加要比靠增加每搏输出量来增加心输出量在能量消耗上更大一些。体温升高，耗氧量增加。常温而停搏的心脏耗氧量为每 100 克心肌 2.18 mL/min，仅为正常心脏耗氧量的 23%；低温 21.5 ℃～25 ℃停搏的心脏耗氧量为 100 克心肌 0.66 mL/min，为正常心脏耗氧量的 7%。

估算心脏能量消耗最简便的方法是计算动脉血压与心率的乘积，以动力学实验研究来代表心肌耗氧的指标为二次乘积法，实验证明此指标与心脏耗氧量吻合。

心肌耗氧量的另一更精确的指标是张力—时间指数，即平均射血压与射血时间之积。

这两个指标尽管没有考虑 Laplare 定律和每搏量关系的影响，但它们与心脏耗氧量之间有很好的相关性，当然这些指数是近似的。实际上血压和心率都能精确测量，因此这两个指标能够合理而比较精确地表示心脏的能量需要。

（二）运动时心脏血流量与氧利用率

运动时，心肌需氧量增加仅能靠冠状血流量的增加而成比例的增加。剧烈运动时冠状血流量可增加到安静时水平的 4～5 倍。它主要通过两种方式：（1）运动对冠状动脉的直接影响可增加心脏代谢（率）；（2）运动时动脉血压的升高对冠状动脉血流量的影响。

1. 运动对冠状动脉的直接影响

运动对冠状动脉血流量的直接影响主要是由于运动引起心肌代谢加强、耗氧量增加而刺激心肌血流量增加。例如缺氧就是引起心肌血流量增加的最强烈刺激因素。心肌明显缺氧时，冠状血流量可增加 5 倍。美国学者 A. Bore 等认为，在引起心肌血流量增加的生理刺激中，最重要的是运动刺激。因而诸如竞走、跑步、游泳和其他有氧运动及无氧运动均能提高心肌需氧量并要求心肌血流量明显增加。

运动对冠状动脉血流量直接影响的另一个重要原因是因为运动时交感神经兴奋，交感神经兴奋继发性引起冠状动脉舒张。近年来实验证明，交感神经兴奋对冠状动脉的直接作用是引起冠状动脉收缩。然而通常刺激交感神经却出现冠状动脉舒张的效应。初期出现的冠状动脉收缩，乃是由于交感神经对冠状动脉的直接作用。而后期出现的冠状动脉舒张则是由于心肌活动加强、代谢加速、代谢产物增多所造成的继发性反应。运动时此种缩血管作用往往被强大的继发性舒血管作用所掩盖。运动时心肌代谢产物增多（如腺苷、CO_2、乳酸）、H^+浓度增加等，都可以使冠状动脉血管扩张和血流量增加。当运动时心肌代谢加强导致氧分压下降时，心肌内 ATP 分解为 ADP 和一磷酸腺苷，一磷酸腺苷又通过存在于肌细胞等部位的 5 - 核苷酸酶的作用，脱去磷酸成为腺苷。腺苷扩散到心肌细胞外，引起周围小动脉扩张、冠状动脉血流量增加。

2. 运动时血压升高对冠状动脉血流量的影响

运动时动脉血压升高，而主动脉压的升高可影响冠状动脉血流量，使大量的血流入冠状动脉。心肌收缩的挤压力给冠状动脉血流影响很大。左室收缩早期，可使冠状动脉阻力增加，但随着左室射血开始，主动脉压升高，冠状动脉压也升高，因此血液较收缩早期迅速。心舒张期，主动脉压虽然降低，但由于心肌不对冠状动脉挤压，阻力小，故血流仍然迅速。在整个心动周期中，心舒张期长于心收缩期，故心舒期冠状动脉血流量总是大于心收缩期，大约是心缩期血流量的 2.5 倍。

多年来有关心肌血流调节的介质是什么，介质是如何释放的，又是怎样影响冠状血管平滑肌而使血流量增加等这类问题一直是心脏研究中很受重视的问题。较近的研究提出腺嘌呤是心肌血流的主要调节因子之一，这一研究进一步支持了腺嘌呤假说。当然也应当涉及其他可能的介质。但不可否认，在引起心肌血流量增加的生理刺激中，最重要的是运动刺激。运动时冠状动脉舒张能使冠脉流量增加 3 ~ 5 倍。但当心脏的工作负荷增加到需要冠脉流量超过正常容量的 5 倍时，也许会发生不充分的冠状血流，并使心肌和营养物的供应不足。在极限强度运动中，冠状血流可能受到 α - 肾上腺素为中介的冠状血管收缩的限制。Heyn drickx 等用狗实验证实，α - 肾上腺素可限制狗在极限运动时心肌的最大氧释放。Mudge 等在冠心病人中发现了类似反应，但在正常人中未见有此反应。

二、运动对心肌供能的影响

和所有组织一样，心肌也是利用贮存在食物中的化学能提供能量做功。然而心脏几乎所有能量供应都要靠有氧提供，心肌纤维所含的线粒体在所有组织中是最丰富的。心脏的供能特点与骨骼肌比较相似，但对各种物质分解氧化的能力比骨骼肌更加旺盛。心脏好似一个杂食动物，心肌能将葡萄糖、乳酸、丙酮酸、氨基酸、脂肪酸、酮体等用作能源，而且对后两者的利用率比一般组织都高。

表 2-10 各种能源物质被心脏氧化时耗氧量百分比

	糖类	脂肪	氨基酸
葡萄糖	17.90%	67.00%	5.60%
丙酮酸	0.54%	4.3%	
乳酸	16.46%		
合计	34.90%	71.30%	5.60%

从上可见心肌活动需要的能量 2/3 以上由脂肪酸和酮体供应，1/3 由糖氧化供应。有氧运动中，供氧充分的心脏得到足够的脂肪酸供应时，糖元氧化和酵解过程就要受到抑制。在某些情况下（如糖尿病）心肌能源几乎可以全依赖于脂肪酸、酮体的氧化。

心脏在正常情况下从冠状动脉血液中摄取乳酸，这说明心肌在有氧条件下消耗乳酸。人的心脏对乳酸的利用率为每 100 克心肌 0.35～11.5 mg/min。在无氧运动中，缺氧和缺血情况下，心肌酵解过程增强，可以产生大量乳酸，但由于心肌在正常情况下，以有氧氧化代谢的方式对 NAD/NADH 比值进行调节并起着重要作用。当 NAD 这种形式的辅酶占优势时，丙酮酸氧化形成乙酰-CoA 的反应就要加快。如果 NADH 占优势，则有利于丙酮酸还原为乳酸。这种控制机制促使供氧充分的心肌线粒体加速 NADH 的氧化，使乳酸的生成几乎完全受到抑制。

（一）心肌中脂肪代谢与糖代谢的整合

心肌中脂肪和糖代谢的整合也是很重要的。在正常情况下，从糖和脂肪都可吸取能量，而脂肪可能是心脏更合适的能源物质。当供氧充分的心脏得到足够的脂肪酸的供应时，糖元分解和酵解就要受到抑制。脂肪氧化时糖代谢的抑制是受某些因素调节的。

表 2-11 脂肪氧化时糖代谢的抑制

糖代谢反应	被抑制的酶	抑制因子
糖原分解	磷酸化酶 b	高 ATP、葡萄糖-6 磷酸，低 AMP、Pi
葡萄糖转运	—	高脂肪酸
葡萄糖酸化	已糖激酸	高葡萄糖-6-磷酸
果糖-6-磷酸磷酸化	磷酸果糖激酶	高柠檬酸，高 ATP/ADP 比值
丙酮酸氧化	丙酮酸脱氧酶	高乙酰-CoA、NADH

当脂肪氧化使 ATP 水平升高时，糖元分解因磷酸化酶 b（心脏在基础状态，此形式的酶占优势）的抑制而减少。糖元分解还受低水平的 AMP 和 Pi 的抑制。AMP 和 Pi 的水平低也反映积极的产能来自脂肪磷酸化。当脂肪酸氧化而糖酵解被抑制时葡萄糖-6-磷酸的积聚也能抑制糖元分解。

脂肪代谢旺盛时，葡萄糖的利用受到几个步骤的抑制。一些脂肪酸直接抑制葡萄糖转运进入细胞，但对这种抑制作用的机制尚不了解。被已糖激酶催化的葡萄糖磷酸化，如同磷酸化酶b所催化的反应一样，受葡萄糖－6－磷酸的抑制。而当磷酸果糖激酶控制的反应被抑制时，葡萄糖－6－磷酸积聚。果糖－6－磷酸的磷酸化乃是脂肪的积极代谢使糖代谢停止的主要原因；当心脏积极代谢脂肪时，由于柠檬酸的积聚抑制了果糖－6－磷酸的磷酸化；当脂肪代谢旺盛时，由于ATP产量增加而造成ATP/ADP的比值上升，对磷酸果糖激酶也发生抑制作用。最后，在快速氧化脂肪的心脏中，丙酮酸氧化率的下降也能抑制糖代谢。这个最后的效应，如同Pasteur效应中曾经描述的丙酮酸脱氢酶被抑制的情况一样是由于脂肪氧化时产生的高浓度、NADH和乙酰－CoA对这个酶的抑制。（注：心脏从无氧条件过渡到有氧时，伴随着代谢从糖氧化向脂肪氧化偏移。这些现象就是所谓的Pasteur效应，即当有氧代谢旺盛时，无氧糖酵解抑制）已经证明，心脏的产能率有三种控制途径 。第一种是激素控制，它的控制原理是调节脂肪和糖这些底物进入中间代谢的速率。通过这种调节，一个激素信号能够加强心脏中化学能供应，同时也增加能量利用率（靠另外的机制）。第二种是高能磷酸控制，能够对细胞需要高能磷酸的情况作出反应。这种类型的控制有许多作用，主要在于保证ATP的形成与消耗和匹配。这样一来心肌细胞这一关键的化学能源就能够保持恒定，使产能率不致落后于耗能率。第三种是氧化还原控制，是通过控制中间代谢和关键性氧化步骤有关的辅酶而实现的。氧化代谢和无氧代谢主要是靠这种控制来整合的。在葡萄糖代谢产生乙酰－CoA这样一个重要环节上，控制机制很复杂，可能包括所有这些控制机制的作用。

（二）运动中心肌的代谢

心肌安静时、运动时和恢复时供能不同。在安静时三种物质合成ATP的利用百分率大约相等。随着运动的进行，心脏循环利用乳酸增加。在剧烈紧张的运动中，增加从循环中乳酸提供的能量几乎是糖元和脂肪酸供能的三倍。延长极限下运动时，在长距离跑、滑雪、游泳等项目运动员中，心肌脂肪酸代谢比例增加，约占总供能量的70%。虽然脂肪酸能量需要量的提供在耐力项目运动员中可能是较大的，但这种代谢方式在训练者和无训练者之间是相同的。然而他们之间亦有一些不同之处，其主要差别反映在有训练者的“糖贮备效应”上。骨骼肌也具有这种“糖贮备效应”，这是一种适应。它有利于保持体内一定的糖元贮备，有助于骨骼肌和大脑等器官长时间工作。

（三）影响心肌成分代谢更新的因素

心肌负荷量：不论容量负荷还是压力负荷过重都能使心肌合成代谢增强。分解代谢降低，表现为心肌收缩蛋白含量增加，线粒体体积变大。由于成人心肌细胞已丧失有丝分裂能力，所以细胞数量不增，但每个细胞中的肌节数目增加，结果细胞变粗变长，发生心肌肥大。动物实验证明：结扎大鼠主动脉造成压力负荷过重时，12～24小时内RNA聚合酶活力明显增加，48小时后心脏重量及蛋白质的含量可增加30%～50%，约相当于每克心肌每小时合成1 mg蛋白质，此值虽低于代谢旺盛的网织红细胞合成红细胞的速度（6 mg/小时/克组织），但仍比其他组织高。至于心肌负荷增加时为什么心肌蛋白质合成增加，降解减少，则不清楚。有人提出可能因负荷过重，造成暂时性 ATP 下降，ADP 和 Pi 增多，从而激发心肌线粒体代谢增强诱发心肌肥大。

第四节　体能训练与神经控制

一、控制运动的神经结构

（一）运动中枢

控制人体运动的神经中枢主要由感觉运动皮质、基底神经结、小脑、脑干与脊髓组成。其中脊髓是最基本的运动调节中枢（见图 2－11）。

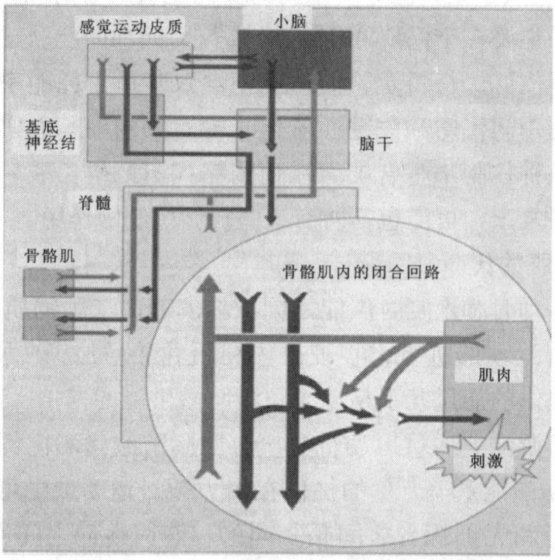

图 2－11　控制人体运动的有关神经中枢

灰色箭头表示感觉神经元，黑色箭头表示运动神经元，箭头方向表示神经冲动传导方向。圆形显示脊髓与肌肉的神经联系。

（引自 William D. McArdle，1991）

支配随意运动下行通路的神经系统主要是锥体系与锥体外系。锥体系也称皮质脊髓束，曾认为它与所有“随意”肌肉运动的启动与控制有关。目前认为主要与肢体远端技巧性运动有关，特别是促进 α、β、γ 运动神经元支配远端屈肌群。锥体系或皮质脊髓束沿脊髓将脑部神经冲动从上向下传递，然后刺激运动神经元来控制骨骼肌运动。组成锥体外系的下行神经元因其起源的区域与终止的部位而得名，如前庭脊髓束起源于小脑前庭核，红核脊髓束起源于中脑的红核，网状脊髓束起源于网状结构。所谓网状结构是指从延髓、脑桥、中脑直到丘脑底部这一脑干中央部分的广大区域，其中神经细胞与神经纤维交织在一起呈网状，叫网状结构。锥体外系的神经传导束主要控制人体的姿势与运动协调性。

基底神经节由大量神经元组成，它们与皮质下行神经元联系并与脑干神经元构成联系。尽管基底神经节的确切功能还不清楚，但至少可以肯定它与随意和无意识的运动控制有关。

小脑位于脑干的后侧，依靠复杂的反馈环路发挥作用，监控与协调和运动有关的其他脑区。它接受来自皮质的关于运动的输出信号，同时接受来自肌肉、肌腱、关节、皮肤和视觉、听觉和前庭感觉的感觉信息。小脑影响自皮质到脊髓所有的运动中枢，它提供一种特殊的阻尼作用，否则人体运动会出现急动或震颤。对人体姿势的调整、运动、保持平衡、运动速度的感知和其他与运动有关的反射功能，小脑是主要的比较、评价与整合的运动中枢。实质上小脑对肌肉活动起到细调的作用。

（二）反射弧

反射弧由感受器、传入神经、中枢、传出神经与效应器五部分组成（见图2－12）。感觉（传入）神经元通过背根将感受器的感觉信息传入脊髓，感觉神经在脊髓内与中间神经元联系，中间神经元作为接力站将信息传递给脊髓的不同水平。然后前角运动神经元将神经冲动通过前根传递给效应器，即肌肉。例如当手指不小心触到热物体，疼痛感受器将受到刺激，并将信息通过传入神经元传递给脊髓，运动神经元受到激动而产生相应的动作，使手迅速收回。同时信息沿脊髓向上传导至脑感觉区，产生痛觉。在上述反射活动中的各个水平的感觉信息的输入、处理与运动信息输出的操作，发生在痛觉产生之前，使手离开热的物体。很多肌肉的活动是通过脊髓的反射活动和其他中枢神经系统区域在无意识下完成的。

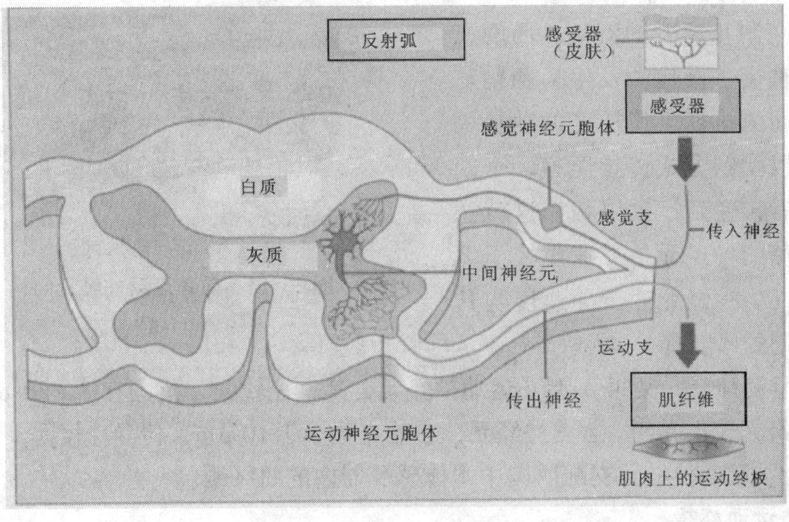

图2－12　反射弧模式

（引自 William D. McArdle，1991）

二、神经对肌肉的支配

一条神经元可以支配几条肌纤维，一条神经元支配肌纤维数目的多少与肌肉的具体功能有关。眼肌的收缩灵敏准确，一条神经元支配少于10条肌纤维。对于完成简单动作的大块肌肉，一条运动神经元可以支配2000条至3000条肌纤维。脊髓是控制肌肉活动的主要中枢，支配肌纤维的运动神经元主要为d和r运动神经元，绝大多数肌纤维受d运动神经元支配。

（一）前角运动神经元

前角运动神经元的特殊结构使其能将电－化学神经冲动从脊髓传导至肌肉。前角运动神经元的细胞体在脊髓的灰质当中，其轴突从脊髓中发出并传导神经冲动到肌肉。树突是短小的神经分支，接受与其相连的其他神经元的信号，并将信号传递给细胞体。

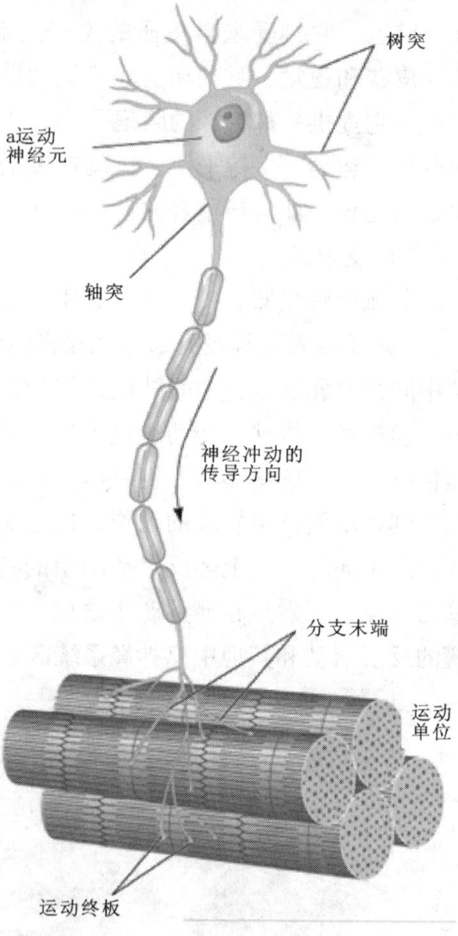

图2－13　前角运动神经元结构

大的神经纤维被髓鞘包裹，髓鞘是一种脂蛋白膜，是由雪旺细胞（Schwann cell，一种神经胶质细胞）的螺旋状多层包裹形成，在髓鞘的外面又包着神经膜。每个雪旺细胞构成一段髓鞘，邻近的两个髓鞘之间是一个小的间隙，称朗飞结（Node of Ranvier）。髓鞘阻止离子的流动，而朗飞结可以使轴突去极化的发生。髓鞘与朗飞结的间隔排列可使神经冲动从一个朗飞结以跳跃方式传导至另一个朗飞结，最后传递到运动终板。这就意味着有髓鞘的神经元传导速度快于无髓鞘神经元。神经元的传导速度与其直径和髓鞘的厚度有关。

前角运动神经元又叫A型d运动神经元，其直径较大，范围在8～20 μm；另一种A型神经元较小，叫r运动神经元，它的直径小于10 μm，传导速度是d运动神经元的一半。r运动神经元支配肌肉中本体感受器内的肌纤维。

（二）运动终板

运动神经元与肌纤维连接的部位叫运动终板（motor end plate），也就是神经纤维末梢与肌纤维形成的突触结构，它的作用就是将神经冲动传递给肌肉。

一个运动终板包括突触前膜、突触间隙与突触后膜（图2－14）。一般一条肌纤维只有一个神经－肌肉连接。在运动终板起信息传递作用的神经递质是乙酰胆碱（acetylcholine）。它储存在突触小体内，当神经冲动传导到运动终板处，使乙酰胆碱从突触小体中释放出来，进入突触间隙，然后与突触后膜的乙酰胆碱受体结合，使突触后膜对钠离子与钾离子的通透性发生改变，引起钠钾离子的定向流动，产生终板电位，无数个终板电位叠加在一起，最后使肌膜去极化，在肌膜上产生动作电位，沿肌膜传导。在乙酰胆碱释放后的5000毫秒内，被突触间隙内的胆碱酯酶破坏，这样允许突触后膜复极化。乙酰胆碱被分解后的乙酸和胆碱被轴突吸收，重新合成乙酰胆碱，供下次利用。

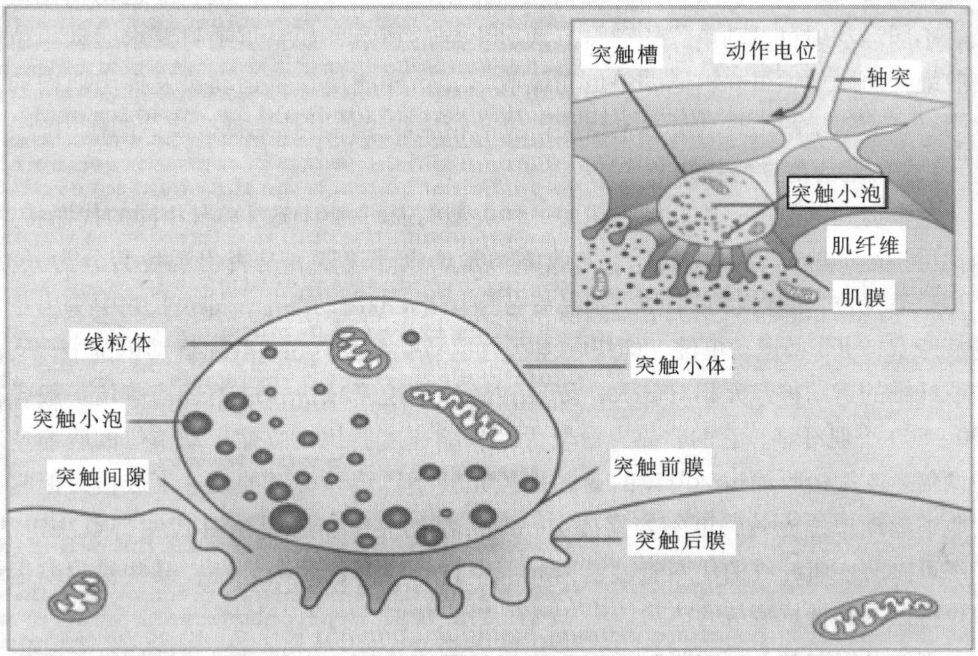

图2－14　运动终板结构

（引自 William D. McArdle，1991）

（三）运动单位

一条运动神经元的轴突末梢可分出很多分支来和肌纤维接触，因此一条运动神经元可以支配多条肌纤维，将前角运动神经元和其所支配的肌纤维称为一个运动单位（motor unit）。这是神经对肌肉控制的基本单位。

（四）运动单位的募集

运动单位参与收缩的过程叫运动单位的募集。肌肉的收缩力量可以从小到大逐渐递增，最后达到最大力量，这一过程的变化就是运动单位的募集过程。当神经冲动传至肌肉，兴奋性高的运动单位先兴奋然后收缩，随着神经放电频率的增加，兴奋性较低的运动单位也被兴奋产生收缩。这样更多的运动单位不断参与，使力量不断加强，直到组成整个肌肉的所有运动单位都参与收缩，肌肉就表现出最大收缩力量。如果运动神经元传来的神经冲动达到刺激阈值，就会引起它支配的运动单位内的肌纤维都同步收缩，如果刺激强度达不到刺激阈值，肌纤维就不收缩，不存在肌纤维随刺激强度大小的改变而出现收缩强度有大小变化的现象，这种现象叫做“全或无”现象（all-or-none principle）。

（五）运动单位的募集方式

肌肉在收缩时，快收缩运动单位与慢收缩运动单位的募集有一定的规律。当需要肌肉收缩力量持续增加时，以慢收缩运动单位先被选择性动员，然后快收缩运动单位被动员，使肌力达到最大。在持续性肌肉工作中，如慢跑、慢速骑自行车或游泳等，慢收缩运动单位被动员。在快速大力量的肌肉收缩中，快收缩运动单位被动员。不同运动项目运动单位的动员方式有不同的特点，如举重项目要求运动单位同步收缩，而耐力项目要求运动单位轮流收缩，这样能使举重运动员发挥出肌肉的最大力量，而对于耐力运动员通过运动单位的轮流收缩使其达到抵抗疲劳的作用。

（六）运动单位的特性

一个运动单位中的肌纤维一般由一种类型的肌纤维组成，具有相同的代谢特点，因此可将运动单位根据其肌纤维的收缩力量、收缩速度和是否出现疲劳分为三类：Ⅰ型运动单位，即慢收缩小张力不易疲劳型；Ⅱa 型运动单位，即快收缩中等力量不易疲劳型；Ⅱb 型运动单位，即快收缩大力量易疲劳型。在快收缩运动单位中，支配快肌纤维的运动神经元相对较大，传导神经冲动速度较快，这类运动单位一般含有 300～500 个肌纤维，它的收缩力量较大，收缩速度要比慢收缩运动单位的收缩速度快两倍。支配慢收缩运动单位的运动神经元较小，传导神经冲动速度较慢，但它与快收缩运动单位比较，更不容易疲劳。肌纤维的疲劳特性是由其代谢特点决定的，训练可以改变肌纤维的代谢特性，因此，经过长时间的耐力训练，某些快收缩运动单位可以提高抵抗疲劳的能力。

神经纤维对其支配的肌纤维具有营养与刺激作用，因此对肌纤维的生长与发育具有调节作用。例如，将支配慢收缩运动单位的神经元支配快肌纤维，最终会改变快肌的收缩特性。如果神经纤维的这种神经营养作用被充分证实，在神经肌肉接点发生的就不仅仅是去极化的过程，其生理意义将更大。

第五节　体能训练与肺功能

外界气体与肺之间的气体交换过程称为肺通气。呼吸运动则是实现肺通气的动力，肺通气的量与通气动力和通气阻力均有关系，运动过程中肺通气功能会发生明显变化。

一、运动对肺通气功能的影响

（一）运动过程中肺通气量的变化

运动时，由于呼气肌的主动参与使得呼气变成一个主动的过程，其潮气量、呼气末和吸气末肺容积、呼气和吸气时气流速度以及呼吸时间产生一系列的变化。

运动中为满足代谢需要，每分通气量（VE）有所增加，这一变化的产生是潮气量和呼吸频率（fb）共同作用的结果。在中等强度的练习中，运动员的呼吸频率增加幅度较小，而主要通过增加潮气量（VT）来增加 VE，VT 的增加是呼气末肺容积降低与吸气末肺容积增加共同作用的结果。随着运动强度的进一步增加，VT 的增加幅度减小，此时 VE 的进一步增加则主要依靠 fb。fb 的增加是通过呼气和吸气时间的降低，并且呼气时间的降低幅度较大。

当从安静状态进入到最大强度的练习时，VT 可以增加 3～5 倍，而 fb 增加 1～3 倍。安静时，健康人的 VE 大约为 6～8 L/min，而在运动时可以增加至 120～130 L/min。优秀运动员增加的幅度要较普通人大，在进行最大强度运动时，VE 可以超过 200 L/min。

fb、VT 对运动的反应与运动的形式有关。如在相同的运动强度下，进行功率车运动会使 VT 的变化幅度较大；跑台运动则会使 fb 升高幅度较大，而 VT 升高幅度较小。

表 2－12　呼吸频率、潮气量和肺通气量的关系

潮气量（mL）	呼吸频率（times/min）	每分通气量（mL/min）	无效腔气量（mL/min）	肺泡通气量（mL/min）
1000	6～8	6000～8000	150×6/150×8	5100～6800
500	12～16	6000～8000	150×12/150×16	4200～5600
250	32	8000	150×32	3200
150	40	6000	150×40	0

由于无效腔（dead space）气量的存在，肺通气量并不等同于肺泡通气量。运动中，潮气量、呼吸频率及肺泡通气量的关系如表 2－12 所示。在加大呼吸频率的过程中，呼吸变得表浅，虽然肺通气量基本保持不变，但肺泡通气量却持续降低。因此，从气体交换的角度来讲，在运动中提倡加深呼吸的程度，而非浅而快的呼吸，这样更有利于机体 O_2 的供给和运动的维持。

研究发现，经过系统的运动训练后，机体进行次最大强度的定量负荷运动时 VE 比训练前下降约 20%～30%。此现象产生的原因不详，推测可能是由于运动肌肉在训练中产生了一些适应性变化，使其有氧代谢能力提高。因而，在同等负荷的条件下产生的乳酸（HL）较少，从而减小了对呼吸系统的调节和刺激作用。

（二）通气拐点

当运动强度超过55% ~70%最大摄氧量时，通过呼吸而获取的氧量已不再能满足肌肉代谢的需要。因此，糖酵解所占的比例增加，HL的产生急剧升高。同时CO_2产生增加，对化学感受器造成刺激，呼吸中枢发挥调节作用，此时通气量出现一个急剧增加的阶段，称为通气拐点（ventilatory breakpoint）。在达到通气拐点之前，通气量的增加与机体的需求成比例，而在超过通气拐点后，通气量不成比例的增加，远远超过机体正常代谢的需要，其主要作用为清除体内多余的CO_2和HL。

（三）运动中讲话对通气功能的影响

安静及运动中通气的目的是维持气体交换和氧气的运输。经过一些调节机制，使得通气过程与一些行为动作的产生相协调，如哭、咳嗽、笑、唱歌、说话等，并且在某些情况下可以自主的控制呼吸。

许多研究表明讲话会使运动中的通气量有所下降。Doust和Patrick等人对五种负荷下稳态跑台练习时说话对通气量的影响进行了实验研究，结果显示运动中讲话使每分通气量均下降。通气量的降低与其他的一些生理和代谢反应相关。如耗氧量下降、通气效率下降、乳酸产生增加等，并且耗氧量的下降与运动强度无关，而与通气量的大幅度下降有关。讲话使得在定量负荷下血乳酸的产生增加，说明无氧供能的参与增加。

讲话过程中会使胸内压升高，静脉回心血量减小，进而影响每搏输出量，同时由于心率没有明显的变化使得心输出量降低。在正常的呼吸情况下，吸气时间较长，而在说话时，使吸气时间缩短而呼气时间延长，此时呼气时间大约占呼吸时间的80% ~90%。同时，为了配合声音产生的需要而会有一定的呼吸控制，因此通气量有所降低。

总之，在运动过程中讲话会使得单位时间呼气量减少而呼气时间延长，降低了通气量。通气量的降低使机体在完成定量负荷运动时利用无氧供能的比例增大，这对于运动的进行是不利的。

二、肺泡内气体交换的进行

（一）气体交换的部位

气体交换主要在肺泡中进行。参与气体交换的肺泡大约有3×10^9个，直径约为0.25 ~0.50 mm。由于大量肺泡的参与使气体交换发生的面积很大，约为60 ~80 m^2。肺泡与血液之间气体交换主要通过呼吸膜（respiratory membrane）进行。呼吸膜主要包括三个部分，分别为肺泡膜、毛细血管壁以及二者的基底膜。呼吸膜非常薄，大约为0.5 ~4.0 μm。

（二）气体交换的过程

气体交换的动力为各部分之间气体的压力差。气压是由每一种组成气体的分压共同组成。各部位气体的组成及所占分压情况见表2 -13。

表 2－13　各部位气体的比例及分压

气体名称	空气中所占的百分比	空气中分压	气管中气体分压	肺泡中所占百分比	肺泡内气体分压	静脉血中气体分压
氧气	20.93%	159.1	149	14.5%	105	40
氮气	79.04%	600.7	47	80%	569	573
二氧化碳	0.03%	0.2	0.2	5.5%	40	46
水蒸气	/	/	/	/	47	47
总计	100%	760	713	100%	760	760

在肺内进行的气体交换称为肺弥散（pulmonary diffusion），弥散量的多少与参与弥散的面积以及气体的压力差有关。弥散过程主要发挥以下两种功能：用以补充组织代谢产能过程中消耗的氧气，收集代谢过程中产生的 CO_2。

气体交换具体过程的发生见图 2－15。外界气体中 PO_2 约为 159 mmHg，但由于通过鼻腔或口腔进入气管的过程中与水蒸气的混合，使得各气体的分压受到一定的影响。其中，CO_2 所占的比例较小，因此受到的影响不大，而 PO_2 及 PN_2 都有较大幅度的下降。在体温 37 ℃的情况下，气管中气体的压强约 713 mmHg，其中水蒸气约为 47 mmHg，PO_2 约为 149 mmHg。当气体进入肺泡时，与肺泡内较高浓度的 CO_2 混合，此时 PO_2 下降为 100～105 mmHg，PCO_2 升高至约 40 mmHg。呼吸运动不断进行，因此肺泡内气体的浓度基本维持稳定。男性肺泡内 PCO_2 约为 44 mmHg，而女性由于其体内雌激素的水平较高，因而 PCO_2 约为 36～37 mmHg，孕妇的约为 28～30 mmHg。

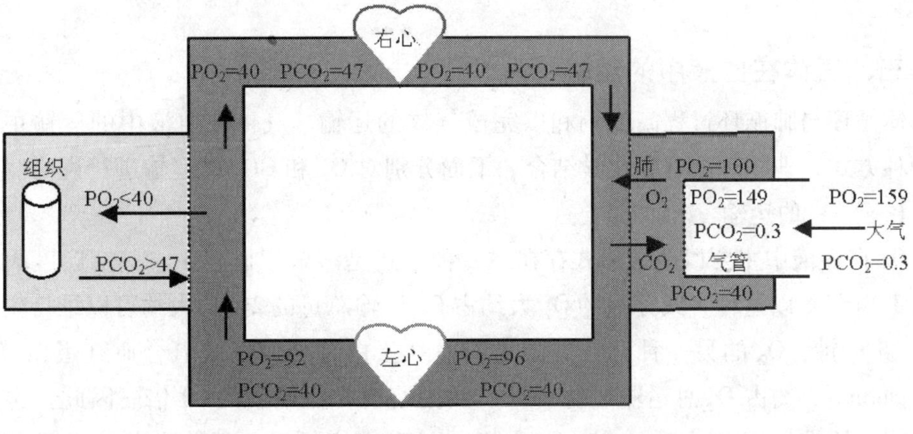

图 2－15　气体交换过程的发生及各部位气体的压力差

（引自 Jack H. Wilmore，David L. Costill，1999）

如图 2－14 所示，人体通过呼吸运动使气体进入肺泡内，血液与肺泡之间的 PO_2、PCO_2 均存在差异，因此，O_2 由肺泡弥散至血液，而 CO_2 则由血液进入肺泡。

在此过程中，维持 O_2 气体交换进行的气体分压差约为 60 mmHg。而 PCO_2 的差异仅为 6 mmHg，但由于 CO_2 的溶解度约为 O_2 的 20 倍，因此，此分压差已足以维持气体交换的正常进行。

健康人在安静状态下，血液和肺泡之间的气体交换的时间约为 0.75 s，已足够完成气体交换。此时，机体每获得 1 L O_2 所要进行的气体交换量大约为 23～28 L。

（三）运动时肺部气体交换的变化

运动时，肺换气功能会发生一系列的变化。随着运动的进行，氧气的扩散和交换使流经肺部血液中氧气分压降低；同时血液中儿茶酚胺含量增加，呼吸性支气管扩张，通气肺泡数量增加。肺泡毛细血管前括约肌扩张，开放的肺毛细血管增加，使得呼吸表面积增大。上述因素共同作用使组织扩散率增加，毛细血管开放数量增加，从而增加了组织血流量和气体交换面积。

在安静状态下，由于重力作用使肺上半部血流量较小，影响了气体交换的进行。同时机体对 O_2 的需求量相对较小，因此安静状态下的弥散量约为 23 mL/ min。在运动过程中需氧量增加，并且由于血压升高使肺部血流量增高，气体弥散量也随之增高，约为安静状态的 2～3 倍，可达到 50～80 mL/min。有氧代谢能力强的运动员，氧气的弥散能力强，这一现象的产生是心输出量增加，参与交换的肺泡表面积增加以及呼吸膜弥散阻力下降等因素共同作用的结果。

每分通气量与摄氧量的比值称为呼吸当量。健康人在安静状态下，呼吸当量约为 20～28。在运动强度稍有增加（$<50\% VO_{2max}$）时，虽然气体交换的时间大大降低，约为安静状态的一半，但由于心输出量增加，流经肺泡的血流量增加，因此，呼吸当量保持恒定不变。若运动强度持续增加，每分通气量的增加将明显大于每分摄氧量的增加，呼吸当量增加到 30～35，机体要从 30～35 L 通气中才能摄取 1 L 氧气。

三、气体在血液中的运输

体循环与肺循环过程高度调和以完成气体的运输。气体在血液中的运输主要通过两种方式，即物理溶解和化学结合。下面分别对 O_2 和 CO_2 的运输进行说明。

（一）O_2 的运输

O_2 在血液中主要以两种形式存在。一种形式是溶解于血浆中，其溶解度大约为 3mL/L 血浆，以这种方式存在的 O_2 大约占 O_2 运输总量的 2%，大约可以维持生命活动 4～5 秒钟；O_2 的另一种存在方式为与血红蛋白结合而形成氧合血红蛋白（oxy-hemoglobin），约占 O_2 总运输量的 98%，约为溶解在血浆中的 70 倍。因此正常人每升血液大约携带 200 mL O_2，其中 197 mL 与血红蛋白结合，而另外的 3 mL 溶解在血浆中。

肺泡内的 PO_2 的变化会对血氧饱和度产生影响。在运动中或海拔升高或由于某些疾病而致肺泡内 PO_2 下降时，血氧饱和度也会随之发生改变。如表 2－14 所示，

随着 PO_2 的下降，血氧运输能力也随之下降，但当氧分压仍维持在 60 mmHg 以上时，血氧运输能力以及血红蛋白的氧饱和度不会发生明显变化，与正常状态相比仅降低6% ~8%。而当 PO_2 继续降低并低于60 mmHg 时，血氧饱和度大幅度下降，血氧运输能力受到损害。

在血氧运输能力的曲线中，通常将 PO_2 高于60 mmHg 的部分称为曲线的结合部分，而曲线中 PO_2 低于60 mmHg 的部分称为解离部分。血氧饱和度还受到多种因素的影响，如温度和血液 pH 等。

表 2-14　血液中氧的运输能力（体温 37 ℃，pH = 7.4，[Hb] = 147 g/L）

PO_2 (mmHg)	全血中 [O_2] (mLO_2/L 血液)	血液中溶解的 [O_2] (mLO_2/L 血液)	与 Hb 结合的 [O_2] (mLO_2/L 血液)	血氧饱和度（%）(% saturation of Hb)
1019.2	0.3	18.9	9.6	
20	64.4	0.6	63.8	32.4
30	114	0.9	113	57.5
40	148	1.2	147	74.7
50	169	1.5	168	85.1
60	181	1.8	179	90.9
70	187	2.1	185	94.1
80	191	2.4	189	95.9
90	194	2.7	191	96.9
100	195	3.0	192	97.4
120	197	3.6	193	98.2
140	199	4.2	194	98.7

（自 J. W. Severinghaus，1979）

由于男性与女性的血红蛋白含量有所差异，因此载氧能力亦有所差别。对于贫血症患者，由于 Hb 含量的大幅度降低，使得氧运输能力有一定程度的降低。但贫血患者在安静状态下，可以通过增加心输出量等方式来代偿性的满足机体的需要，因而症状表现不明显；而在运动中，由于心力储备的限制，当运动强度升高到一定程度后，出现氧运输能力下降等现象。尤其是在大强度的有氧运动中，可能会由于氧气的供应不能满足运动的需要而出现运动能力下降等现象。

（二）CO_2 的运输

CO_2 在血液中也是以溶解和化学结合两种形式进行运输，其中溶解的约占血液运载总量的5% ~7%。在正常状态下，动脉血液中 PCO_2 为40 mmHg，每升血液中溶解的 CO_2 约为28 mL。这一部分的 CO_2 在肺内释放，并随呼吸排出体外。

CO_2 在血液中的第二种存在和运输的方式为 HCO_3^- 的形式，这种形式的 CO_2 约占总量的90%。CO_2在体内进行的化学反应如下：

$$CO_2 + H_2O \rightarrow H_2CO_3 \rightarrow H^+ + HCO_3^-$$

通过这种方式在运输CO_2的同时会产生H^+，从而使血液pH下降，诱发了氧气的解离。而当气体运送到肺泡内时，由于其PCO_2较低，上述反应逆向进行，产生CO_2和H_2O，其中CO_2随呼吸排出体外。肌肉中产生的大部分CO_2都是通过此方式运送。

此外，CO_2还可以通过与Hb结合而运输。CO_2与Hb结合量与血红蛋白氧结合率及PCO_2有关。O_2与Hb的结合促进CO_2的释放，这种效应称为何尔登效应（Haldane effect）。这一效应的产生具有广泛的生理效应，当血液流经肌肉组织时，氧离增加，从而CO_2与Hb的结合相对增加，有助于CO_2向肺的运输。而当血液进入肺泡内时，血氧结合率升高，有利于氧气的运送；同时PCO_2降低，有助于CO_2的释放及排出。

四、组织对氧的摄取

呼吸系统摄入的O_2经血液运送到肌肉组织以供代谢的需要。由于动脉管壁非常厚，因此在动脉血运至组织的过程中不能进行气体交换，此时PO_2和PCO_2基本不变。而当血液到达动脉端毛细血管时，在气体分压差的推动下气体交换迅速进行，交换过的血液流至毛细血管的静脉端并汇集为静脉血时，PO_2大幅度下降，而PCO_2明显升高。进入组织前后血液间PO_2的差异称为动静脉氧差（arterial-venous oxygen difference），它反映了肌肉对氧的摄取能力。肌肉对氧的摄取量是与能量代谢中能量的产出成正比的。因此在氧利用增加时，动静脉氧差也随之增加。

如图2-16所示，在安静状态肌肉内PO_2通常不低于40 mmHg，此时的动静脉氧差大约为4~5 mLO_2/100mL血液。

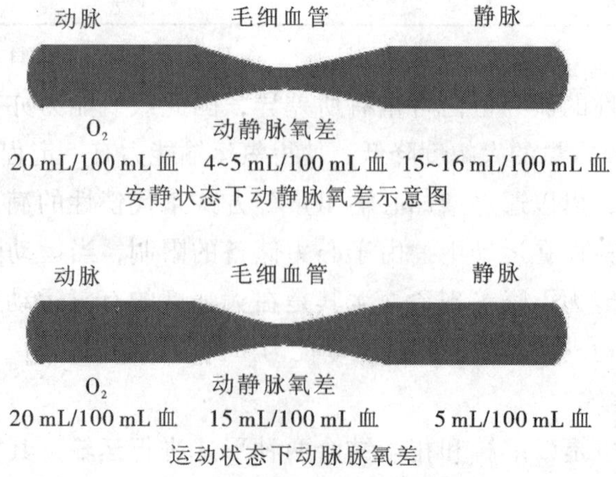

图2-16 安静及运动状态下的动静脉氧差

（引自Jack H. Wilmore, David L. Costill, 1999）

运动训练使骨骼肌毛细血管网密集程度适应性增加，血流的再分配使流经肌肉组织的血流量增加。由于代谢速度的加快使得 O_2 的消耗增加，PO_2 下降，CO_2、乳酸等代谢产物增加，组织 pH 下降，组织温度升高，这些都有利于组织内氧气的解离和组织对氧的摄取，有助于运动过程中能量物质的供应和运动的维持。此时，O_2 的摄取和 CO_2 的排出可达到安静状态的 25 倍，动静脉氧差大约为 15 $mLO_2/100$ mL 血液。

五、运动时呼吸的调节

与心脏的自主节律性有所不同，人体需要一系列的调节控制机制维持呼吸运动的正常节律，以实现肺泡与外界气体之间的气体交换。呼吸的调节对于维持正常的动脉氧分压及机体的气血平衡均具有重要的作用。下面我们就来着重讨论呼吸的调节问题。

呼吸调节可以分为神经调节和体液调节两个部分。具体过程如图 2－17 所示。

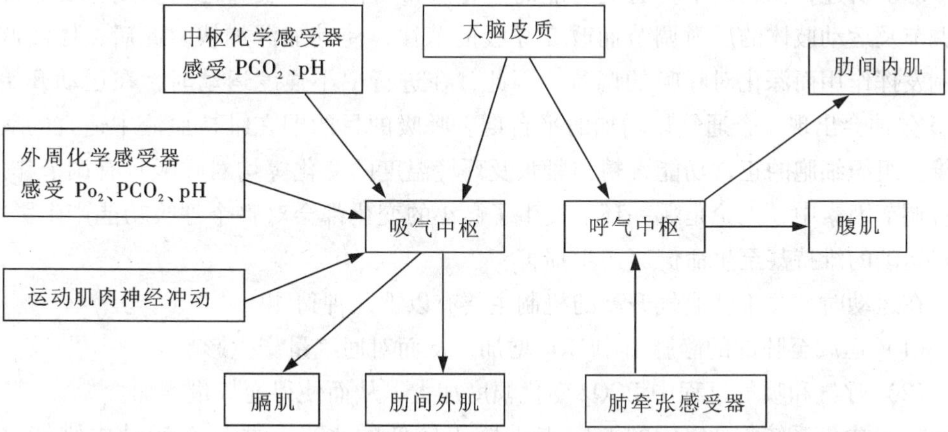

图 2－17 呼吸调节示意图

运动时机体代谢加快，循环和呼吸系统都会发生一系列的变化以满足机体代谢的需要。由于代谢速度的加快、代谢产物的增加，使得血液中 pH 下降、PCO_2 增加，这些变化对中枢和外周化学感受器（包括颈动脉体和主动脉体）产生刺激，呼气中枢发放冲动作用于固有吸气肌，反射性的引起吸气加深加快和血液循环的相应变化，以便运送更多的 O_2 以满足组织代谢的需要。在一项对狗进行的实验中，人为的升高安静状态下狗的［H^+］并降低体内的 PCO_2，发现其呼吸的变化并没有进行激烈运动的情况下变化的幅度大。这一实验结果说明，在运动过程中，体液调节并不是呼吸调节的唯一方式。

在吸气加深加快的同时，位于胸膜、支气管及肺泡等部位的牵张感受器受到刺激，信息传递至呼气中枢，发放神经冲动而使得吸气时间缩短，从而降低了过度通气的危险性。这种由肺扩张或肺缩小而引起的吸气抑制或兴奋的反射称为黑－伯反射。

除体液调节机制外，运动过程中呼吸的调节还有其神经机制。在运动开始前存在着心理焦虑、心率加快等情况，使得大脑皮层在发放运动神经冲动的同时也刺激呼吸中枢（respiratory center），因此在运动开始前就出现呼吸加快的情况。

体温的变化可以直接刺激呼吸中枢，并在长时间运动过程中对通气功能产生影响和控制作用。经研究发现，人在湿热环境下进行运动时体温迅速升高，伴之产生VE的升高。对热环境与普通环境下的运动进行对比研究发现，二者的VE均有所升高，且在热环境下运动时升高的幅度较大。但进一步研究发现，二者动脉血液中PCO_2无明显差别，这一现象说明，在热环境下运动时，VE的大幅度增加主要是依靠呼吸频率的增加，从而增加了死腔气量，而肺泡通气量无明显变化。

此外，关于运动中呼吸的调节还有一种运动肢体反射学说。此学说认为运动过程中，位于肌肉、关节处的本体感受器受到刺激，传入神经冲动反射性刺激呼吸的加深加快。

综上所述，在运动中，通气功能的变化通常有两个阶段。运动初期主要通过神经调节及运动肢体的反射调节而改变呼吸的节律，使其加深加快。此后，体液调节机制发挥作用而深化对呼吸的调节。因此，在进行中小强度运动时，在运动开始后3~5分钟会出现一个通气量增加的平台期。呼吸的目的即在维持血液中适宜的氧量以维持组织细胞的正常功能，精神紧张及环境温度的变化等均对呼吸具有调节作用，在各调节因素中，无论是哪一环节发生了微小的变化都会对整个呼吸功能产生影响，并对运动的维持甚至生命健康产生损害。

在运动时，关于肺通气升高的机制主要有以下几种猜测：

（1）运载至肺部的静脉血中CO_2增加，从而对通气量产生影响。

（2）呼气和吸气过程中PCO_2变化幅度加大，从而使得通气量增加。

（3）中枢系统将PCO_2的调定点重置于较低的水平，并且在运动中维持这一水平。

（4）肢体关节处的运动感受器受到刺激，从而引起了通气量的增加。

（5）运动中血液乳酸的增加致pH降低和体温的升高会刺激通气量增加。

（6）运动神经刺激呼吸中枢。

（7）运动过程中肾上腺素分泌量增加，对呼吸系统具有刺激作用。

思考题

1. 体育锻炼中，肌肉力量的变化取决于哪些因素？
2. 快肌纤维与慢肌纤维在形态学特征上有哪些区别？
3. 反射弧由几部分组成？
4. 通气功能是如何变化的？
5. 随着科学技术的不断发展，越来越多的科技不断地对体育与人的生理关系进行研究，并指导体育锻炼，请利用本章学习内容试说明掌握生理学基础对体育锻炼有何帮助。

第三章 体能训练理论基础与训练原理

本章导读 本章主要以学习相关体能训练理论基础为重点，在此基础上研究其原理、原则和训练方法。通过本章的学习使读者能够了解体能训练的理论基础和训练原理，使之能根据自己的实际情况实施适当的体能训练，更主观能动地提高自己的体质和体能。

第一节 体能训练的基本原理

通过体能训练，人体的机能和形态可以根据运动需要得到有效的提高和改善，这已是人所共知的事实。然而，训练何以提高机能？身体形态改善的机制何在？这些才是人们能够把握体能训练内在规律的关键问题。所谓训练的基本原理也就是指在训练过程中带有普遍意义的基本规律。我们知道，一般情况下，有机体的生命活动处在一个相对稳定的状态，但当外部环境发生变化时，必然会影响到机体的稳定状态。此时机体对稳定状态被打乱的应激反应是生物调节和适应。体能训练过程就是依据这一原理，通过有意识地施加科学的运动负荷刺激，使有机体对负荷产生应答后，出现一系列生理适应。在一定范围内，训练中施加的负荷越大，对机体的刺激越深，引起的消耗过程越激烈，机体所产生的相应变化也就越明显，人体机能和形态的适应性变化也就越快。因此，从这一生物学发展规律来看，体能训练的机制关键在于负荷、恢复以及适应性，对这三个方面的全面认识也就构成体能训练的基本原理。

一、体能训练的适应原理

（一）体能训练与适应

人体具有稳定性和适应性两大生物特征。所谓稳定性（稳态）是指对气温、湿度等外部环境的变化，以及体温、体液等内环境能够保持在一定范围内波动的生理机能。例如，人体在高温环境中是通过发汗散热来维持体温的正常，遇寒冷时是通过皮肤血管的收缩来防止体热散失。在运动训练中，由于代谢功能的增强，导致体内代谢产物增多，为维持体内环境的稳定，须排除代谢产物来保持内环境理化性质的平衡，运动后又将体内的一时性变化复原等。机体内这种自我调节的过程都可看成是稳态的功能作用。除稳定性外，对于长时间经受外部环境变化和运动刺激，人体的形态和功能同样具有适应变化的能力。如生长在高寒地区的人耐寒，热带地区的人耐暑等，这些特殊的机能应变都被称为适应性。适应性和稳定性都是人体为维持生命而必不可少的应激反应。人体的适应可分为暂时性适应和长久性适应两大类。当外界环境发生变化时，人体内的相对平衡会被暂时打破，这时机体可通过一系列生理性调节，又会重新保持相对稳定，这种适应就是暂时性适应。如果暂时性适应长时间（几周、几月或多年）、周期性地反复进行，就会导致人体的形态和机能发生变化，这种变化即为长久性适应。高水平的体能是长期艰苦训练的结果，是机体对专项运动逐步建立运动适应的过程。这一过程是改造和建设训练者身体系统的过程，是使运动员各器官系统的形态和功能适应它所从事的训练项目的过程。训练者机体的这种适应能力越高，它的体能水平也越高。整个体能训练过程实质上就是追求人体训练适应的过程。所谓训练适应是反映训练者机体在长期训练和外界环境（指自然环境与训练、比赛环境等，如高原训练）刺激的作用下所产生的生物学方面的功能性“动态平衡”（能量补充与消耗的动态平衡）。体能训练的任务就是通过合理的训练负荷等手段，打破原有的生物适应与平衡，使机体在新的水平上产生新的生物适应与平衡。达到较高的适应水平所需要的时间取决于适应平衡建立的难度，难度越大，神经、肌肉和机能的适应所需要的时间也就越长，所以从这里看无论是运动员还是一般普通人群的训练，都会以自身身体适应能力为基础。

（二）训练适应的发展阶段

训练适应主要是人体对运动刺激的一种生理适应过程。从运动生理学的角度看，训练适应的形成一般要经历几个阶段：

第一阶段：对运动员或一般人群的个体机体施加刺激阶段。这种刺激包括练习中、比赛中和生活中（饮食、作息制度、时差等）所受的各种刺激，机体每时每刻都在接受来自各方面的各种刺激。

第二阶段：对刺激产生直接的应答性反应阶段。机体在外部刺激的作用下，其机体内外感受器产生兴奋，将兴奋传输到各内脏机能器官和运动器官，使之尽快进入工作状态，对外来刺激做出运动必需的应答性反应。

第三阶段：对刺激产生局部或整体的适应阶段（暂时性适应）。机体器官和系统在接受刺激后，机能状况由开始的急剧上升逐渐趋于平衡，此时，机体的某项应答指标虽不再上升，但也能承受住外部刺激时，则表示机体已对刺激产生了训练适应。

第四阶段：结构与机能改造阶段（长久适应形成阶段）。在全面增加和系统重复各种外部训练刺激的基础上，使各相应的机能系统和组织器官产生明显的结构和机能改造。在这个阶段中可以看到运动器官和有关的机能系统的结构出现相应的完善和协调。

第五阶段：训练适应的衰竭阶段。当训练安排不合理时，如承受过度训练负荷或过大的比赛负荷，则长期训练适应的某些机能会出现衰竭的情况。通常，只要采用“维持性运动负荷”就可以保持已达到的训练适应水平。完全停止训练或急剧地长时间地降低训练负荷都会引起训练适应的消退，各种已获得的运动机能能力和运动性适应结构就会慢慢消失。产生训练适应所用的时间越短，其消退的速度越快。例如，在两个月紧张的力量训练后完全停止练习，经过两周后，力量素质就会明显下降，经过2～3个月后就会降低到原来水平。因此，在体能训练过程中，一方面要避免适应的消退和在适应过程的重复出现，另一方面也要避免盲目地长时间、高强度地刺激来追求训练适应。

二、训练负荷原理

训练负荷是身体训练最重要的控制与影响因素。体能训练的全过程就是通过对受训者施加运动负荷，引起机体的形态结构与机能产生生物适应而实现的。训练活动中如果机体没有承受一定的负荷刺激，便不可能产生新的适应现象。因此，了解和掌握负荷与刺激的基本原理是进行科学体能训练的关键。

运动负荷可分为负荷量和负荷强度两个方面。负荷强度是反映负荷对有机体的刺激深度，一般是由密度、难度、质量以及重量等因素构成，这些因素分别适用于不同的运动专项和不同的练习。周期性运动项目的负荷强度多以练习中所完成的时间、高度、远度以及重量等来衡量，而非周期性运动项目中，动作难度和完成质量则是反映负荷强度的两个重要因素。

负荷强度可根据完成练习的努力程度、机能的紧张度和练习密度等客观标准区分为不同的强度区域，一般有小、轻、中、大、最大五级负荷强度。负荷强度的掌握是因人而异的，应根据不同训练对象来合理安排。实际运用中往往以本人最快速度、最大远度或高度以及最高负荷量的百分比值作为衡量强度大小的指标。

负荷强度与量是构成运动负荷的两大要素，两者之间相互依存，不可分割。任何量都包含着强度的因素，而任何强度又都是通过量才可反映出来。刺激量大而刺激强度不够，或者是刺激强度大而刺激量太小都同样不能使机体承受刺激或产生应激，一定刺激强度的负荷只有达到相应的刺激量时，机体才会产生新的适应现象。整个训练过程，实际就是通过调节、变动负荷量和负荷强度的各组成因素来合理安排运动负荷。

三、物质与能量的消耗与恢复原理

在体能训练中，机体承受负荷需要消耗大量的能量，能量消耗以后必须得到迅速补充。没有消耗，机体得不到相应的刺激，也无从产生适应；没有很好的恢复，机体却无法再次承受更大的负荷。因此，训练与恢复是训练全过程中不可分割的两个过程。随着体育水平的不断提高，训练的量与强度日益加大，人们对恢复的重视已到了前所未有的高度。

（一）运动中主要能源物质的消耗与供能

肌肉活动的直接能量来源是三磷酸酰苷，即ATP。ATP分解后的再合成依赖于磷酸肌酸（CP）分解。肌肉中CP的再合成则要靠三大能源物质的分解。人体短时间的极量运动主要由 ATP 和 CP 分解供能。一般情况下，持续时间在 10 秒以上到 3 分钟以内的运动以糖酵解供能为主，持续时间在 3 分钟以上的运动，其能量主要来自于有氧氧化系统（见图 3-1）。

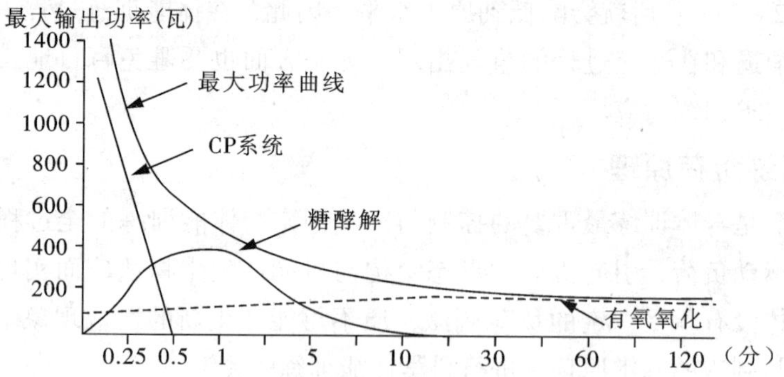

图 3-1　肌肉运动时能量供应顺序和数量关系

（依 Billeter 等，1992）

就人体糖、脂肪和蛋白质三大能源物质来讲，糖的利用率最快。一般运动开始时首先分解肌糖原，如 100 米跑在运动开始约 3~5 秒，肌肉便开始通过糖酵解方式参与供能；持续 5~10 分钟后，血糖开始参与供能；随着运动时间继续延长，由于骨骼肌、大脑等组织大量氧化分解利用血糖，致使血糖水平降低时，肝糖原分解补充血糖。脂肪的分解对氧的供应有严格的要求，因而，在长时间运动中，当肌糖原大量消耗或接近耗竭且氧供应充足时才大量动用，通常在运动达 30 分钟左右时，其输出功率最大。蛋白质作为能源供能通常发生在持续 30 分钟以上的耐力项目。我国学者依据能源系统的供能特征与不同能源物质的供能比例将不同的运动项目分为磷酸原、磷酸原与糖酵解、糖酵解、糖酵解与糖氧化、糖氧化与脂肪氧化、脂肪氧化与糖氧化等 6 类项目，这 6 类项目在比赛中的能源消耗如表 3-1 所示。

表 3-1　不同代谢类型运动项目能源的消耗

能源消耗	代谢类型					
	磷酸原	磷酸原和糖酵解	糖酵解	糖酵解和糖氧化	糖和脂肪氧化	脂肪和糖气化
ATP 减少	40	30~40	20~30	~30	变化不大	变化不大
CP 减少	90% 以上	80%~90%	75%~90%	65%	50%	0~20%
血乳酸增加	很少	10 mmol/L	15 mmol/L	12 mmol/L	4 mmol/L	4 mmol/L 以下
肌糖原消耗	很少	很少	少量	接近 1/2	90%~95%	>80%

（依冯炜权等，优秀运动员身体机能评定方法，2003）

（二）运动中与运动后主要能源物质的恢复

机体的恢复过程可分为三个阶段，即运动中恢复阶段、运动后恢复到运动前水平阶段和运动后超量恢复阶段。运动时恢复是运动中随着能源物质的分解就开始再合成的过程。由于运动时的消耗大于同步恢复，能源物质的再合成往往跟不上实际的需要，所以人体机能还是呈下降趋势。运动停止后的消耗过程减弱，恢复大于消耗，因此能源物质和人体机能可逐步恢复到原有水平。运动后的恢复过程中，人体内被运动时消耗的能源物质在一段时间内，不仅能恢复到原有水平，而且还能超过原有水平，即进入超量恢复阶段。超量恢复的形成与运动负荷密切相关，在适当的运动负荷刺激下，有机体的消耗过程越激烈，超量恢复过程也越明显，如不及时给予新的负荷，超量恢复在保持一段时间后又会回到原有的水平。超量恢复的客观存在为训练过程中如何提高机能、增进素质以及合理安排运动负荷提供了极为重要的生物学依据，这一规律和生物的应激、适应性原理同等重要，是支撑体能训练的重要理论依据。即磷酸原的恢复、糖原的恢复与补充、脂肪和蛋白质的恢复。

四、体能训练的其他原理

另外，陆一帆、方子龙、张亚东等学者研究体能训练的理论基础为：（1）体能训练的生理适应观。不同形式和方法的训练产生的生理适应性不同，训练研究者把机体对刺激的适应分为两种：全身性的和局部性的适应。通常，运动训练学把全身适应和局部适应定义为一般适应和特殊适应，而这些又被分为力量、耐力、速度的一般适应和特殊适应。①耐力训练的生理适应性（长距离训练、间歇训练、重复训练、爆发训练）；②力量训练的生理适应性（骨骼肌适应性、神经适应性）；③生物时间的应激及其适应性（适应模式、适应差异性、训练作用不适应）。（2）全面发展观：①运动能量的综合补给；②距离与机体的供能综合协调；③姿势与机体的供能综合协调；④技术与机体的生理能力的综合协调。（3）阶段评价观：①专项能力的评价；②生理机能的评价。（4）高技术辅助观。

还有学者认为，体能训练其基本问题是负荷与恢复，其原理为：（1）逐级适应原理。无数经验已经无可置疑地证明，训练负荷的过程不是笔直上升而是有升有降起伏变化的，其变化特点大致是这样的：初承负荷—不甚适应—继续负荷—逐渐适应—增大负荷—又不适应—循环推进，永无止境。对于每一个人来说，负荷的极限是很快即可看到的，但对于整个人类来说，只要进化不停步，人所承受的负荷量值就不会被发现终点，而在不断增大运动负荷与不断产生新质适应的过程中，体能训练水平就得到了提高。这是目前我们所能认识到的体能类项群训练水平提高的规律，对这一规律的表述，就是逐级适应原理。该原理包含着这样的认识：只要经过一个或速或缓的适应过程，人的训练负荷就可以无限增大，或者说，只要实现机能适应，那么训练负荷量值就有继续增大的可能。据此，我们可以有把握地提出规范体能训练的第一原则：极限负荷原则，即体能训练中增大负荷再增大负荷直至最大负荷的基本要求。所谓极限负荷，当然是因人因时而异的，每一个运动员当然都有其不断变化着的负荷极限，我们讲“增大—再增大”即已认可极限负荷过程中的可变性。体能训练的成功奥秘，只在于准确把握运动员个体不同时期的负荷临界点，缺之毫厘和过之毫厘，其结果都可能是差之千里。而把握负荷临界点，“极限意识”是特别重要的。把握负荷临界点，决断勇气也是重要的。智慧来自勇气。不敢尝试极限负荷的训练，也就永远不会善于实施极限负荷的训练。为什么以往没有提出“极限负荷原则”？应该说不是缺乏经验和认识能力，而是缺乏勇气！极限负荷的基础是训练适应，训练适应是人体对运动负荷的平稳承受。这是一种活动或现象，它有一个过程，即由不平稳到较平稳，表明通过训练而使人体具备承受相应负荷的能力变化。训练适应的生理机制是应激。应激是指机体随时对刺激做出调整性反应。这些调整性反应最主要的是代偿性反应。代偿性反应的反复作用，导致机体对负荷刺激的感应的升高，即机体对曾能引起强烈反应的刺激不再产生强烈反应时这就进入了适应状态。显然，如果没有逐级适应的基础，也就没有极限负荷的可能。（2）恢复有序原理。在正常情况下，负荷后的恢复是自然的和必然的现象；在训练状况下，恢复过程则需要人为安排。恢复机制，并非在训练结束后才开始启动，训练负荷过程中，恢复是与损耗紧密交织进行的，只不过在不同阶段其优势状态各有不同，这是生理学常识。恢复与损耗都是一种状态，同时又都有一个过程，恢复过程呈现四个阶段，即“部分恢复”、“完全恢复”、“超量恢复”和“累积恢复”。所谓超量恢复，是在训练结束后的某一时段内能量补偿逾越原有水平的现象。所谓累积恢复，是指超量恢复效应维持一个时段之后并不完全退回到原初状态而会保留在一定的超水平上的现象。这是我们对体能训练恢复现象的规律性的认识，将这一规律性认识加以提炼，就是恢复有序原理。该原理明确了恢复过程的阶段特点，提示了在不同恢复阶段所应和所能施加负荷的基本量值标准，而训练负荷的量值安排又直接关系着训练水平的提高幅度。据此，我们提出规范体能训练的第二原则：据养定练原则，即体能训练中应依恢复结果而确立负荷指标的基本要求。提出这一原则，不是为了一般性地强调负荷与恢复互为前提和基础，而是意在突出强调“养”字当先。在极限负荷原则之前提下，一旦训练系统开始启动，就总是要依据“养”的结果来确立“练”的量值，而不是相反的以“练”的情况作为“养”的动因。在设计“养”的方略时，总是为了下一步的“练”，故而理当“养”字领先。这是正常的训练。而在非正常情况下，例如训练渐进线被迫中断了，又该怎么办？那当然要具体情况具体分析，但必须有一个信念在胸，就是不能轻易放弃已有成果。据养定练原则可赋予重养型运动员以与重练型运动员大致相当的合法地位或存在价值。当训练渐进线被迫中断时，就应进入集中调养阶段，情况未必糟糕透顶；当远离负荷临界点时，则须将体能训练直线上扬，争分夺秒力求主动。在恢复过程的四个阶段中，完全恢复和超量恢复是人们最为关注的。人们创设出许多有效手段，意在尽快促成完全恢复。一般说来，恢复的手段有三类：第一类是力学手段，包括受动活动种种。这些手段简便易学且无须高额投入，因而不会有人长期独享自用。第二类是化学手段，包括营养及药物。这里的科技含量较高，因而会不断地出现峰谷，但努力之下也不难迅即在峰缘处举迈同步。第三类是哲学手段，包括信仰灌输、精神激励、心智调控。在这精神变物质的方面，人与人之间将永远存在着若即若离的时空。

第二节　体能训练的原则

体育训练原则是体育训练过程中客观规律的反映，是人们成功经验的总结和概括，是人们参加体育训练所必须遵循的准则，它包括自觉积极原则、个性化原则、循序渐进原则、阶段性原则、持之以恒原则、全面训练原则。

一、自觉积极原则

自觉积极原则是指训练者对已设定的行为目标所采取的一种主动性行为。体育训练是一个自我训练、自我完善，并总是伴随着克服自身的惰性，战胜各种困难的过程，也是自我养成良好习惯的过程。我们只有真正做到“我要练”而非“要我练”，才能把体育训练作为每天生活中不可缺少的一部分，自觉积极地进行体育训练，获得愉悦的情感体验。

二、个性化原则

个性化原则是指训练者从个人和外界环境条件的实际出发，注重个体差异，在确定训练目的、选择运动项目、安排运动时间和运动负荷时，因人而异，区别对待。这是人们进行体育训练的根基，是训练效果好坏的基础。

三、循序渐进原则

循序渐进原则是指在安排体育训练内容、难度、时间及负荷等方面要根据人体发展规律和超量负荷原理，有计划、有步骤地逐步提高要求。人体在不断适应、不断调整的过程中，体质逐步增强，从而提高健康水平。

四、阶段性原则

阶段性原则是指根据人体生长发育、发展与衰退的规律，按不同发展阶段特点来安排体育训练。人体发展分为：生长发育期（25岁之前，大学本科牛23岁左右毕业）、成熟期（25～40岁，此时人已结婚立业，工作、家庭等方面压力较重，是疾病的一个蓄积期）和衰退期（40岁以后，是人生比较平稳发展时期）。

五、持之以恒原则

持之以恒原则是指体育训练必须坚持，使之成为日常生活中不可缺少的重要内容。体育训练的效果并非一劳永逸，长时间不训练，已经取得的效果也会逐渐消退，中断训练时间越长，消退越明显。只有经常参加体育训练，安排适合自己兴趣、爱好的运动项目，科学地制订健身计划，并能连续、系统地实施，才能不断有效地增强体质。

六、全面训练原则

全面训练原则是指通过体育训练使身体形态、机能、身体素质和心理素质等都得到全面而和谐的发展。人体是一个统一的整体，各器官系统的机能是相互影响，相互制约的。因此，身体任何局部机能的提高，必然可以促进机体其他部位机能的改善。不同的训练内容和方法在促进身体机能方面有不同的作用，同时也都有一定的局限性。所以，必须以多样化的训练内容和方法来使身体得到全面、协调的发展。

上述体育训练的基本原则是相互联系、相互促进的。在参加体育训练时，只有全面贯彻执行科学训练原则，才能使身体得到全面发展，健康水平不断提高。

第三节　体能训练的方法

一、分解训练法

分解训练法是指将完整的技术动作或战术配合过程合理地分成若干环节或部分，然后按环节或部分分别进行训练的方法。

分解训练法的类型：单纯分解训练法、递进分解训练法、顺进分解训练法和逆进分解训练法。

二、完整训练法

完整训练法是指从技术动作或战术配合的开始到结束，不分部分和环节，完整地进行练习的训练方法。运用完整训练法便于运动员完整地掌握技术动作或战术配合，保持技术动作或战术配合的完整结构和各个部分之间的内在联系。它可以用于单一动作的训练，也可以用于多元动作的训练；可以用于个人成套动作的训练，也可以用于集体配合动作的训练。

三、重复训练方法

重复次数的多少不同，对身体的作用不同，重复次数越多，身体对运动反应的负荷量越大。如果重复次数不断地继续增加，可能使身体承受的负荷达到极点，乃至破坏有机体的正常状态，造成伤害。

运用重复训练方法，关键是掌握好负荷的有效价值范围（最有训练价值负荷量下的心率），并据此调节重复次数。在重复训练中，对负荷如何控制，怎样去重复才能达到理想的效果的负荷程度，应视实际情况而定。

四、间歇训练法

人们认为体质增强的过程是在运动中实现的，其实体质内部增强过程主要是在间歇中实现的，是在休息过程中取得了超量恢复。若是离开在休息中取得超量恢复，则运动就变成对增强体质毫无意义的事，甚至起不了作用。间歇对增强体质的作用并不亚于运动本身。自古以来就有以静炼身的经验，在现代科学的基础上，人类更清楚地认识到在间歇时间内有机体的各种变化，认识了保持同化优势的重要性，所以把间歇作为一种健身的基本方法。

同重复训练法一样，间歇的时间也要依据负荷的有效价值标准去调节。一般说来，当负荷反应（心率）指标低于有效价值标准时，应缩短间歇时间，而在高于价值标准时，则可延长间歇时间。通过适当的间歇，把负荷量调节到负荷有效价值范围，以追求良好的训练效果。实践中，一般心率在130次/分左右时，就应再次开始训练。间歇时，不要作静止休息，而应边活动边休息，如慢速走步，放松手脚、伸伸腰腿或作深而慢的呼吸等。因为轻微活动可使肌肉对血管起到按摩作用，帮助血液流回和排除代谢所产生的废物。

五、连续训练法

从增强体质的良好效果出发，需要间歇就停一会儿，需要连续就接二连三地进行下去，所以不能仅讲究间歇，还要讲究连续，连续、间歇、重复都是在统一训练过程中实现的。连续、间歇、重复等因素各有其特有的作用，连续的作用在于持续负荷量不下降，维持在一定的水平上，使身体充分地受到运动的作用。

连续训练时间的长短，同样要根据负荷价值有效范围而确定，通常认为在140次/分左右心率下连续训练20～30分钟，可使机体的各个部位都长时间地获得充分的血液和氧的供应，因而能有效地发展有氧代谢能力。实践中，用于连续训练的主要是那些比较容易，并已为训练者所熟悉的动作，可以是跑步、游泳，也可以是跳迪斯科舞等。

六、循环训练法

循环训练法由几个不同的练习点组成。当一个点上的练习一经完成，练习者就迅速转移到下一个点，下一个练习者依次跟上。练习者完成了各个点上的练习，就算完成了一次循环。

循环练习法对技术的要求不高，且各项目都采用比较轻度的负荷练习，因此练起来既简单有味，又可获得综合训练，达到全面发展的良好效果。

七、变换训练法

此法可以有效地调节生理负荷，提高兴奋性，强化训练意向，克服疲劳和厌倦情绪，以达到提高训练效果的目的。

刚参加训练时，可多做些诱导性练习和辅助性练习。随着训练水平的提高，应加大练习的难度。如用越野跑代替在田径场的长跑等。由于训练条件的变化，可使训练者的大脑皮层不断地产生新异的刺激，提高兴奋性、激发训练的兴趣，从而提高机体对负荷的承受能力，提高训练效果。另外，不断地对训练的内容、时间、动作速率等提出新的要求，可有效地调节生理负荷，使机体不断产生适应性变化，达到更好地训练身体的目的。

八、负重训练法

负重训练法是使用杠铃、哑铃、沙袋等重物进行身体运动来训练身体、增强体力的方法。

负重的方法，既用于普通人为增强体质训练身体，又用于各项运动员进行身体训练，还可用于解决身体疾患的康复。

为一般人增强体质进行负重训练，应该采用最大摄氧量和最大心输出量以下的负荷。因为过大的负荷可能给心血管和呼吸系统带来不良的影响。为了保证这种训练方法对身体的良好作用，在健身运动负荷价值范围内可以多次重复或连续。

九、比赛训练法

比赛训练法是指在近似、模拟或真实、严格的比赛条件下，按比赛的规则和方式进行训练的方法。比赛训练法是根据人类先天的竞争和表现意识、竞技能力形成过程的基本规律和适应原理、现代竞技运动的比赛规则等因素而提出的一种训练法。依据比赛的性质可将比赛训练法分为四种，即教学性比赛方法、模拟性比赛方法、检查性比赛方法和适应性比赛方法。

思考题

1. 体能训练的基本原理有哪些？它们对我们日常的一般训练有什么意义？

2. 体育训练的常用方法和手段有哪些？

3. 对于不同的人群，在进行体育运动时采用的训练方式可能都不同，所追求的目标也不同；但其对人体的有益作用是基本一致的，其基本原理也应该是一致的。请结合自身的实际情况制订一套适合自己的训练计划。

第四章　核心稳定平衡练习

本章导读　本章学习的主要内容是核心稳定平衡的概述和练习方法。通过本章的学习让读者对核心稳定平衡的练习方法有一定的了解，明确核心部位的位置、核心稳定平衡的练习方法及核心稳定平衡的重要性，从而为体能训练提供正确的指导。

第一节　核心稳定平衡概述

核心稳定性对于人们每日生活是非常重要的，可以保持身体姿态，在拿取重物时可以预防受伤，如拿很重的购物袋或熨烫衣物时。无论是行、住、坐、卧还是打球、劳动，只要这些核心肌群正常运作，就能让我们的脊椎维持在理想的相对位置上，椎间盘、韧带等周围的组织所承受的压力就会保持在一个安全合理的范围之内。在所有的运动中，平衡和核心部位肌肉的全面发展是非常重要的，核心稳定对于所有的运动员都非常有帮助。例如，当游泳时强壮的手臂和腿的力量很重要，但是在肢体剧烈运动时，离不开强有力的核心部位（躯干）。再如，在网球运动员击打球的瞬间，这时帮助稳定、控制身体平衡的肌肉正是核心肌肉，而且有些运动项目对于核心稳定的要求非常高，比如需要身体很好地平衡的运动项目如滑雪。因此无论是在日常生活中，还是竞技运动中，核心稳定平衡都是不容忽视的。

核心部位是指肩关节以下髋关节以上包括骨盆在内的部位，是人体的中间环节，是连接上下肢的纽带，影响着身体的整体性，也是肢体的发力源。腰—骨盆—髋关节包括29块肌肉，都位于人体的核心部位，这些肌肉在人体运动中起到稳定、平衡、传导力量、发力减力等作用，这些肌群对于人体在运动过程中保持平衡有着重要意义。核心力量训练是指对核心部位肌群及其深层小肌肉进行的力量、稳定、平衡等能力的训练。核心稳定性（Core Stability）是指人体在完成动作时维持核心部位的肌肉和关节有效传递能量和保持合理身体姿势的能力。

平衡是指人体无论是在运动或受到外力作用时，自动调整姿势并维持所需要姿势稳定的能力。平衡功能是人类一切运动的基础，也是后天形成保持一生的重要功能。平衡锻炼的基本原则：姿势的重心由低到高，偏离稳定位置的幅度由小到大，从维持静态平衡到动态平衡过渡，从大面积支持基底到小面积支持基底，在保持稳定的前提下逐步增加头颈、躯干和四肢运动，从睁眼活动到逐步过渡闭眼活动等。平衡性很好的运动员在运动中往往表现出很好的协调性和身体控制能力。现在大多数的专业运动员的平衡能力与控制能力越好，其运动成绩也就越好。运动中的各种对抗与自身活动以及空气阻力、摩擦力和地心引力等都会影响运动员的平衡稳定性。

核心稳定平衡对体育竞赛取得优异成绩具有关键作用，在我们日常生活中的地位也是非常重要的。稳定强大的核心稳定平衡能力可帮助人体控制身体减速、加速和稳定，提高平衡能力和协调性以及运动肌肉感知觉、预防受伤及维持正确姿态等。因此，对核心稳定平衡的练习就显得尤为重要。

第二节　上肢与腰腹力量练习

核心稳定平衡素质的练习是一个整体性的练习。本节主要介绍结合瑞士球进行的上肢与腰腹力量的练习方法。由于瑞士球的非固定性，对练习者在练习中的身体稳定平衡能力要求比较高，所以使用瑞士球进行上肢与腰腹力量练习能整体性地提高练习者的身体素质。

一、仰卧推杠铃

图 4－1　仰卧推杠铃

【目的】发展胸部、肩部肌肉群力量，以及身体支撑和稳定能力。

【方法】练习者仰卧于瑞士球上，上背部卧于瑞士球上支撑体重，腰伸直，双脚约大于肩宽或并拢放在地面上，双手屈肘正握轻杠铃于胸前；向上推杠铃，停顿 5～10 秒；还原成开始姿势，反复练习。

【要求】停顿 5～10 秒。双脚间距减小可加大难度。

二、仰卧快速斜推杠铃片

【目的】发展胸部、肩部肌肉群速度力量以及身体平衡和稳定能力。

【方法】练习者仰卧瑞士球上，头枕在球上，上背部支撑体重，双脚放在地面上，双手持杠铃片（或哑铃）屈肘于胸前。连续快速垂直向上推举杠铃片（或哑铃）。

图 4－2　仰卧快速斜推杠铃片

【要求】双脚距离大于肩宽。将杠铃片（或哑铃）屈肘推举到眼睛的垂直上方。

三、仰卧伸臂

图 4－3　仰卧伸臂

【目的】发展上臂后部肌群力量。

【方法】练习者双手持杠铃片（或哑铃）仰卧于瑞士球上，两脚略与肩同宽放于地面上，双臂屈肘持杠铃片（或哑铃）于胸前仰卧在球上；一手臂举杠铃片（或哑铃）向上伸直，下降杠铃片（或哑铃）至胸前，同时另一手臂举杠铃片（或哑铃）向上伸直。两臂交替重复练习，每次伸臂 20～30 次。

【要求】伸臂过程中上臂与地面垂直，背部紧贴球，稳定身体平衡。

四、仰卧快速单臂拉引

图 4－4　仰卧快速单臂拉引

【目的】发展胸部、肩部肌肉群力量，以及身体支撑和稳定能力。

【方法】把瑞士球放于靠近橡皮筋固定点的地面处。练习者单手拿橡皮筋仰卧于瑞士球上，头和上背部在瑞士球上支撑，双脚放在地面上，腰伸直。肘关节微屈，手臂往后拉引橡皮筋，重复练习。

【要求】拉引动作幅度要尽量大，拉引动作结束后保持 3 秒钟停顿，再回到开始姿势。

五、仰卧哑铃侧摆

图 4-5 仰卧哑铃侧摆

【目的】发展胸部、肩部肌肉群力量以及身体平衡和稳定能力。

【方法】练习者仰卧瑞士球上，上背部支撑体重，双脚与肩同宽放在地面上。练习者手持哑铃举于胸前，肘关节伸直；双臂伸直向两侧打开，直到自己能够控制的动作幅度。停顿 2~3 秒，还原到开始姿势，反复练习。

【要求】保持躯干伸直，达到最大动作幅度时停顿 2~3 秒，重复练习。

六、仰卧瑞士球体前屈

图 4-6 仰卧瑞士球体前屈

【目的】加固骨盆、腹部和肩部深层肌群，提高髋部和大腿前后肌群的控制能力。

【方法】练习者双手抱头仰卧于瑞士球上，双脚略与肩同宽，腰伸直；腹部肌肉发力缓慢把身体向上拉起成屈体 90°姿势，缓慢躺下成开始姿势，反复练习。

【要求】保持 20~30 秒。

七、仰卧瑞士球持实心球体前屈

图 4-7 仰卧瑞士球持实心球体前屈

【目的】加固骨盆、腹部和肩部深层肌群，提高髋部和大腿前后肌群的控制能力。

【方法】练习者手持实心球仰卧在瑞士球上，双脚略与肩同宽放在地面上，两臂伸直贴于耳侧，腰伸直；向上拉起身体成屈体 90°姿势，双臂垂直伸直持实心球于头上，重复练习。

【要求】保持 20 ~ 30 秒。

八、仰卧瑞士球上举杠铃

图 4 – 8　仰卧瑞士球上举杠铃

【目的】发展胸部、腰腹部、肩部和肱三头肌力量和控制能力。

【方法】练习者仰卧瑞士球上，双脚约与肩同宽放在地面上，双手正握杠铃伸直举于胸前；以肩为圆心，手臂为半径沿半圆运动轨迹缓慢下降杠铃，并尽量远地向头后部延伸；还原成开始姿势，反复练习。

【要求】动作速度缓慢，在动作结束时保持 10 ~ 20 秒钟静止。

九、单球俯卧撑

图 4 – 9　单球俯卧撑

【目的】发展胸部、腰背部、肩部肌肉群力量以及身体平衡、支撑和稳定能力。

【方法】练习者俯卧撑于地面（或瑞士球上），双脚放在瑞士球上（或地面上），身体伸直；屈肘做俯卧撑并在屈肘时保持 10～20 秒钟；还原成开始姿势，重复练习。

【要求】身体保持完全伸直姿势，屈肘时停顿 10～20 秒。如加大难度，可改变双手间的距离或夹肘、单臂、用手指撑地，也可以换成一条腿在球上支撑，另一条腿提起，并结合撑地手的改变来加大动作的难度。

十、双球俯卧撑

图 4－10　双球俯卧撑

【目的】发展胸部、腰背部、肩部肌肉群力量以及身体平衡、支撑和稳定能力。

【方法】练习者双手分别俯卧撑于两个瑞士球上，双腿并拢，双脚前脚掌放于地面上，双臂伸直；屈肘做俯卧撑并在屈肘时保持 10～20 秒钟静止；还原成开始姿势，重复练习。

【要求】身体保持完全伸直姿势，屈肘时停顿 10～20 秒。如加大难度，可以改成双脚放于一个（或两个）瑞士球上。

十一、瑞士球快速俯卧撑

图 4－11　瑞士球快速俯卧撑

【目的】发展上臂后部和肩部肌肉群速度力量以及身体平衡和稳定的控制能力。

【方法】练习者双手俯卧撑于瑞士球上，双脚并拢（或与肩同宽）放在地面上，双臂伸直，身体伸直，紧腰；双臂屈肘使身体向下降，前臂抱在球上；快速伸臂撑起身体成开始姿势，重复练习。

【要求】整个动作过程中身体要伸直，保持平衡。

十二、跪姿伸臂滚瑞士球

图 4－12　跪姿伸臂滚瑞士球

【目的】加固腹部和腰部深层肌群，提高背部和肩部肌群的控制能力。

【方法】练习者双腿并拢跪于地面上，双手屈肘放置瑞士球上；双臂伸直往前滚动瑞士球，身体伸直，保持 10～20 秒钟；还原成开始姿势，重复练习。

【要求】滚动过程中身体伸直，保持身体平衡。

十三、俯撑伸臂滚瑞士球

图 4－13　俯撑伸臂滚瑞士球

【目的】加固腹部、腰部和骨盆深层肌群，提高背部、肩部和腿部肌群的控制能力。

【方法】练习者俯卧撑于瑞士球上，双腿并拢，双脚脚尖撑于地面上，双臂伸直，身体伸直；双臂前伸滚动瑞士球，身体伸直，保持 10～20 秒钟；还原成开始姿势，重复练习。

【要求】整个动作过程中保持身体伸直，滚动瑞士球后保持 10～20 秒钟。

十四、俯卧撑双球扩胸

图 4－14　俯卧撑双球扩胸

【目的】发展胸部、肩部肌肉群速度力量，以及身体支撑和稳定能力。

【方法】练习者双手分别俯卧撑于两个瑞士球上，双腿并拢，双脚放于地面上，两臂伸直；两臂分别将两球向外侧滚动，打开双臂，直到自己能够控制的动作幅度，保持10~20秒钟；还原成开始姿势，重复练习。

【要求】整个动作过程身体伸直，控制好两球及身体平衡，肩部有伤时慎做这种练习。

十五、俯卧斜立扩胸

图4-15 俯卧斜立扩胸

【目的】发展胸部、肩部肌肉群速度力量，以及身体支撑和稳定能力。

【方法】练习者俯卧撑于瑞士球上，两腿略与肩宽稍屈膝站于地面上，两手分别放于两个瑞士球上，两臂伸直，身体屈膝并向球倾斜；将两个瑞士球向外侧滚动，打开双臂，直到自己能够控制的动作幅度，保持10~20秒钟；还原成开始姿势，重复练习。

【要求】达到最大动作幅度后，保持10~20秒钟。

十六、侧卧挥摆杠铃片

图4-16 侧卧挥摆杠铃片

【目的】发展肩部、臂部和上背肌肉群的力量以及身体平衡、稳定和控制能力。

【方法】练习者侧卧于瑞士球上，两腿伸直前后分腿（下方脚在前，上方脚在后侧）放在地面上，上臂伸直持杠铃片放于体前地面上，身体伸直；持杠铃片的手臂由身体侧面向上挥动杠铃片，直到自己能够控制的动作幅度，手臂伸直，保持5~10秒钟静止；反复练习。

【要求】保持身体伸直，达到最大动作幅度后，停顿5~10秒钟。

十七、坐瑞士球侧举杠铃片

图 4－17　坐瑞士球侧举杠铃片

【目的】发展腰背部、三角肌前部外侧的力量，提高腰背部和肩部肌群的控制能力。

【方法】练习者坐于瑞士球上，两脚约与肩同宽放于地面上，双手持杠铃片（或哑铃）于体侧，两臂伸直，身体正直；双臂由两体侧缓慢向上侧举杠铃片（或哑铃）至略高于肩的位置，保持 5～10 秒钟；还原成开始姿势，重复练习。

【要求】整个动作过程中动作速度缓慢进行，停顿保持 5～10 秒，结合呼吸，向上运动时吸气，向下运动时呼气。

十八、坐瑞士球持杠铃片提肩

图 4－18　坐瑞士球持杠铃片提肩

【目的】发展斜方肌和肩部上提的力量，以及身体平衡、稳定和控制的能力。

【方法】练习者坐于瑞士球上，双脚约与肩同宽放在地面上，双手持杠铃片（或哑铃）于体侧紧贴身体，双臂伸直，上体正直；向上提肩，并从前后沿环形运动路线连续转肩；还原成开始姿势，重复练习。

【要求】提肩、转肩时双臂伸直；配合呼吸进行练习，开始时吸气，结束时呼气。

十九、滑动俯卧撑

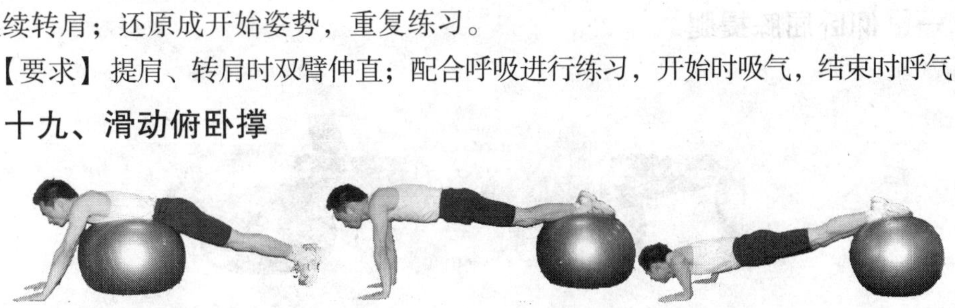

图 4－19　滑动俯卧撑

【目的】发展胸部、肩部肌肉群力量以及身体支撑和稳定能力。

【方法】练习者俯卧撑于瑞士球上，腹部放在瑞士球上，双脚伸直并拢放于地面上；双臂撑地前行，身体在球上前移成俯撑姿势，双脚在球上支撑，做一个俯卧撑动作，再用“手”走路退回到开始姿势，重复练习。

【要求】身体保持完全伸直姿势，如果加大难度，可以在俯卧撑时提起一条腿，或用单手做动作。

二十、坐瑞士球双臂坐拉引

图 4－20　坐瑞士球双臂坐拉引

【目的】发展躯干两侧上部和上背部肌群的力量以及身体平衡和控制的能力。

【方法】练习者坐于瑞士球上，双脚略与肩同宽放于地面上，双手前举拿住橡皮筋，双臂伸直；双臂把手拉向胸部位置，还原成开始姿势，重复练习。

【要求】练习过程中稳定控制平衡，上体始终保持正直姿势，用手臂发力，也可用单臂练习。

第三节　下肢与腰腹力量练习

本节主要介绍结合瑞士球进行的下肢与腰腹力量的练习方法。瑞士球易滑动，不易控制，对练习者在练习中的身体稳定平衡能力要求比较高，所以使用瑞士球进行下肢与腰腹力量练习能全面地提高练习者的下肢与腰腹力量。

一、仰卧屈膝提腿

图 4－21　仰卧屈膝提腿

【目的】加固腹部深层肌群、提高腰部和骨盆的控制能力。

【方法】练习者仰卧于瑞士球上，上背部卧于球面上，双脚略与肩同宽屈膝放于地面上，双手放于腰部，身体伸直；屈膝提起一条腿离地面 15 ~ 30 厘米，保持 10 ~ 20 秒钟静止；还原成开始姿势，重复交替练习。

【要求】整个动作过程中身体伸直，稳定身体的平衡，保持10 ~ 20 秒。

二、仰卧直膝提腿

图 4 – 22　仰卧直膝提腿

【目的】加固腹部深层肌群、提高腰部和骨盆的控制能力。

【方法】练习者成仰卧姿势，上背部卧于瑞士球面上，腰部悬空，双脚略与肩同宽屈膝放于地面上，双手放于腰部，身体伸直；屈体提起一条腿至自己所能控制的最大动作幅度，腿伸直，身体伸直；还原成开始姿势，两腿交替反复练习。

【要求】整个动作过程身体伸直，腿抬至最高点时保持 10 ~ 20 秒钟静止。

三、仰姿脚垫瑞士球提髋屈双膝

图 4 – 23　仰姿脚垫瑞士球提髋屈双膝

【目的】加固骨盆、腹部和腰部深层肌群，提高髋部和大腿后部肌群的控制能力。

【方法】练习者的肩和头部仰卧于地面上，双腿并拢伸直放于瑞士球上，两臂伸直放在体侧的地面上，掌心向下，身体伸直；双腿屈膝上提身体，保持 10 ~ 20 秒钟静止；还原成开始姿势，重复练习。

【要求】整个练习过程中身体伸直，两臂伸直，稳定身体平衡。

四、头枕瑞士球横桥单腿撑

图 4－24 头枕瑞士球横桥单腿撑

【目的】加固骨盆、腹部和腰部深层肌群，提高髋部和大腿前后肌群的控制能力。

【方法】练习者仰卧于瑞士球上，头和肩枕在瑞士球上，双脚略与肩同宽放在地面上，双手放于腰部，身体伸直；提起一条腿至水平位置（与地面平行），腿伸直，保持静止 10～20 秒钟；还原成开始姿势，两腿交替重复练习。

【要求】整个动作过程中身体伸直，保持 10～20 秒钟静止，稳定身体平衡。

五、仰撑脚垫瑞士球提髋屈单膝

图 4－25 仰撑脚垫瑞士球提髋屈单膝

【目的】加固骨盆、腹部和腰部深层肌群，提高髋部和大腿后部肌群的控制能力。

【方法】练习者的肩和头部仰卧于地面上，双腿并拢伸直放于瑞士球上，两臂伸直放在体侧的地面上，掌心向下，身体伸直；双腿屈膝上提身体，再直腿提起一条腿，保持 10～20 秒钟静止；还原成开始姿势，两腿交替重复练习。

【要求】在整个动作过程中身体伸直，稳定身体平衡。

六、仰撑脚垫瑞士球提髋直膝提腿

图 4－26 仰撑脚垫瑞士球提髋直膝提腿

【目的】加固骨盆、腹部和腰部深层肌群，提高髋部和大腿后部肌群的控制能力。

【方法】练习者的肩和头部仰卧于地面上，双腿并拢伸直放于瑞士球上，两臂伸直放在体侧的地面上，掌心向下，身体伸直；直膝提起一条腿至最大高度，保持 10 ~ 20 秒钟静止；还原成开始姿势，两腿交替反复练习。

【要求】整个动作过程中身体伸直。

七、俯卧瑞士球分腿

图 4－27　俯卧瑞士球分腿

【目的】加固躯干深层肌群，提高腹背部、臂部和腿部肌群的控制能力。

【方法】练习者俯卧于瑞士球上，腹下部贴瑞士球，两腿伸直并拢提起与身体成一条直线，两臂展开撑于地面支撑身体；两腿往上提再充分展开，保持 10 ~ 20 秒钟静止，重复练习。

【要求】腰部稍微背弓，两腿伸直，稳定身体的平衡。

八、俯卧肘撑

图 4－28　俯卧肘撑

【目的】加固躯干深层肌群，提高腹、背部和臀部肌群的控制能力。

【方法】练习者屈肘俯卧于瑞士球上，双腿伸直并拢用脚尖撑地，上臂抱在瑞士球上，身体伸直；保持 20 ~ 30 秒钟的静止。

【要求】身体伸直，稳定身体在瑞士球上的平衡。

九、俯卧肘撑提腿

【目的】加固躯干深层肌群，提高腹、背部和臀部肌群的控制能力。

【方法】练习者屈肘俯卧于瑞士球上，双腿伸直并拢用脚尖撑地，上臂抱在瑞士球上，身体伸直；提起一条腿，尽量往上提，保持 10 ~ 20 秒钟的静止；还原成开始姿势，两腿交替反复练习。

图 4－29　俯卧肘撑提腿

【要求】整个动作过程身体伸直，腿尽量往上提。

十、俯卧肘撑提腰

图 4－30　俯卧肘撑提腰

【目的】加固躯干深层肌群，提高腹、背部和臀部肌群的控制能力。

【方法】练习者屈肘俯卧于瑞士球上，双腿伸直并拢用脚尖撑地，上臂抱在瑞士球上，身体伸直；身体腰部向上提起成桥形姿势固定，保持 10～20 秒钟的静止，重复练习。

【要求】稳定身体的平衡。

十一、俯撑屈双膝滚瑞士球

图 4－31　俯撑屈双膝滚瑞士球

【目的】加固骨盆、腹部和腰部深层肌群，提高髋部和大腿前、后部肌群的控制能力。

【方法】练习者俯卧撑于地面上，双腿并拢伸直放在瑞士球上，两臂伸直，身体伸直；提髋屈双膝收腿滚动瑞士球，上提骨盆和身体，保持 10～20 秒钟静止。

【要求】屈膝收腿时两臂伸直、上体微前倾。

十二、俯撑屈单膝滚瑞士球

图 4-32　俯撑屈单膝滚瑞士球

【目的】加固骨盆、腹部和腰部深层肌群，提高髋部和大腿前、后部肌群的控制能力。

【方法】练习者俯卧撑于地面上，一腿并拢伸直放在瑞士球上，屈膝收另一腿，两臂伸直，身体伸直；屈单膝收放于瑞士球上的腿，上提骨盆和身体，保持 10～20 秒钟静止，两腿交替反复练习。

【要求】上体身体时，两臂伸直，身体稍前倾。

十三、侧卧撑提腿

图 4-33　侧卧撑提腿

【目的】加固躯干两侧深层肌群，提高骨盆、髋部和大腿外侧肌群的控制能力。

【方法】练习者侧卧于瑞士球上，双腿并拢伸直放于地面上，下方腿外侧撑地，单臂屈肘放于瑞士球上支撑身体，身体伸直；往上缓慢提外侧腿至体侧最大高度，腿伸直，保持 10～20 秒钟静止；还原成开始姿势，两腿交替重复进行。

【要求】整个动作过程身体伸直，稳定身体的平衡。

第四节　腰腹力量综合练习

本节主要介绍结合瑞士球进行的腰腹力量综合的练习方法。瑞士球不易控制，易滚动，对练习者在练习中的身体稳定平衡能力要求比较高，所以使用瑞士球进行腰腹力量综合练习能全面地提高练习者的下肢与腰腹力量。

一、坐瑞士球负杠铃转体

图 4-34 坐瑞士球负杠铃转体

【目的】发展躯干斜肌肌群的力量。

【方法】练习者肩负轻杠铃坐在瑞士球上，双脚略与肩同宽贴于地面，双手正握杠铃，身体正直；以腰部为轴左右反复转动上体，抬头挺胸、身体正直。

【要求】转动匀速，转体是结合呼吸，向左转体时呼气，向右转体时吸气，重复练习。

二、坐瑞士球提单腿持哑铃摆

图 4-35 坐瑞士球提单腿持哑铃摆

【目的】加固躯干深层肌群，提高腰部、腿部和臂部肌群的控制能力。

【方法】练习者坐于瑞士球上，一腿伸直提起至水平位置，另一脚放于地面上，双手持杠铃片（或哑铃）于体侧，两臂伸直；与提起腿异侧的手臂前举，另一手臂后上举，两臂一上一下交替摆动进行，两腿交替反复练习。

【要求】整个动作过程身体正直、手臂伸直、提起的腿伸直，每侧练习 30 ~ 40 秒钟。

三、仰卧双腿夹球转体

【目的】发展腰背部与腿部等肌群力量，以及身体协调和控制能力。

【方法】练习者仰卧于地面，双脚放于瑞士球上，两臂伸直放于向体侧斜下方向的地面上，掌心向下，身体伸直；双脚往瑞士球的一侧滚动，同时转体，直到自己能够控制的动作幅度，保持 10～20 秒钟静止；还原成开始姿势，换另一侧交替重复练习。

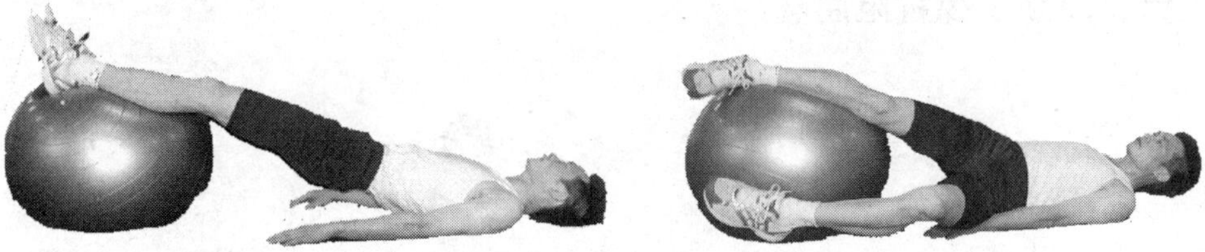

图 4－36　仰卧双腿夹球转体

【要求】转体要充分，双脚不离开球面，停顿 10～20 秒钟。

四、俯撑腿臂平伸

图 4－37　俯撑腿臂平伸

【目的】加固躯干深层肌群，提高腰部伸展和骨盆伸髋肌群的控制能力。

【方法】练习者跪撑于瑞士球上，两臂伸直撑于瑞士球上；向后伸直左腿至水平，前举右臂至水平，保持 10～20 秒钟静止；还原成开始姿势，交替重复练习。

【要求】稳定身体在瑞士球上的平衡，四肢交替练习。

五、快速仰卧起坐

图 4－38　快速仰卧起坐

【目的】发展腹部肌群力量

【方法】练习者双手抱头仰卧于瑞士球上，双脚略与肩同宽放于地面；向上快速抬上体至垂直部位，再慢躺成开始姿势，重复练习。

【要求】稳定身体的平衡，如为了加大动作难度，可以手持重物、慢速做或扭转躯干进行练习。

六、单腿支撑抗阻屈髋

图 4－39　单腿支撑抗阻屈髋

【目的】提高身体平衡、动作控制和调节能力。

【方法】练习者分腿前后站立于地面，重心在前脚上，后脚在踝关节系橡皮条，两臂自然下垂于体侧；屈髋、屈膝提起系橡皮条的腿至大腿与地面平行位置，保持10～20 秒钟的静止；两腿交替重复练习，每条腿练习 20～30 次再换另一腿进行练习。

【要求】身体尽量不要晃动，身体重心始终在前脚上，平稳完成动作。

七、仰卧转体

图 4－40　仰卧转体

【目的】发展腹部和躯干两侧肌群力量和爆发力。

【方法】练习者仰卧在瑞士球上，臀部放于瑞士球上，双脚略与肩同宽放于地面，双臂屈肘，双手持实心球抱于胸前，抬上体左右转体，每侧转体保持 10～20 秒钟静止，重复练习。

【要求】以腹部和腰部发力开始，动作完成幅度尽量大些。

八、仰卧瑞士球滚肩转体

图 4－41　仰卧瑞士球滚肩转体

【目的】发展腹背部、躯干两侧肌群的速度力量以及身体平衡、稳定和控制能力。

【方法】练习者双手持实心球仰卧于瑞士球上，上背部放于瑞士球上支撑体重，双脚略与肩同宽放于地面，双臂伸直举于胸前，身体伸直；持实心球左右方向连续转体，保持 10～20 秒钟静止。

【要求】眼睛盯住实心球，用肩在瑞士球上滚动。以腹部和腰部发力开始。

九、持瑞士球两头起

图 4－42　持瑞士球两头起

【目的】发展腹部、腿部、臂部肌群力量，提高身体协调、平衡、稳定和控制能力。

【方法】练习者仰卧于地面上，两腿并拢伸直于地面，双臂贴在头两侧伸直，双手持瑞十球；腹部肌群快速屈体，在屈体折叠时手和脚交换球，用脚夹住瑞士球，再平躺于地面。如此手脚交换瑞士球进行练习，重复练习。

【要求】瑞士球交换流畅，四肢充分伸直，快速完成练习。

十、俯卧瑞士球背屈伸

图 4－43　俯卧瑞士球背屈伸

【目的】发展腰背部肌群力量以及身体柔韧、平衡、稳定和控制的能力。

【方法】练习者俯卧于瑞士球上，腹部压于球面上，双腿并拢离地，双手略与肩同宽放于地面；腰背部肌肉发力向后背起成弓形，两腿与两臂伸直往上提至最大动作幅度，停顿2~3秒；还原成开始姿势，重复练习。

【要求】保持2~3秒。

十一、靠墙下蹲

图4-44　靠墙下蹲

【目的】发展髋部和腿部力量。

【方法】练习者背压瑞士球靠墙站立，瑞士球放于腰部和墙之间，双脚略与肩同宽放于地面上，两臂自然下垂于体侧；双脚或单腿支撑靠墙下蹲，屈膝下蹲至大腿与上体成90°并保持20~30秒钟静止；还原成开始姿势，重复练习。

【要求】球在背部滚动时，仰头，眼睛平视前方。如果加大难度，可以用单脚支撑或双手持哑铃等。

思考题

1. 核心部位是指身体的哪些部位？

2. 何为核心稳定平衡？

3. 核心稳定平衡练习的意义有哪些？

4. 结合本章讲述的核心稳定平衡练习方法，请你结合自身的实际情况为自己制订一套核心稳定平衡练习的计划。

第五章　力量练习

本章导读　力量训练是运动训练中的基础，是运动训练的重中之重。因此，科学的力量练习方法就变得尤为重要。为了有效地指导练习者进行力量练习，满足练习者的需求，本章主要介绍一些基本的力量练习方法和手段，旨在通过本章的学习使练习者初步掌握力量练习的方法。

第一节　力量练习概述

力量素质是人体进行体育运动的基本素质之一，是获得运动技能和取得优异运动成绩的基础，同时也是其他身体素质发展的重要因素。

一、力量素质的定义

力量素质是指人体神经肌肉系统在工作时克服或对抗阻力的能力。力量素质与其他素质有着极为密切的关系，是掌握运动技能和技巧、提高运动成绩的重要基础。肌肉工作时以收缩产生的拉力克服阻力。肌肉工作所克服的阻力包括外部阻力和内部阻力。外部阻力，如物体重量、摩擦力以及空气的阻力等；内部阻力，如肌肉的粘滞性，各肌肉间的对抗力。

二、力量素质的分类

根据力量素质与运动专项的关系，可分为一般力量与专项力量；根据力量素质与运动员体重的关系，可分为绝对力量与相对力量；根据不同体育活动所需力量素质的不同特点，可分为最大力量、快速力量和力量耐力。

第二节　上肢力量练习

上肢的力量该如何进行锻炼和加强呢？本节将会介绍运用器械锻炼上肢力量的练习方法，通过这一系列增强式的力量训练手段，可获得更强大的上肢力量。

一、臂部练习

（一）单臂屈伸

图5－1　单臂屈伸

【目的】发展上臂肌肉群力量。

【方法】坐立于长凳上，双脚置于地面，双脚间距略宽于肩，一手低手直臂抓握杠铃片（或哑铃），肘部靠近大腿内侧，另一臂伸直撑于长凳上；吸气并屈臂举杠铃片（或哑铃），完成动作时呼气，反复练习。

【要求】手臂屈伸幅度要大，上体稍微前倾。

（二）拉力器臂屈伸

图5－2　拉力器臂屈伸

【目的】发展上臂肌肉群力量。

【方法】面向拉力器分腿站立，双脚间距略宽于肩，抬头，直背，反手握拉力器手柄，连续快速屈臂提拉手柄，重复练习。

【要求】保持身体伸直，屈臂提拉手柄尽量靠近胸部。

（三）杠铃臂屈伸

【目的】发展上臂肌肉群力量。

【方法】挺直背部站立，双脚间距略宽于肩，双手分开稍比肩宽，反手握杠，然后向心屈臂举杠铃至胸前；还原成开始姿势，反复练习。

【要求】身体正直紧腰。

图 5－3　杠铃臂屈伸

（四）坐姿臂屈伸

图 5－4　坐姿臂屈伸

【目的】发展上臂肌肉群力量。

【方法】坐于训练机上，双脚置于地面，双脚间距略宽于肩，双臂伸直，反手握杠铃，肘部抵于托垫边缘；屈臂用力牵拉杠铃；还原成开始姿势，反复练习。

【要求】练习者可通过增加杠铃重量来加大难度。

（五）坐姿腕屈伸

图 5－5　坐姿腕屈伸

【目的】发展手腕肌肉群力量。

【方法】坐于长凳上，双脚置于地面，双脚间距略宽于肩，上体前倾，把前臂放于大腿或长凳上，正握杠铃，腕关节被动屈曲；向后弯举腕关节；还原成开始姿势，反复练习。

【要求】动作速度缓慢，动作上下幅度尽量最大。

（六）站立下拉

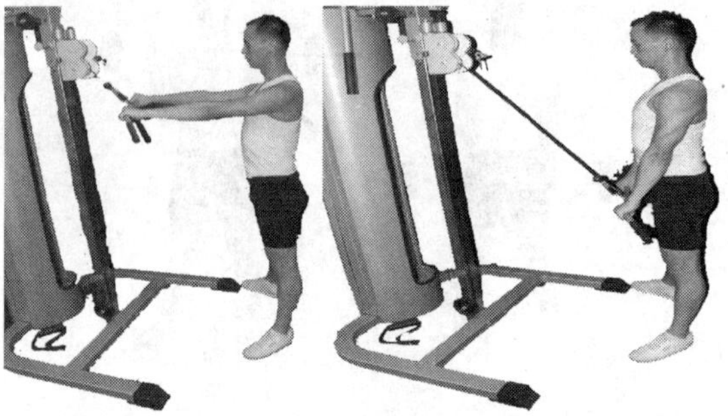

图5－6　站立下拉

【目的】发展上臂肌肉群力量。

【方法】面向拉力器站立，双脚间距略宽于肩，双手正握拉力器握柄，肘部紧贴体侧；吸气，下拉，伸直双臂，不要使肘部离开体侧；还原成开始姿势，反复练习。

【要求】抬头，直背，快速下拉。

（七）仰卧臂屈伸

图5－7　仰卧臂屈伸

【目的】发展上臂肌肉群力量。

【方法】仰卧于长凳上，双脚置于地面，双脚间距略宽于肩，双臂伸直，双手间距约为肩宽，正手抓杠；屈肘，以肩为圆心，手臂为半径沿半圆运动轨迹缓慢下降杠铃，并尽量远地向头后部延伸；还原成开始姿势。

【要求】保持稳定，不要向两侧晃动。

（八）坐姿杠铃片颈后臂屈伸

图5－8　坐姿杠铃片颈后臂屈伸

【目的】发展上臂肌肉群力量。

【方法】坐于长凳上，双脚置于地面，双脚间距略宽于肩，双手持哑铃置于颈后；小臂伸直上举，双臂伸直，将哑铃举至头的上方；以肘关节为支点，手臂下降杠铃片于脑后部，重复练习。

【要求】手臂下降时应注意要有控制，不要让杠铃片砸到背部

（九）体前臂屈伸

图5－9　体前臂屈伸

【目的】发展上臂肌肉群力量。

【方法】双膝微屈站立，双脚间距略宽于肩，上体前倾，手持杠铃，屈臂举杠铃至体侧屈肘90°；还原成开始姿势，反复练习。

【要求】腰部前屈，背部挺直。

（十）双臂屈伸

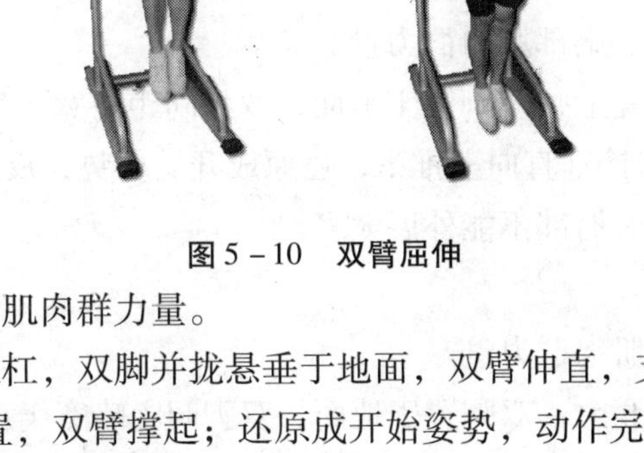

图5－10　双臂屈伸

【目的】发展上臂肌肉群力量。

【方法】双手握双杠，双脚并拢悬垂于地面，双臂伸直，支撑身体悬空；使身体下降至两杆间最低位置，双臂撑起；还原成开始姿势，动作完成时呼气。

【要求】抬头，直体，腰部收紧。

二、肩部练习

（一）颈后推举

图5－11　颈后推举

【目的】发展肩部肌肉群力量。

【方法】坐立于长凳上，双脚置于地面，双脚间距略宽于肩，抬头，直背，双臂伸直，正手握杠铃并上举至头顶；将杠铃向后弯曲至颈后；还原成开始姿势，反复练习。

【要求】练习时注意不要弓背。

（二）坐姿杠铃前推举

图5－12　坐姿杠铃前推举

【目的】发展肩部、胸部肌肉群力量。

【方法】坐立于长凳上，双脚置于地面，双脚间距略宽于肩，上体直立，正手握杠铃置于上胸部；将杠铃垂直向上推举；还原成开始姿势，反复练习。

【要求】推举杠铃时肘部不能外展太多。

（三）杠铃片推举

【目的】发展肩部肌肉群力量。

【方法】仰卧于长凳上，双脚置于地面，双脚间距略宽于肩，正手握杠铃片（或哑铃）举至双肩两侧，双臂垂直向上推举杠铃片（或哑铃）至胸前正上方；还原到开始姿势，反复练习。

图 5－13　杠铃片推举

【要求】动作结合呼吸，向上时吸气，动作完成时呼气。

（四）站姿单臂侧拉

图 5－14　站姿单臂侧拉

【目的】发展肩部肌肉群力量。

【方法】左右分腿站立，双脚间距略宽于肩，身体侧对训练机，右手紧握拉力器手柄用力下拉于体侧；慢慢上举右臂至侧举，右臂用力下拉至体侧，双臂交换重复练习。

【要求】直背，伸臂过程中上臂伸直。

（五）体前屈杠铃片侧举

图 5－15　体前屈杠铃片侧举

【目的】发展肩部肌肉群力量。

【方法】双膝微屈分腿站立，双脚间距略宽于肩，双臂伸直，手持杠铃片（或哑铃）自然下垂于胸前；双臂将杠铃片（或哑铃）平举至与地面平行位置，动作完成时呼气。

【要求】上体前倾，保持背部挺直.

（六）单臂杠铃片前举

图5-16 单臂杠铃片前举

【目的】发展肩部肌肉群力量。

【方法】左右分腿站立，双脚间距略宽于肩，双臂伸直于身体两侧，双手握杠铃片（或哑铃），身体正直；一臂放于大腿前方或稍外侧，另一臂前举杠铃片（或哑铃）至与地面平行位置，两臂交替进行练习。

【要求】保持躯干正直，伸臂过程中手臂伸直。

（七）拉力器前拉

图5-17 拉力器前拉

【目的】发展肩部肌肉群力量。

【方法】面向拉力器分腿站立，双脚间距略宽于肩，单手握拉力器手柄，另一臂伸直紧贴体侧；前拉拉力器手柄至同侧大腿前部，手臂伸直；还原成开始姿势，反复练习。

【要求】抬头，直臂，快速下拉。

（八）握杠铃片前举

【目的】发展肩部肌肉群力量。

【方法】左右分腿站立，双脚间距略宽于肩，双臂伸直，双手重叠抓握哑铃置于大腿前部，掌心向内；前举杠铃片（或哑铃）至与地面平行位置；还原成开始姿势，反复练习。

图 5-18　握杠铃片前举

【要求】抬头，直背，挺胸收腹，缓缓举杠铃片（或哑铃），避免用力不均 产生断续动作。

（九）体前屈侧拉

图 5-19　体前屈侧拉

【目的】发展肩部肌肉群力量。

【方法】双膝微屈分腿站立，双脚间距略宽于肩，上体前倾，双臂下垂，单手握拉力器手柄；单臂伸直侧拉拉力器手柄至胸前下方；还原成开始姿势，反复练习。

【要求】膝部微屈，保持背部挺直，双手交换练习。

三、胸部练习

（一）仰卧推举

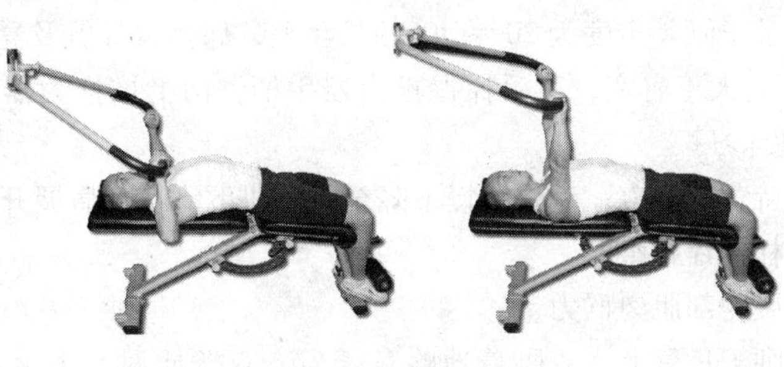

图 5-20　仰卧推举

【目的】发展胸部肌肉群力量。

【方法】仰卧于长凳上，保持臀部触及凳面，双脚着地略宽于肩，双手距离大于肩宽，正手握推力器手柄，向上推推力器，缓慢下降至胸部，反复练习。

【要求】保持背部挺直，动作缓慢下降至胸部时双肩展开。

（二）上斜卧推举

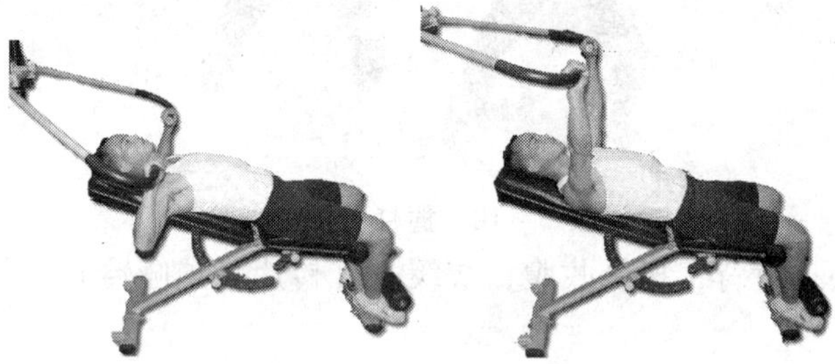

图 5－21 上斜卧推举

【目的】发展胸部肌肉群力量。

【方法】仰卧于角度为 45°～60°的斜椅上，保持臀部触及凳面，双脚着地略宽于肩，双手距离大于肩宽，正手握推力器手柄；向上推推力器至双臂伸直，缓慢下降降至颈静脉切迹处（位于上胸部和颈根部之间），反复练习。

【要求】保持背部挺直，动作缓慢下降至颈静脉切迹处时双肩展开。

（三）仰卧推举

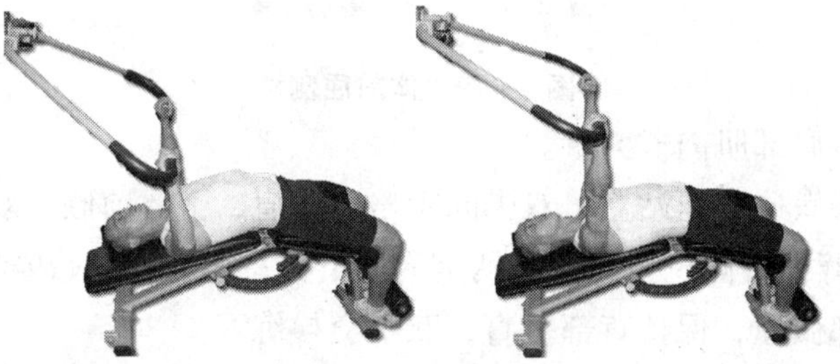

图 5－22 仰卧推举

【目的】发展胸部肌肉群力量。

【方法】斜卧于倾躺角度为 20°～40°的长凳上，保持臀部触及凳面，双脚着地略宽于肩，双手距离大于肩宽，正手抓握推力器手柄，向上推推力器，缓慢下降至胸大肌下缘，反复练习。

【要求】保持背部挺直，动作缓慢下降至胸大肌下缘时双肩展开。

（四）仰卧杠铃片推举

【目的】发展胸部肌肉群力量。

【方法】仰卧于长凳上，双脚着地略宽于肩，双臂屈肘，正手握杠铃片（或哑铃）于胸前，双臂向上推举至双臂完全伸直，缓慢下降至胸前，反复练习。

【要求】杠铃片（或哑铃）推举至眼睛的垂直上方。

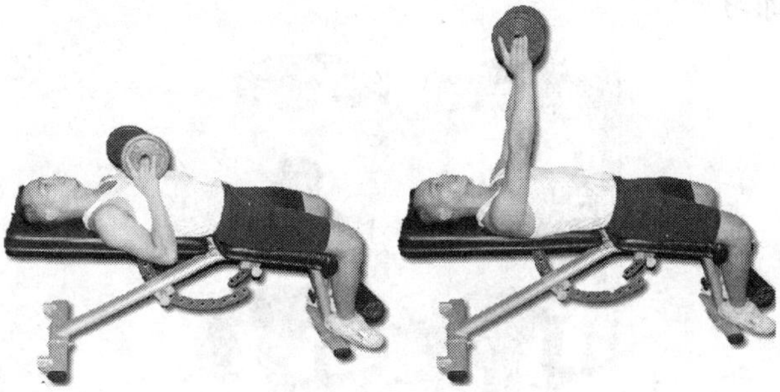

图 5－23 仰卧杠铃片推举

（五）仰卧侧摆

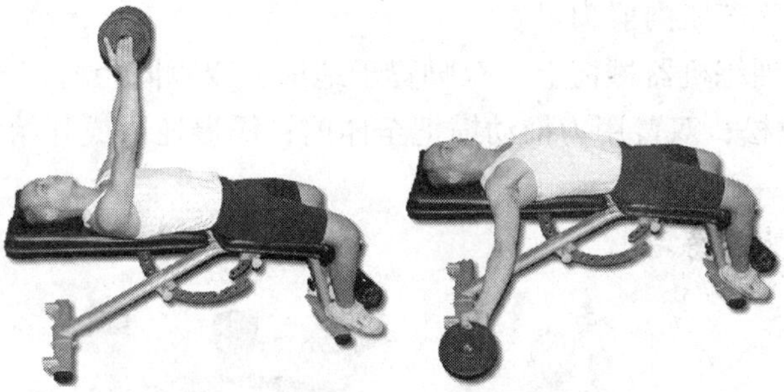

图 5－24 仰卧侧摆

【目的】发展胸部肌肉群力量。

【方法】仰卧于长凳上，双脚着地略宽于肩，持杠铃片（或哑铃）举于胸前；双臂伸直向两侧打开，直到自己能够控制的动作幅度。重复练习。

【要求】保持躯干伸直，达到最大动作幅度时停顿 2～3 秒钟。

（六）仰卧杠铃片推举

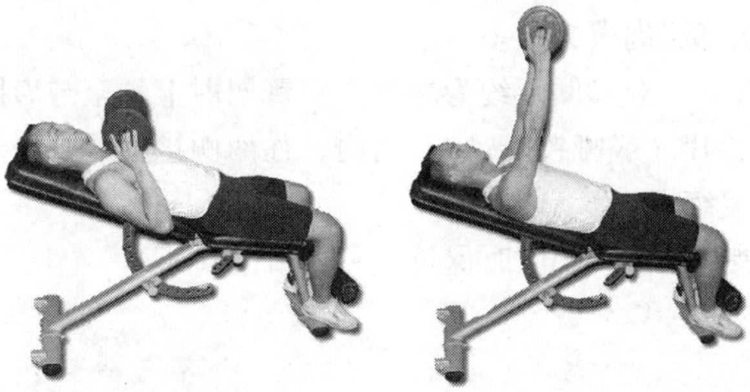

图 5－25 仰卧杠铃片推举

【目的】发展胸部肌肉群力量。

【方法】仰卧于角度为 45°～60°的斜椅上，保持臀部触及凳面，双脚着地略宽于肩，双手间距略大于肩宽，正手握杠铃片（或哑铃）于胸前；向上推举至双臂伸直，保持 2～3 秒钟，缓慢下降至开始姿势，动作完成时呼气，反复练习。

【要求】保持背部挺直。

（七）胸大肌练习

图 5－26　胸大肌练习

【目的】发展胸部肌肉群力量。

【方法】坐于训练机器械椅上，双脚置于地面，双脚间距略宽于肩，两手扶握横把，前臂和腕部放松；双臂用力推动横把至体前；缓慢还原成开始姿势，重复练习。

【要求】抬头、直背。

（八）站姿胸大肌练习

图 5－27　站姿胸大肌练习

【目的】发展胸部肌肉群力量。

【方法】双脚开立，双脚间距约为肩宽，双臂屈肘上举至与肩同高，双臂间距略与肩同宽，双手杠铃片（或哑铃），掌心向内；往两侧扩胸展开至动作最大幅度；还原成开始姿势，重复练习。

【要求】扩胸展开至最大幅度时保持 2～3 秒钟。

第三节　下肢力量练习

本节主要介绍下肢力量的练习方法，因为有许多运动项目的负重量主要是在下肢，而下肢运动的特点是前、后、左、右等方面的转换。因此，加强下肢力量训练，能够为快速提高运动水平打下良好的基础。

一、大腿练习

（一）下蹲起立

图 5－28　下蹲起立

【目的】发展大腿部肌肉群力量。

【方法】双脚开立，双脚间距约为肩宽，两臂伸直于体侧，两手分别持杠铃片（或哑铃）；吸气，轻度挺胸收腹，下蹲蹲至大腿与地面平行位置，返回起始位置，动作完成时呼气。

【要求】抬头直视前方，身体直立。

（二）负重半蹲

图 5－29　负重半蹲

【目的】发展大腿部肌肉群力量。

【方法】双脚平行开立，下至半蹲；还原成开始姿势，反复练习。

【要求】上体前倾，挺胸，避免弓背。

（三）仰卧小腿屈伸

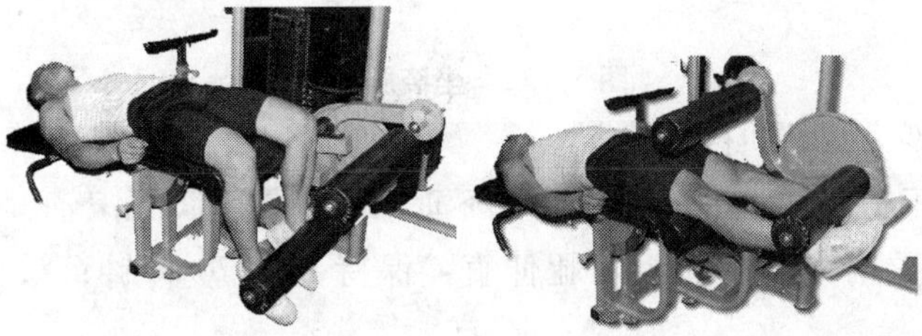

图 5－30　仰卧小腿屈伸

【目的】发展小腿部肌肉群力量。

【方法】仰卧于训练机凳面上，两腿分开与肩同宽；小腿向上踢出，至膝盖伸直，缓慢回到起始位置，反复练习。

【要求】保持臀部紧贴于坐垫上，双臂自然放置不发力。

（四）负重深蹲

图 5－31　负重深蹲

【目的】发展大腿部肌肉群力量。

【方法】肩负杠铃站立，双脚间距略宽于肩，双手间距宽于肩握杠铃；身体下蹲至臀部接近脚后跟，回到起始位置，完成时呼气，反复练习。

【要求】脚尖朝外。

（五）坐姿腿屈伸

图 5－32　坐姿腿屈伸

【目的】发展大腿部肌肉群力量。

【方法】坐于腿屈伸机上，两腿屈膝下垂，脚背勾住脚托滚轴，两手握扶把，腰背靠紧靠板；负重用力伸小腿至双腿伸直，保持 10～20 秒钟；缓慢还原成开始姿势，重复练习。

【要求】背部不能离开靠板，臀大肌不宜抬起借力。

二、小腿练习

（一）俯卧腿屈伸

图 5－33　俯卧腿屈伸

【目的】发展小腿部肌肉群力量。

【方法】俯卧于训练机的垫上，两脚钩住横杠，两手握手柄；向上屈小腿，保持 2～3 秒钟；缓慢还原成开始姿势，重复练习。

【要求】两腿不完全伸直，保持张紧状态，动作用力时臀部不可抬起避免借力。

（二）拉力器直腿内收

图 5－34　拉力器直腿内收

【目的】发展小腿部肌肉群力量（小腿内侧肌群）。

【方法】单腿站立，将拉力器系于一腿脚踝部，另一腿支撑于地面，对侧手抓握训练机的扶手以支撑身体；连于拉力器的腿伸直用力内收至靠近支撑腿。

【要求】抬头，直背，臀部不可后抬。

（三）站立提踵

图 5－35　站立提踵

【目的】发展小腿部肌肉群力量（小腿三头肌）。

【方法】面向训练机站立，双脚前脚掌站在杠铃片上，双手扶在把杆上，身体正直；快速提踵尽可能提高脚后跟，双腿伸直；还原成开始姿势，反复练习。

【要求】背部挺直站立，脚后跟提到最高处时停顿2~3秒。

（四）坐姿杠铃提踵

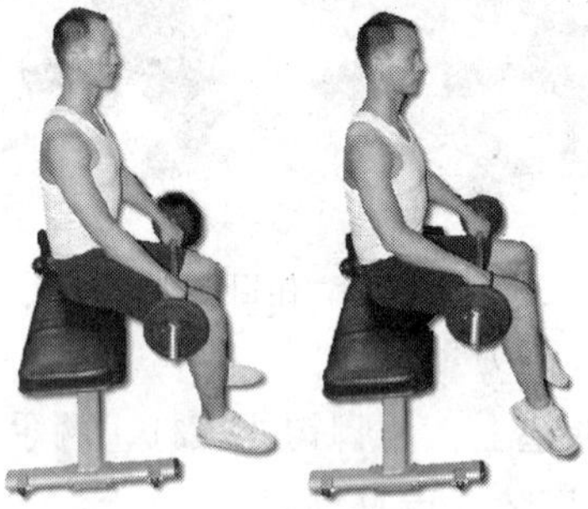

图5-36　坐姿杠铃提踵

【目的】发展小腿部肌肉群力量（比目鱼肌）。

【方法】坐于长凳上，双脚置于地面，双脚间距略宽于肩，身体正直，双手握住杠铃放在膝盖上；脚趾用力上推，尽量使脚后跟抬起；还原成开始姿势，反复练习。

【要求】脚踝快速上推，上下幅度尽量最大。

（五）小腿内收拉练习

图5-37　腿内收拉练习

【目的】发展小腿部肌肉群力量。

【方法】坐于训练机的椅子上，双脚置于踏板上；双腿用力往外侧展开至动作最大幅度；慢慢还原成开始姿势，重复练习。

【要求】上体保持正直。

第四节　腹背力量练习

腹背肌是人体运动过程中承上启下的核心肌群，是人体参与运动的“核心”。因此，在体能训练中，腹背肌力量的训练应引起高度的重视。本节将提高腹背肌力量的练习方法和手段介绍给练习者。

一、腹部练习

（一）斜板仰卧起坐

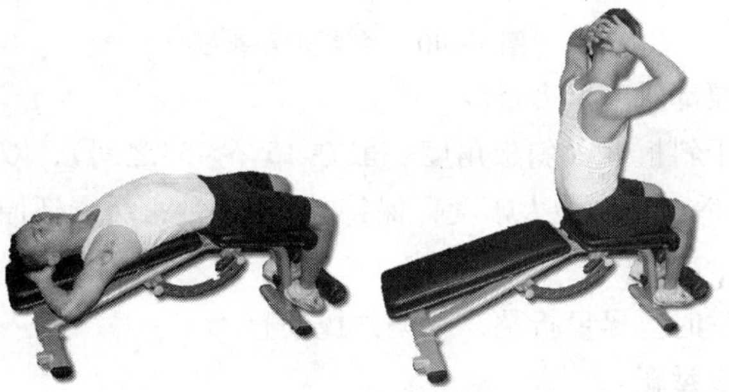

图 5－38　斜板仰卧起坐

【目的】发展腹部肌肉群力量。

【方法】仰卧于斜板上（斜板角度一 般在 15°～45°之间），两脚钩住套带或固定物上，双手抱头；向上抬上体至身体与大腿成垂直位置；缓慢还原成开始姿势，重复练习。

【要求】身体正直。

（二）跪立收腹下拉

图 5－39　跪立收腹下拉

【目的】发展腹部肌肉群力量。

【方法】双膝跪地，抬头，双臂伸直，双手握拉杆置于正头上方，身体正直；双臂伸直，收腹用力向前下拉至动作最大幅度，动作进行时呼气；还原成开始姿势，重复练习。

【要求】下拉时，手臂尽量不要用力靠腹部发力。

（三）斜板仰卧举腿

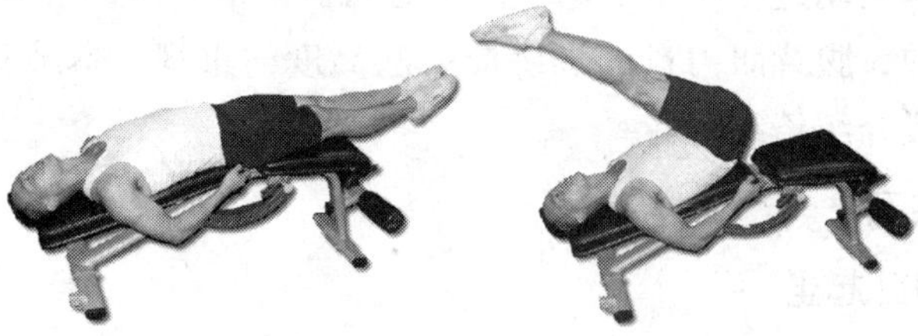

图5－40　斜板仰卧举腿

【目的】发展腹部肌肉群力量。

【方法】仰卧于斜板上（斜板角度一般在15°～45°之间），双腿并拢伸直，双手抓握横杠；直腿上举至动作最大幅度，保持2～3秒钟；缓慢还原成开始姿势，重复练习。

【要求】腿上举时，尽量折叠，双腿并拢伸直。

（四）悬垂屈膝举腿

图5－41　悬垂屈膝举腿

【目的】发展腹部肌肉群力量。

【方法】双臂伸直悬垂于器械上，双腿并拢伸直，双手正握杠；屈膝上举双腿至膝盖接近（或贴于）胸部，保持2～3秒钟；缓慢还原成开始姿势，重复练习。

【要求】双臂不发力。

（五）杠铃片侧屈

【目的】发展腹部肌肉群力量。

【方法】双脚左右开立，双脚间距约为肩宽，右手置放于体侧，左手持杠铃片（或哑铃）。

身体向右侧屈至动作最大幅度，缓慢还原成开始姿势，两侧交换重复练习。

图 5－42　杠铃片侧屈

【要求】身体正直。

（六）负重转体

图 5－43　负重转体

【目的】发展腹部肌肉群力量。

【方法】肩负杠铃双脚开立，双脚间距约为肩宽，双手间距宽于肩握杠铃，身体正直；慢慢扭转躯干，从一侧转向对侧，两侧交换重复练习。

【要求】双脚不动，身体正直。

（七）健身盘转体

图 5－44　健身盘转体

【目的】发展腹部肌肉群力量。

【方法】双脚并拢站于健身盘上，双手握扶柄，身体正直；向一侧扭转髋部，还原成开始姿势，两侧交替重复练习。

【要求】动作过程中保持肩部固定，双膝微曲，控制身体的运动。

二、背部练习

（一）引体向上

图5－45 引体向上

【目的】发展背部肌肉群力量。

【方法】双臂伸直悬垂于器械上，双腿并拢伸直，双手正握杠；双臂上拉引体至动作最大幅度，控制身体缓慢下降，重复练习。

【要求】上拉速度稍快些，缓慢下降。

（二）坐立体前下拉

图5－46 坐立体前下拉

【目的】发展背部肌肉群力量。

【方法】面向训练机坐立，双脚放于地面，膝部抵于海绵固定轴下，双臂伸直，双手宽握距抓拉杠，身体正直；双臂下拉拉杆至体前胸部，缓慢还原成开始姿势，动作完成时呼气，重复练习。

【要求】下拉的时候肩部肌群要放松，动作还原时不要耸肩，会影响背阔肌的受力。

（三）坐立体后下拉

【目的】发展背部肌肉群力量。

【方法】面向训练机坐立，双脚放于地面，膝部抵于海绵固定轴下，双手宽握距抓拉杠，身体正直；吸气，从头后上方位置垂直下拉横杠至颈后与肩平，稍停2～3秒钟；然后呼气，沿原路缓慢还原。

图5－47　坐立体后下拉

【要求】身体不要前后摆动，身体要始终保持与地面垂直的状态。

（四）坐立划船

图5－48　坐立划船

【目的】发展背部肌肉群力量（背阔肌、大圆肌、三角肌后部）。

【方法】面向训练机坐立，双脚放于地面，膝部抵于海绵固定轴下，身体正直；吸气，反握手柄用力拉动手柄至胸廓下部，将拉柄拉向身体的同时，肘部尽量向后，动作完成时呼气，重复练习。

【要求】腰腹固定，挺胸抬头，运动过程中注意控制拉伸的速度，过快或过慢都会影响锻炼效果。

（五）单臂哑铃划船

图5－49　单臂哑铃划船

【目的】发展背部肌肉群力量。

【方法】左手支撑在长凳上，左膝盖跪于长凳上，上体前倾近乎与地面平行，左臂伸直，右手正握杠铃片（或哑铃）；用臂将杠铃片（或哑铃）拉到体侧，尽量保持身体静止，缓慢地放下，保持对身体的控制，双臂交换重复练习。

【要求】动作缓慢完成。

（六）窄握杠铃臂屈伸

图 5－50　窄握杠铃臂屈伸

【目的】发展背部肌肉群力量（斜方肌上部，三角肌）。

【方法】左右分腿站立，双脚间距略宽于肩，正手窄握杠铃，身体正直；双臂上提杠铃至锁骨处，上提时吸气，慢慢下降至开始姿势，下降时呼气，重复练习。

【要求】身体正直。

（七）俯卧背屈伸

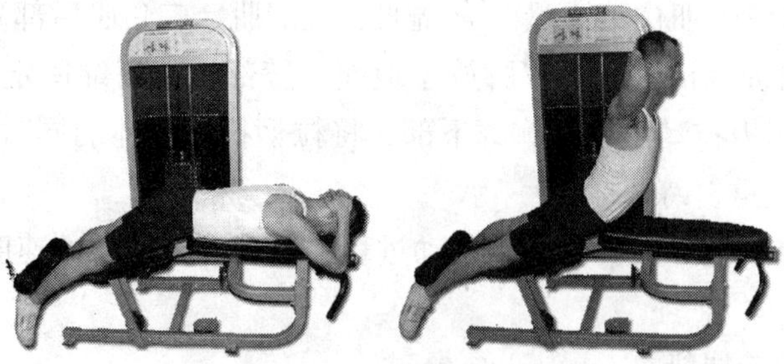

图 5－51　俯卧背屈伸

【目的】发展背部肌肉群力量。

【方法】身体俯卧于训练机上，双脚紧贴于海绵固定轴，双手抱头；向后屈至动作最大幅度，保持 2～3 秒钟；慢慢还原成开始吧姿势，重复练习。

【要求】向后屈时腿不主动发力。

三、臀部练习

（一）负重弓步

【目的】发展臀部肌肉群力量。

【方法】双腿弓步站立，双臂自然下垂，双手持杠铃片；弓步向前移动，弓步腿大腿与地面平行，后面腿尽量伸直，重复练习。

图 5－52　负重弓步

【要求】身体正直，负荷和适当增加。

（二）站立直腿后拉

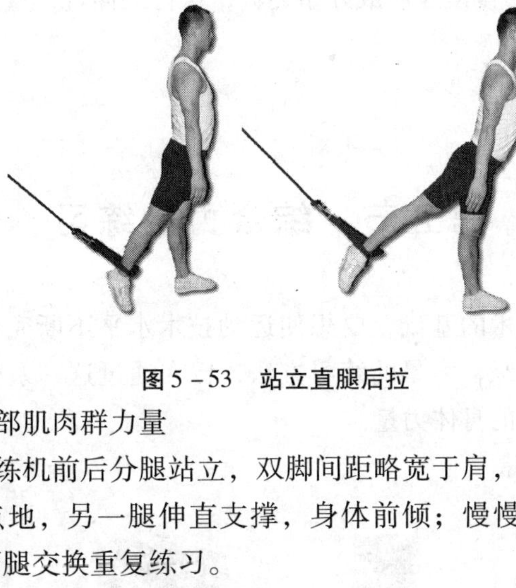

图 5－53　站立直腿后拉

【目的】发展臀部肌肉群力量

【方法】背对训练机前后分腿站立，双脚间距略宽于肩，一腿踝关节处套拉力器套扣用力拉至脚尖点地，另一腿伸直支撑，身体前倾；慢慢后拉至动作最大幅度，还原成开始姿势，两腿交换重复练习。

【要求】支撑腿尽量伸直，稳定重心。

（三）俯卧背屈伸

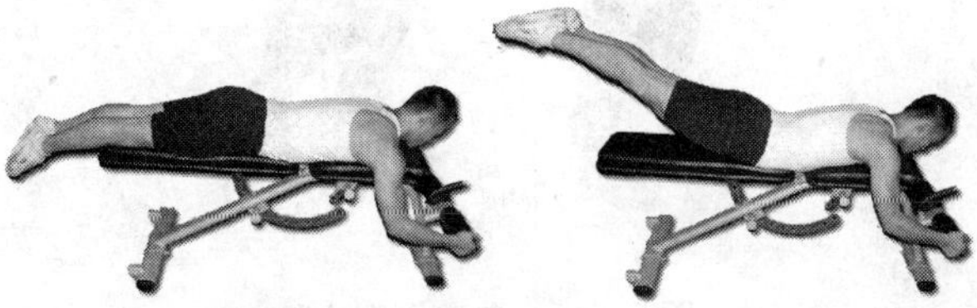

图 5－54　俯卧背屈伸

【目的】发展臀部肌肉群力量。

【方法】俯卧于训练机的垫上，双腿并拢伸直，双手放于两侧；臀部用力将腿向上抬至动作最大幅度，保持2~3秒钟，重复此动作。

【要求】双腿并拢伸直，主动利用臀大肌收缩力量。

（四）侧卧侧摆腿

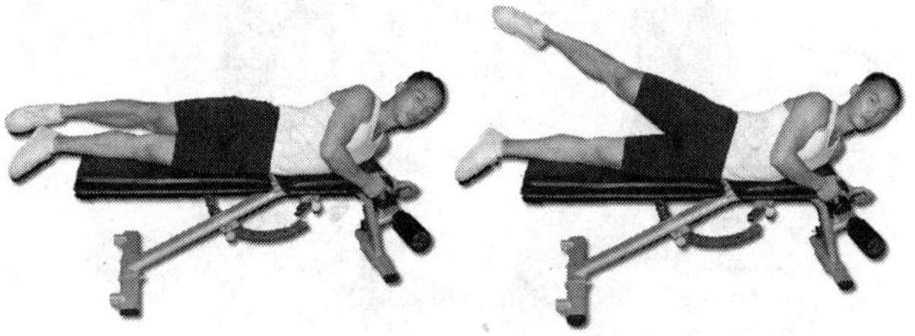

图5－55 侧卧侧摆腿

【目的】发展臀部肌肉群力量。

【方法】侧卧于长凳上，双腿并拢伸直，双手扶长凳；向上抬外侧腿至动作最大幅度，保持2~3秒钟；慢慢还原成开始姿势，保持腿伸直，重复练习。

【要求】双腿伸直。

第五节 综合力量练习

综合力量练习是技术的基础，要想使运动技术水平不断完善、综合力量得到迅速提高，本节主要介绍综合力量的练习方法，旨在通过这一系列增强式的综合力量训练手段，提高练习者的身体力量。

（一）向前掷实心球

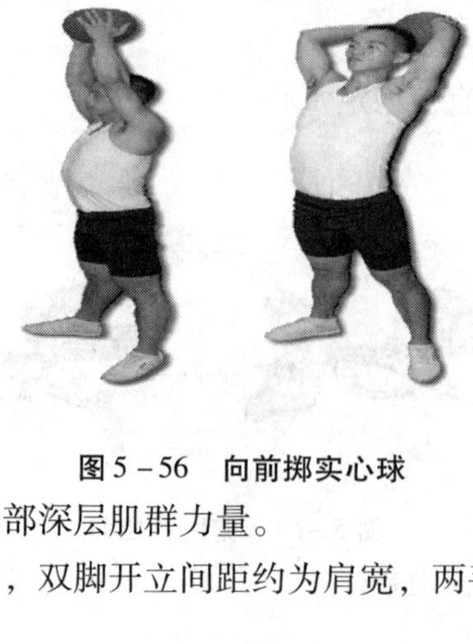

图5－56 向前掷实心球

【目的】发展腹部和肩部深层肌群力量。

【方法】面对投掷方向，双脚开立间距约为肩宽，两手持实心球于头顶；上体后仰，身体形成反弓形，利用身体核心部位发力将球抛出。

【要求】球应握稳，两臂肌肉放松。

（二）立卧撑

图 5－57 立卧撑

【目的】发展肩部和腿部肌群力量。

【方法】俯撑于地面，双腿伸直，双臂伸直间距略宽于肩；屈臂俯卧撑，撑起后收腹屈膝成蹲撑，然后迅速站立，反复练习。

【要求】收腹，屈膝，站立要快。

（三）向后掷实心球

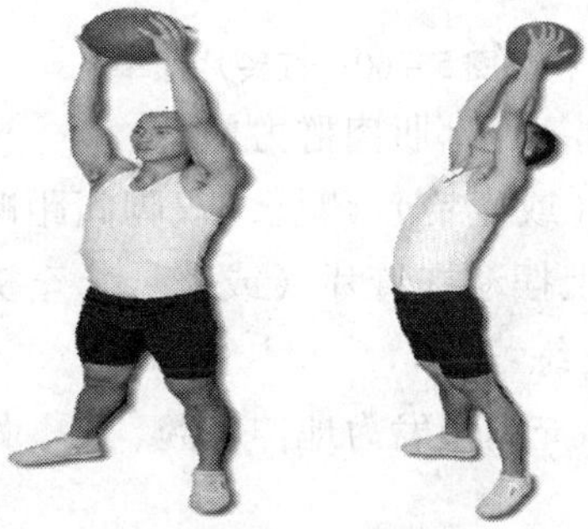

图 5－58 向后掷实心球

【目的】发展腹部和肩部深层肌群力量。

【方法】背对投掷方向，双脚开立，间距约为肩宽，两膝微屈，双手举球至头的后上方，然后利用双脚蹬地、挺胸、挥臂的力量将球用力经头顶上方向后上（斜上方 45°角）方掷出。

【要求】两腿用力蹬地，送髋展胸，两臂用力掷球。出手速度要快，用力要猛。

（四）弓箭步蹲

【目的】发展腿部和臀部肌群力量。

【方法】开立，双手放于体侧，身体正直；右脚向前跨出一步成弓箭步蹲，左腿膝盖几乎接近地面，双腿重复练习。

图5－59　弓箭步蹲

【要求】挺胸收腹，弓箭步蹲时保持膝盖与肩和脚趾在一条直线上。

（五）杠铃片摆举

图5－60　杠铃片摆举

【目的】发展腿部、腰部、臂部肌肉群力量。

【方法】双手持杠铃片（或壶铃）蹲立，双脚间距略宽于肩，杠铃片（壶铃）置于双腿间，身体前倾；向上摆动杠铃片（或壶铃）至头顶，用力向前摆动杠铃片（或壶铃）至开始位置，重复练习。

【要求】手臂保持伸直，充满爆发力地伸展髋、膝、踝。

（六）深蹲推举

图5－61　深蹲推举

【目的】发展腿部、腰部、臂部肌肉群力量。

【方法】双手正握杠铃蹲立，双手间距略宽于肩；向上蹲起同时发力将杠铃推举至头顶，下蹲还原成开始姿势，重复练习。

【要求】注意安全，初学时重量稍轻些。

（七）负重行走

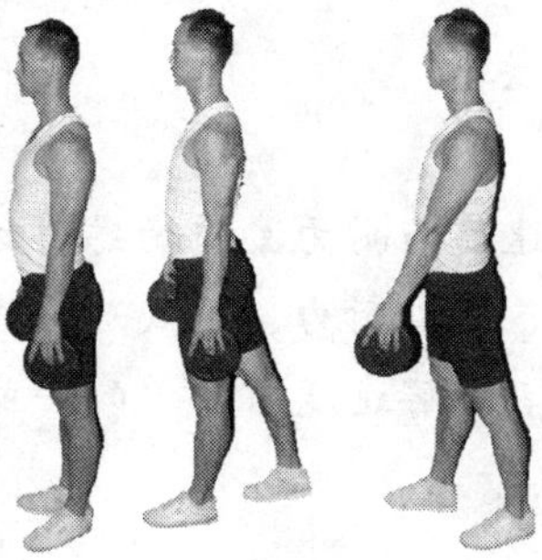

图 5－62　负重行走

【目的】发展肩部和背部肌群力量。

【方法】双脚开立，双臂伸直，双手持杠铃片放于体侧，身体正直；持杠铃片自由摆臂行走。

【要求】身体正直，手臂伸直，不要耸肩。

思考题

1. 何为力量素质？

2. 力量素质分为哪几类？

3. 力量练习的意义有哪些？

4. 通过本章节的学习和你对力量练习的认识，根据自身的实际情况，为自己或运动员制订一套科学合理的力量训练计划。

第六章 速度与耐力练习

本章导读 本章主要介绍速度与耐力素质的练习方法，分别介绍反应速度、动作速度、移动速度、力量耐力、有氧耐力、无氧耐力、有氧与无氧混合耐力等的练习方法。通过本章的学习使读者了解速度与耐力的一些练习方法，对练习者塑造强健的体魄起到正确引导的作用。

第一节 速度练习

速度可分为反应速度、动作速度和移动速度。速度的练习应结合练习者所从事的专项运动进行。本节主要从反应速度、动作速度和移动速度方面来介绍速度练习的方法。

一、提高反应速度的方法

（一）信号法

即对各种突然发生的信号（声音、光、手势等）及时准确地作出反应，完成各种动作。提高练习者的反应能力，适合初学者和短跑项目的练习。

1. 听口令

（1）听口令做对应的相反动作，来提高练习者的反应速度。如听教练叫立正，立即做稍息动作；叫向左转，立即做向右转动作；听加速跑口令做减速跑；单双号轮换突然加速跑等相反动作的练习。

（2）听口令加速跑。听到口令做迅速起动、冲刺、变向移动、急停和跳跃练习，如：慢跑中听信号后突然加速冲跑 10～30 米；从俯撑开始，听信号后迅速收腿起跑 10～30 米；做原地或行进间的小步跑或高抬腿跑，听到信号后突然加速跑 10～30 米；背对前进方向站立，听信号后迅速转体 180°，加速跑 20 米；听枪声及口令蹲踞式或站立式起跑 10～20 米等，反复进行练习。

（3）练习者听各种信号做各种滑步、上步、交叉步等移动、转身、急停、接球、上步垫球等动作的模仿练习。

（4）向后做倒退跑，听信号后急停向前或转体 180°加速跑。要求加速跑要尽最快速度，也可规定时间或次数进行。

2. 看信号

（1）看手势做 10～30 米正面或转身跑，每组 4 次，做 4～6 组，组间休息 3～5 分钟。预备姿势可以是站立式，也可以是坐姿、跑姿或卧姿。

（2）行进间小步跑、高抬腿跑或慢跑中，看到教练员的手势或跑道上的标志迅速加速跑 10～30 米。

（3）两同伴在跑道的直道两端相向慢跑或慢走，看到教练员手势迅速转体 180°加速跑到起点位置。组数及每组次数根据运动员水平而定，组间休息 5～8 分钟。

（4）各种距离各种方式看手势起跑及冲刺比赛。比如：绕过后面的队员做冲刺跑；绕过前面的队员做冲刺跑；绕过前面的队员，再踏起跑线后做转身冲刺跑；前面的队员绕过后面的队员一圈后，后面队员接力起跑冲刺；后面队员绕过前面队员后，前面队员起跑冲刺等。

（5）利用电子反应器练习。根据不同的信号灯，用手或脚压按钮，记反应时等。

以上练习一般每组练习 4～6 次，重复 4～6 组，组间休息 3～5 分钟。

（二）游戏法

1. 两人迎面拍击

发展练习者的动作反应速度和上肢动作灵活性。两人面对面站立，听到开始口令后，设法拍击对方背部，而又不被对方击中自己。在规定时间内（每次 3 分钟左右）拍击对手次数多者为胜。要求练习者快速机敏地完成动作。

2. 反应起跳

发展练习者动作反应速度。练习者面向圆心围成一个圈站立，1 人站在圆心上手持竹竿（竿长超过圆半径）。持竿者将竹竿绕圆心画圈，竿经谁脚下立即起跳，不让竿打上脚，被打中者即失败并替换持竿者，游戏继续。持竿者可变换划圈方向。快速、机敏地完成动作。

3. 老鹰捉小鸡

发展练习者动作反应速度和下肢动作灵活性。一人扮作“母鸡”张开双臂保护身后一列若干人扮成的“小鸡仔”，“小鸡仔”双手抓住前面人的腰部。“老鹰”试图用手摸到最后面的一只“小鸡仔”。被摸到的“小鸡仔”充当新“老鹰”，原来的“老鹰”充当“新母鸡”，原来的“母鸡”充当“新母鸡”身后的“小鸡”，依此，重复练习。

4. 追逐游戏

发展练习者动作反应速度和灵敏。两人相距 5 米面对面站立，听口令发出是单数还是双数，按事先的规定（叫到单数，单数跑或追），一人跑一人追，在 20～30 米左右距离内追上为胜，追不上为败。

5. 贴人游戏

发展练习者动作反应速度和灵敏。练习者若干人，两人一组前后面向圆心站立，围成一圆圈，左右间隔 1 ~2 米。两人在圈外沿圈跑动追逐，被追者跑至某组的前面（或后面）脚贴其脚，则后面（或前面）的第三者马上跑开变换为被追者角色，追者即改追这第三者，如被追上则为失败并变换为追者角色。按此规则进行练习。

6. 抢球游戏

发展练习者动作反应速度和灵敏。用实心球围成一个圆圈，球数比练习人少一。游戏开始时练习者绕球圈外慢跑，听到信号各人就近抢球，谁没抢到被淘汰，并去掉一球继续进行。每进行一轮成功者得一分，看谁得分最多为胜者。

7. 抱树成团

发展练习者动作反应速度和灵敏。练习者绕圈（或篮球场等）跑，听口令要求几人组合，就几人成一组，不符合组合人数的为失败者。失败者受适当的惩罚（俯卧撑等）。

8. 压臂固定瑞士球

发展练习者臂部和肩部肌肉群动作反应速度。躯干正直坐在长凳上，一侧臂水平外展用手压住球，同伴以 60% ~75% 的力量不规则地向侧面各个方向拍球，练习者尽最大努力保持球在原位置上不动。

（三）运动感觉反应法

这是一种心理锻炼法，通过提高时间感知能力进而提高反应能力的方法，适合中长跑、游泳等项目，运动感觉法一般经过以下三个阶段，即：

1. 运动员以最快的速度对信号作出准确的反应，每次练习后，从教练员那儿得到评价以获得反馈，形成时间记忆。

2. 运动员自我判断反应的时间，并与教练员的实测时间进行比较，以感受其之间的细微差异，这样可以提高练习者对时间感觉的准确性。

3. 最后要求练习者按事先规定的时间去完成动作，即将注意力由信号刺激转入动作上，以争取缩短肌肉收缩的潜伏期。

该练习可以提高练习者对时间的判断能力，从而提高反应速度。

二、提高动作速度的方法与手段

（一）上肢和躯干的动作速度练习

1. 俯卧撑起击掌

【目的】发展上臂后部和颈部肌肉群动作速度和爆发力。

【方法】俯卧撑于地面上，身体伸直，缓慢屈肘，而后快速撑起身体并击掌，恢复开始姿势重复练习。

【要求】快速完成动作，屈肘时身体伸直。

2. 快速传接实心球

【目的】发展胸部、肩部、臂部肌肉群速度力量和爆发力。

【方法】与同伴相对站立，微屈膝，2 人间距约 5 米，双手持实心球于胸前，进行连续传接球练习。

【要求】双臂伸直传球，接球时稍屈肘缓冲；如果加大难度，可以增加球的重量和2人间距。

3. 头上传接实心球

【目的】发展肩部、臂部肌肉群速度力量和爆发力。

【方法】与同伴相对站立，微屈膝，2人间距约5米，双手持实心球于头上，进行连续传接球练习。

【要求】双臂接球往后缓冲。如果加大难度，可以降低身体重心，增加球的重量或两人间距。

4. 快速头后拉杠铃片

【目的】发展胸部、肩下部和臀部肌肉群力量及爆发力。

【方法】背靠在横向长凳或山羊上，双脚前后开立于地面，双臂伸直，双手持握杠铃于头上方，以肩关节为圆心，以臂为半径，两臂伸直向后沿半圆路线下降杠铃片至动作最大幅度，然后沿原路线快速拉起杠铃片，重复练习。

【要求】向后放杠铃片时吸气，拉起时呼气。

5. 负重上下摆臂

【目的】发展肩上部肌肉群速度力量和爆发力。

【方法】双脚左右开立于地面，双脚间距离略与肩同宽，双臂伸直于体侧，双手持杠铃片，掌心向内，直臂向体侧快速提起杠铃片至头顶，然后沿原路线缓慢返回，重复练习。

【要求】身体保持正直，双臂同时完成动作，提杠铃片速度尽量快。

6. 负重侧向摆臂

【目的】发展肩上部肌肉群速度力量和爆发力。

【方法】双脚左右开立于地面，双脚间距离略与肩同宽，双臂伸直平举杠铃片于体前，掌心向内，沿体侧向后直臂水平快速后振至动作最大幅度，然后沿原路线返回，重复练习。

【要求】身体保持正直，只用双臂同时完成动作。尽量快速完成练习。

7. 俯卧撑起跪推实心球

【目的】发展胸部、肩部、上臂后部和手腕肌肉群速度力量和爆发力。

【方法】与同伴相对跪立，约5米间距，其中一人双手在胸前持实心球；持球人身体前倾顺势向前上方双手推出实心球，推出球后双手撑地俯卧撑一次，迅速推地起成跪立姿势，准备接球，重复练习。

【要求】两人始终目光接触，协调配合，动作尽量迅速完成。

8. 实心球快速俯卧撑

【目的】发展上臂后部和肩部肌肉群速度力量和平衡能力。

【方法】双手持实心球俯卧撑于地面，双腿伸直并拢，身体伸直紧腰；屈肘做快速俯卧撑，重复练习。

【要求】双手放在实心球两侧，以肘部下降引导身体下降，全身充分伸展，保持平衡。

9. 实心球快速移动俯卧撑

【目的】发展上臂后部和肩部肌肉群速度力量和平衡能力。

【方法】俯卧撑于地面，双腿伸直并拢于地面，一手撑在实心球上，一手撑地，身体伸直紧腰；屈肘做俯卧撑，分别做双手持球、单手持球的俯卧撑，每做一个俯卧撑就换一只手持球，身体左右移动，重复练习。

【要求】身体伸直，实心球交换流畅，保持平衡。

10. 快速引体向上

【目的】发展肩部和臀部肌肉群快速拉引力量。

【方法】双手掌心向前，双臂伸直间距略与肩同宽握住单杠，身体伸直紧腰；屈肘和肘关节向上快速拉引身体，重复练习。

【要求】由直臂身体悬垂姿势开始，拉引身体至下颚接近单杠，尽量用肩、臂力量完成动作。

11. 双杠快速臂撑起

【目的】发展肩部和臀部肌肉群支撑快速力量。

【方法】双腿伸直并拢，双手掌心向下，双臂略与肩同宽直臂撑于双杠上，身体伸直紧腰；屈肘和肘关节降低身体高度，然后再快速撑起身体成支撑姿势，重复练习。

【要求】由直臂支撑身体姿势开始，降低身体使双手接近肩部。尽量用肩、臂力量完成动作。

12. 仰卧屈腿快速转腰

【目的】发展腹部和躯干两侧肌肉群速度力量和爆发力。

【方法】双腿并拢屈膝收腿仰卧在垫上，双手握在头后固定横杆上，快速向身体两侧转髋，使腿贴在垫子上，重复练习。

【要求】双脚并拢，用腰部发力完成动作。

13. 双手接推实心球

【目的】发展下肢、胸部、肩部和上肢的动作速度和爆发力。

【方法】面对接抛方向，双脚前后开立，双手胸前接同伴传来的实心球；接球后顺势下蹲、后移重心，把实心球引到靠近胸部，向前蹬腿，向身体前上方双手推回实心球给同伴，重复练习。

【要求】身体用力顺序自下而上，迅猛完成动作。

14. 双手头上接抛实心球

【目的】发展下肢、腹部、胸部和上肢的动作速度和爆发力。

【方法】面对抛掷方向，双脚前后开立，双臂伸直于头上接同伴传来的实心球。接球后顺势缓冲，蹬腿、挺身、挥臂向身体前上方抛回实心球给同伴，重复练习。

以上练习一般每组练习 10～15 次，重复3～4 组，组间休息 1～2 分钟。

（二）髋部和下肢练习

1. 立定跳远

【目的】提高下肢动作速度和爆发力。

【方法】练习者面对沙坑，双脚左右开立于地面，双脚间距离略与肩同宽，双臂上举并充分伸展身体，下蹲双腿迅速蹬伸，向前上方跳起，前引双脚落地。

【要求】跳起时充分展体，在腾空过程中收腹、展髋，双脚落地间距与跳起时相同。

2. 立定三级跳远

【目的】提高下肢动作速度和爆发力。

【方法】预备姿势与立定跳远相同，双脚起跳时以单脚落地接跨步动作，另一脚落地再跨步，双脚落地。

【要求】双脚起跳动作要求与立定跳远动作相同，跨步跳中以扒地式积极落地快速落地。最后一跳在腾空过程中展体后收腹、屈髋。

3. 跨步跳

【目的】提高伸髋和屈膝的速度和爆发力，增加踝关节肌肉群的紧张度和步长。

【方法】双脚交替起跳和落地；跳起高度不要太高，摆动腿大腿与地面平行，步长大于正常跑步。

【要求】脚落地时不要前伸小腿，并采用主动扒地方式快速落地。

4. 单腿跳

【目的】提高下肢动作速度和爆发力。

【方法】单脚重复起跳和落地，跳起高度不要太高，起跳腿在身体腾空中前摆，大腿与地面平行。

【要求】脚落地时不要前伸小腿，并采用主动扒地方式快速落地。

5. 蛙跳

【目的】提高下肢动作速度和爆发力。

【方法】双脚重复起跳和落地，起跳和腾空动作与立定跳远相同，连续进行。

【要求】身体向前上方跳起，动作连贯。

6. 跳深

【目的】提高下肢动作速度和反应力量。

【方法】采用 5～10 个高 50～80 厘米的跳箱，间距约 1 米依次横向排列，练习者从跳箱上跳下，再迅速跳上另一个跳箱，连续练习。

【要求】用下肢各个关节快速完成动作，尽量缩短与地面接触时间。

7. 连续左右转髋

【目的】发展骨盆、髋部和双脚动作速度和灵活性。

【方法】双臂侧平举，双脚左右开立以前脚掌支撑身体，身体快速则向移动，右脚通过左脚后方向左侧移动落地，恢复开始姿势，重复练习。

【要求】身体始终朝向同一方向，尽量用骨盆和下肢快速完成动作，可以加大动作速度或幅度练习，也可以根据专项需要反方向练习。

8. 负握杠铃连续蹬跳

【目的】发展臀部、大腿前部肌肉群速度力量和下肢爆发力。

【方法】双脚左右开立于地面，双脚间距离略与肩同宽，肩负轻杠铃，双手握在体侧杠铃上，下蹲至大腿与地面约成45°姿势后迅速向上跳起，落地后恢复开始姿势，重复练习。

【要求】微抬头，躯干保持伸直，注意地面平整，保证安全，落地后尽快跳起。

9. 负重交换腿跳

【目的】发展下肢对抗缓冲、支撑身体力量的蹬伸速度力量及爆发力。

【方法】肩负轻杠铃，双手握在体侧杠铃杆上，快速跳起交换双腿位置、持续练习。

【要求】尽量减少双腿地面支撑用力时间，注意使用平整，不光滑的地面，以保证安全。

10. 原地快速高抬腿或支撑高抬腿

【目的】发展下肢大腿前部和小腿后部肌肉群速度力量和下肢爆发力。

【方法】站立或前倾支撑肋木或墙壁等，听信号后做高抬腿10～30秒。

【要求】大腿抬至水平，上体不后仰。

11. 高抬腿

【目的】发展下肢大腿前部和小腿后部肌肉群速度力量和下肢爆发力。

【方法】仰卧两腿快速交替作高抬腿练习（动作同上），要求以大腿工作。做10～30秒，练习次数及间歇同上。这练习也可做抗阻力练习，如拉胶皮带，将胶皮带分别固定在肋木（或树干）上和两脚踝关节处，以高抬腿拉力抗阻力，胶带固定的一端要低于垫子平面约20厘米，也可拉完胶带后再徒手练习，以提高动作速率。

【要求】大腿抬至水平，上体不后仰。

12. 悬垂高抬腿

【目的】发展腹部和下肢大腿肌肉群速度力量和下肢爆发力。

【方法】两手握单杠成悬垂，两腿快速交替做屈膝高抬腿和下蹬伸直动作，速度越快越好。

【要求】两臂伸直，抬腿速度尽量快，至少悬垂30～50秒。

13. 快速小步跑

【目的】发展脚的动作速度和踝关节肌肉群弹性力量。

【方法】小步跑10～30米，两腿频率越快越好。

【要求】以大腿工作，小腿放松，膝踝关节放松，脚落地“扒地”。

14. 快速小步跑转高抬腿跑

【目的】发展下肢大、小腿肌肉群速度力量。

【方法】快速小步跑5~10米后，转高抬腿跑20米。

【要求】小步跑要放松而快，转高抬腿跑时频率不变，只是幅度加大。

15. 快速小步跑转加速跑

【目的】发展下肢大、小腿肌肉群速度力量和反应能力。

【方法】快速小步跑10米左右转入加速跑，加速跑时频率节奏不能下降，跑出20~30米放松。

【要求】做动作要快，动作要标准。

16. 高抬腿跑转加速跑

【目的】发展臀部、大腿前部肌肉群速度力量和下肢爆发力。

【方法】快速高抬腿跑10米左右转加速跑，频率节奏及前摆腿的高度不能下降。

【要求】大腿抬至水平，做动作要快，上体不后仰。

17. 变速高抬腿跑

【目的】发展臀部、大腿前部肌肉群速度力量和下肢爆发力。

【方法】行进间高抬腿跑中突然做几次最快速的高抬腿练习。动作要协调，

【要求】大腿抬至水平，上体不后仰。

18. 高抬腿跑接快速车轮跑

【目的】发展臀部、大腿前部肌肉群速度力量和下肢爆发力。

【方法】原地快速高抬腿5~10秒，接车轮跑15米。

【要求】上体不后仰，车轮跑幅度要大。

19. 踏标记高频快跑

【目的】发展臀部、大腿前部肌肉群速度力量和下肢爆发力。

【方法】跑道上划出步长标记，听信号后全速踏标记跑20~40米。

【要求】跑动速度要快，频率要快；步长标记要合适（一般比正常步长稍短些）。以上练习一般每组练习2~3次，重复3~4组，组间休息2~3分钟。

（三）全身配合练习

1. 前抛或后抛实心球

【目的】发展下肢、背部、肩部、和上肢的动作速度和爆发力。

【方法】面对或背对抛球方向，双脚左右开立于地面，双脚间距离略与肩同宽，双臂伸直，双手持实心球举过头顶；团身下摆实心球至两小腿间并接近地面；迅速蹬腿、挺身、挥臂向身体前上方或后上方抛出实心球。

【要求】身体环节用力顺序由下至上，迅猛完成动作。

2. 踩长凳传接实心球

【目的】发展全身平衡控制能力，以及臂部和腿部速度力量。

【方法】双脚略与肩同宽站在长凳上，手持实心球，与同伴相距1~2米相对站

立；保持屈膝、收腹身体姿势。两人相互传接实心球，接球后长凳保持平衡2秒钟再快速传去。

【要求】尽量保持身体平衡和膝关节在踝关节垂直上方，接传球速度要快；加大难度可以持重球，改变多种动作方向或加快动作节奏。

3. 快速抓举

【目的】发展腿部、背部、和肩部向上拉引和支撑力量，以及全身协调能力、速度力量和爆发力。

【方法】下蹲，双手宽间距握住杠铃杆，然后用腿髋发力尽量向上提拉杠铃；当杠铃接近最高点时降低身体重心，翻肩、翻腕上推，并移动杠铃到头后上部；举起杠铃成直立姿势，然后返回开始重复练习。

【要求】快速完成动作过程，掌握好翻肩、翻腕上推杠铃的时机；腿、髋发力带动躯干和肩部协调用力，上拉动作过程中脚跟尽量提起。

4. 快速高翻

【目的】发展腿部、背部向上拉引和支撑力量，以及全身协调能力、速度力量和爆发力。

【方法】双脚左右开立于地面，双脚间距离略与肩同宽，双手与肩同宽握住杠铃杆；由下蹲姿势开始，腿、髋发力尽量快速向上提拉杠铃；当杠铃接近胸部时降低身体重心，翻肩、翻腕支撑，固定杠铃在胸上部；还原成开始姿势，重复练习。

【要求】快速完成动作，掌握翻肩、翻腕支撑杠铃的最佳时机；腿、髋发力带动躯干和肩部协调用力，上拉动作过程中脚跟尽量提起。以上练习一般每组练习5~10次，重复3~4组，组间休息1~2分钟。

三、提高移动速度的方法与手段

（一）摆臂

【目的】提高摆臂动作效率和学习正确上体姿势。

【方法】双脚并拢站立以短跑动作前后摆臂，肘关节弯曲约90°，双手放松；前摆手摆到约肩部高度，后摆手摆到臀部之后。

【要求】摆臂动作不要超过身体中线，可以采用坐姿或持重物练习；每组30~40次，重复3~4组，组间休息1~2分钟。

（二）踝关节小步跑

【目的】发展脚的动作速度和踝关节肌肉群弹性力量。

【方法】采用很小的步长快跑，强调脚底肌肉的蹬地和踝关节屈伸动作；以脚掌蹬离地面。

【要求】腿部动作快速而安静，尽量减少脚掌与地面的接触时间。

（三）直腿跑

【目的】发展髋部肌肉群力量，提高踝关节肌肉弹性力量。

【方法】膝关节伸直跑进，脚尖翘起。

【要求】强调用前脚掌与地面的快速接触，髋部肌肉群用力向前“拉”动身体。

（四）后踢腿

【目的】提高脚的动作速度。

【方法】从慢跑开始，使摆动腿脚跟拍击臀部，膝关节在弯曲过程中向上摆动。

【要求】上体保持直立，可以根据运动员能力适当加快步频。

（五）高抬腿折叠跑

【目的】发展快速提高膝关节的能力和摆动腿折叠速率。

【方法】从慢跑开始，使摆动腿脚跟拍击臀部，膝关节在弯曲过程中向上摆动。

【要求】折叠摆动腿时脚跟必须在身体前面。

（六）踮步折叠腿大步走

【目的】发展快速屈髋和伸髋能力，提高踝关节紧张度。

【方法】与折叠腿大步走相同，但后蹬需加上踮步，人体腾空时摆动腿充分折叠。

【要求】脚以爆发动作形式落地，但不要发出声音，强调踝关节的紧张度。

（七）高抬腿伸膝走

【目的】提高快速伸髋和大腿后部肌肉群的快速发力能力。

【方法】与折叠腿大步走相同，但在高抬摆动腿后需在身体前充分伸膝。

【要求】摆动腿的脚下落时扒地，推动髋部向前。

（八）踮步高抬腿伸膝走

【目的】增加步长和步频，提高快速伸膝能力和固定踝关节肌肉群的紧张度。

【方法】与高抬腿伸膝走相同，但支撑腿需加上踮步动作；踮步动作过程中摆动腿膝关节尽量抬高。

【要求】强调腿的爆发式伸髋和下落扒地动作，迅速推动髋部向前。

（九）弓箭步纵跳

【目的】提高髋部动作速度和增加步长。

【方法】从弓箭步姿势开始，垂直起跳；以开始姿势落地，重复练习，然后交换双腿位置练习。

【要求】后部膝关节不接触地面，重复时无停顿；双手叉腰，或摆动协助双腿用力。

（十）碎步起跑

【目的】提高脚的动作速度。

【方法】原地快速碎步跑 10 秒，听到信号后迅速起跑疾跑 20 米。

【要求】频率越快越好。

（十一）快速后蹬跑

【目的】发展髋部肌肉群力量，提高踝关节肌肉弹性力量。

【方法】慢跑 5 ~ 7 步后，做行进间快速后蹬跑 20 ~ 30 米。

【要求】蹬摆协调，后蹬充分向前。

（十二）后蹬跑变加速跑

【目的】发展臀部、大腿前部肌肉群速度力量和下肢爆发力。

【方法】行进间后蹬跑 20 米，听信号后变加速跑 20～30 米。

【要求】后蹬动作规范，用力方向向前，加速跑速度越快越好。

（十三）单足跳变加速跑

【目的】发展臀部、大腿前部肌肉群速度力量和下肢爆发力。

【方法】开始做 10～15 米单足跳，听信号后变加速跑 20～30 米。

【要求】以左右脚各做一次练习后变换，加速跑要达到最快速度。

（十四）交叉步接加速跑

【目的】发展臀部、大腿前部肌肉群速度力量和下肢爆发力。

【方法】先做 5 米交叉步跑，然后转体做加速跑 20 米。

【要求】交叉步符合技术规格，动作协调，加速跑要发挥速度。

（十五）倒退跑接加速跑

【目的】发展臀部、大腿前部肌肉群速度力量和下肢爆发力。

【方法】向后做倒退跑，听信号后急停向前加速跑。

【要求】加速跑要发挥高速度，也可计时进行

（十六）变向起跑

【目的】发展臀部、大腿前部肌肉群速度力量和下肢爆发力。

【方法】背向站立或背向蹲立，听信号后迅速转体 180°成半蹲式起跑，加速跑 20～30 米。

【要求】转体动作迅速，起跑及加速跑速度快。

（十七）站立式起跑、半蹲式或蹲踞式起跑

【目的】发展臀部、大腿前部肌肉群速度力量和下肢爆发力。

【方法】跑 20 米、30 米、50 米、60 米。

【要求】动作规范，起动及加速跑速度要快，达到最高速度。

（十八）行进间跑

【目的】发展臀部、大腿前部肌肉群速度力量和下肢爆发力。

【方法】加速跑 20～30 米，在到达规定行进间的距离前达最高速度，在规定距离内保持最高速度跑，跑出规定距离后随惯性放松至慢跑，行进间距离可 20 米、30 米、50 米、60 米、80 米、100 米等；一般计时进行。

【要求】正确控制速度与耐力在跑动中的关系。

（十九）变速越野跑

【目的】发展臀部、大腿前部肌肉群速度耐力力量和下肢爆发力。

【方法】在公路、公园等自然环境中进行越野跑或慢跑游戏，在平坦地面进行不等距离加速快速跑。

【要求】根据自然环境及运动员水平决定加速距离及次数。

（二十）上坡跑

【目的】发展臀部、大腿前部肌肉群速度力量和下肢爆发力。

【方法】站立式起跑后，上坡加速跑 30 米、60 米、80 米；在坡度为 7°～10°的斜坡跑道上进行。

【要求】大腿高抬加强后蹬力量。

（二十一）原地快速高抬腿

【目的】提高摆动腿动作效率和下肢动作频率。

【方法】以短跑动作前后摆臂进行原地快速高抬腿，肘关节弯曲约 90°；前摆手摆到约肩部高度，后摆手摆到臀部之后，大腿摆到与地面平行姿势。

【要求】摆臂动作不要超过身体中线，上体保持正直。

（二十二）拖轮胎跑

【目的】提高跑进速度力量和爆发力，增加步长。

【方法】练习者腰部系绳索，拖动一个汽车轮胎跑。

【要求】强调正确跑进动作技术；轮胎不可太重，保持跑进的加速节奏。

（二十三）缓坡上坡跑

【目的】提高跑进速度力量和爆发力，增加步长。

【方法】在坡道上向上跑进。

【要求】发展最大速度采用的坡度在 3°以下，发展加速能力采用的坡度可以适当增加。

（二十四）托人和牵引跑

【目的】前面练习者提高跑进速度力量和爆发力，增加步长；后面练习者提高跑进速度和突破速度障碍。

【方法】两位练习者在腰部系一绳索前后连接起来，相距 3～5 米同时起跑；前面的练习者拖动后面的练习者跑进。

【要求】后面的练习者和前面的练习者保持相同的距离，以施加相同的阻力；或前面的练习者与后面的练习者保持相同的距离，以施加相同的阻力。

（二十五）拖降落伞跑

【目的】提高跑进速度力量和爆发力，增加步长。

【方法】练习者在腰部系一绳索拖一个小降落伞跑。

【要求】降落伞在练习者后面 3～4 步距离，以施加阻力。

（二十六）沙滩跑

【目的】提高跑进速度力量和髋部力量。

【方法】练习者在松软的沙滩上快跑。

【要求】练习者利用沙子施加的阻力，提高跑进速度力量和运动感知觉水平。

（二十七）下坡跑

【目的】提高跑进最大速度和加快步频，突破速度障碍。

【方法】练习者在下坡跑道上快跑；下坡跑道在3°~7°范围之内，不要迈大步。

【要求】强调最高动作速度节奏；为安全起见，在草地上练习更加理想。

（二十八）身体前倾起跑

【目的】提高起跑时的腿部动作速度和身体加速时的适宜前倾。

【方法】练习者双脚并拢站立，前倾身体直至失去平衡，而后以最快速度加速。

【要求】起跑后跑15~20米。

（二十九）跑台阶

【目的】提高起跑爆发力和步长。

【方法】向上跑台阶。

【要求】持续4~8秒。

（三十）陡坡上坡跑

【目的】提高起跑爆发力，增加不长。

【方法】在20°~35°坡道上跑进4~8秒。

【要求】争取在一定时间内跑更长距离。

（三十一）助力起跑

【目的】提高起跑时腿的快速折叠能力和步频，突破速度障碍。

【方法】练习者和同伴相距3~5米，两人在腰部系一胶带前后拉紧连接起来起跑。

【要求】练习者进入自己选择的“预备”姿势后，听命令在胶带助力牵引下起跑。

（三十二）小步跑变加速跑

在跑道上做加快频率的行进间小步跑，听到信号后变加速跑20米，要求起动快，在高速下完成动作。

（三十三）高抬跑变加速跑

站立或快速行进间高抬腿、听信号后变加速跑20米，要求高抬腿跑的动作规范化，频率逐渐加快。

（三十四）后蹬跑变加速跑

快速行进间做后蹬跑，听信号后变加速跑20米，要求后蹬用力，蹬摆配合协调。以上练习一般每组练习4~8次，重复3~4组，组间休息1~2分钟。

第二节　耐力练习

耐力素质可分为肌肉耐力和心血管耐力。肌肉耐力又称力量耐力。心血管耐力又分为有氧耐力和无氧耐力。本节主要通过介绍耐力素质练习的方法来指导练习者进行练习并提高练习的效率。

一、力量耐力锻炼常见方法

力量耐力指在无氧代谢副产品不断积累的环境中，持续表现出相对较高的力量效率的能力。力量耐力的特征典型的是一个人可以做的重复动作（一直到疲劳）的次数（引体向上的最大次数、单腿下蹲起立的最大次数），或者是一个人保持举起的步伐或一个姿态的时间。

（一）卧推

练习者仰卧于长凳上，屈膝 90°，双脚不接触地面和长凳，双臂伸直正握杠铃杆上举杠铃于胸前，将杠铃缓慢落到胸前，然后推起。连续做，15 次一组，4 组练习，重复练习。

（二）颈后臂屈伸

两手握住杠铃置于颈后，两肘夹紧并抬高，肘高抬并内夹。用力伸直两臂，使杠铃沿背部向上移动至最高位。15 次一组，4 组练习，重复练习。

（三）腕弯举

以适宜的握距，将前臂固定好，五指可稍微分开，握住（正握或反握）杠铃杆屈腕。15 次一组，4 组练习，重复练习。

（四）负重半蹲

将脚跟垫起，下颚微朝前，正握杠铃，下蹲，屈膝成 90°后还原。15 次一组，4 组练习，重复练习。

（五）负重提踵

调整脚尖由朝前到向内或向外，保持身体正直；正握杠铃于肩上，提踵。15 次一组，4 组练习，重复练习。

（六）挺举杠铃

握杠同肩宽，准备姿势成蹲姿，抬头，背部挺直；正握杠铃，爆发用力，将杠铃举到胸前；翻腕、屈膝后用力将杠铃举过头顶，然后曲臂、曲髋、屈膝，将杠铃降至大腿部后缓慢放下。15 次一组，4 组练习，重复练习。

（七）肱二头弯举

将下臂固定好；双手反握杠铃杆前臂弯举，弯举尽可能地靠近肩部。15 次一组，4 组练习，重复练习。

（八）仰卧起坐

仰卧于地面，双手置于胸前或脑后，膝部弯曲成 90°，脚不离地，抬上体起至与地面成 45°。15 次一组，4 组练习，重复练习。

（九）侧卧举腿

练习者侧卧于地面，外侧腿伸直尽量高举，缓慢地还原。15 次一组，4 组练习，重复练习。

（十）举腿

仰卧于地面，双腿伸直并拢于地面，双臂伸直于体侧；往上举一腿至动作最大幅度，连续做动作，两腿交替重复练习。要注意防止损伤，避免发力过猛。15 次一组，4 组练习，重复练习。

（十一）连续跑台阶

在看台上楼梯口开始，沿台阶连续跑 30 ~ 50 步。重复 6 次，每次间歇 5 分钟。可腿部或背部负重练习。

（十二）沙滩跑

在沙滩上做快慢交替自由跑。每组 500 ~ 1000 米，做 4 ~ 6 组，组间歇 10 分钟。也可穿沙背心跑。

（十三）原地间歇高抬腿跑

原地做高抬腿跑练习。每组 100 ~ 150 次，做 6 ~ 8 组，每组间歇 2 ~ 4 分钟。要求动作规范，动作要不间断地完成，也可负重做练习。

（十四）后蹬跑

每次 100 ~ 150 米或负重后蹬跑 50 ~ 100 米。做 6 ~ 8 组，组间歇 3 ~ 5 分钟。

（十五）长距离多级跨跳

在跑道上做多级跨跳。每组跳 80 ~ 100 米，组间歇 3 ~ 5 分钟。

（十六）半蹲连续跳

在草地上（或沙池中）做连续向前双脚跳，落地成半蹲，落地后迅速进行第二次起跳。做 6 ~ 8 组，组间歇 3 ~ 5 分钟。

（十七）连续深蹲跳

方法：原地分腿站立，连续做原地深蹲跳起或在草地上向前深蹲跳起，落地即起。每组 20 ~ 30 次。

（十八）沙地负重走

在沙滩上肩负杠铃杆或背人做负重走，每组 200 米。

（十九）负重连续跳

肩负杠铃杆等轻器械做连续原地（或向前）轻跳或提踵练习。每组 30 ~ 50 次，做 6 ~ 8 组，组间歇 3 ~ 5 分钟。

（二十）连续跳推举

原地蹲立，双手握杠铃杆，提铃至胸前后，连续做跳推举杠铃杆。每组 20 ~ 30 次，做 6 ~ 8 组，组间歇 3 ~ 5 分钟。

（二十一）连续跳栏架

在一条跑到上连续放置 15 个高 30 ~ 40 厘米的栏架，作双脚起跳连续过栏架练习。往返一次为一组，做 8 ~ 10 组。

（二十二）双杠支撑连续摆动

双腿并拢伸直，双杠上直臂支撑，身体伸直，以肩为轴做摆动，前后摆两腿要摆出杠面。每组 20 ~ 30 次，做 4 ~ 5 组，组间歇 3 分钟。

（二十三）俯卧撑或俯卧撑移动

在垫上连续做俯卧撑，每组 30 次，做 4 ~ 6 组；或成屈臂俯卧撑姿势，用双臂双脚力量左右移动，每组 20 ~ 30 次，做 4 ~ 5 组。

二、有氧耐力练习常见方法

（一）定时跑

在跑道上或公园做至少 20 ~ 30 分钟或更长时间的定时跑。

（二）定时定距跑

在跑道上或公园做定时跑完固定距离的练习。例如，在 20 分钟内跑完 4000 米。

（三）变速跑

在跑道的直道、弯道上做加减速跑。一般以 3 个圈为一组，重复四组，组间休息 10 ~ 12 分钟。

（四）重复跑

在跑道上进行重复跑。一般重复距离为 600 米、800 米、1000 米、1200 米等，重复次数为 4 ~ 8 次，每次休息 3 ~ 5 分钟。

（五）越野跑

在公园、山地等场地进行。一般在 4000 米以上，多可达 10000 ~ 20000 米。

（六）沙地连续走或负重走

在沙地上徒手快走或负重（杠铃杆或背人）走。徒手快走每组 400 ~ 800 米，负重走每组 200 米，做 5 ~ 7 组，每组间歇 3 分钟。

（七）运动 5 分钟以上

如健美操、迪斯科舞蹈等，不间断地跳 5 分钟以上。做 4 ~ 6 组，组间歇 5 ~ 8 分钟 。

（八）匀速直线跑

匀速跑 1000 米以上，持续 30 分钟左右。做 3 ~ 4 组，每组休息 10 分钟。

（九）间歇跑

持续跑 1000 米以上，时间半小时以上。练习采用积极性休息方式，如放松走和慢跑。在身体尚未完全恢复的情况下进行下一次练习。

（十）法特莱克速度游戏

在野外、丘陵、山坡、平原等的地形条件下，由练习者自己控制距离不等的快跑，慢跑，匀速跑，加速跑交替进行的连续练习。

（十一）高原训练法

世居海拔 1600 米以上高原的运动员在系统的高原训练中，再上海拔更高的高原，进行 4 ~ 6 周的系统训练，再回到居住地训练 3 ~ 4 周，下平原参加重大比赛。世居平原的运动员定期上海拔 1900 ~ 2500 米的高原训练 4 ~ 6 周后，而后下平原训练 3 ~ 4 周，参加重大比赛。注意解决高原训练能量消耗大，易疲劳，恢复时间长，以及训练过程难以控制等问题；也可以采用“仿高原训练器”、“低压氧舱”等训练设备，模仿高原训练的环境和条件进行训练。

三、无氧耐力练习常见方法

（一）高抬腿跑接加速跑

行进间高抬腿30米接加速跑70米。每组5~8次，重复4~6组，组间休息2~4分钟。

（二）间歇后蹬跑

行进间做后蹬跑，每组做30~40米或60~80米。每组5~8次，重复4~6组，组间休息2~3分钟。

（三）反复起跑

蹲踞式或站立式起跑30~60米。每组5~8次，重复4~6组，组间休息3~5分钟。

（四）固定距离的反复跑

进行间距为60米、80米、100米、120米、150米等距离的反复跑。每组5~8次，重复4~6组，组间休息3~5分钟。

（五）间歇行进间跑

行进间跑距离为30米、60米、80米、100米等，计时进行。每组5~8次，重复4~6组，组间休息3~5分钟。

（六）计时跑

50米、100米、150米、200米、800米等距离的计时跑，重复次数应根据运动员的水平及跑距而定。距离短，强度大些。

（七）间歇接力跑

在跑道上2人一组，相距200米站立，听口令起跑，每人跑200米交接接力棒。每人每组做4~6次，重复4~6组，组间休息3~5分钟。

（八）迎面接力反复跑

在跑道上，两队相距100米，每队4~5人，迎面接力跑。每人每组做4~6次，重复4~6组，组间休息3~5分钟。

（九）追逐跑

在田径跑道或公路上，10人左右成纵队慢跑或中等速度跑，听口令后，排尾加速跑至排头，每人重复追逐加速跑10~12次。

（十）变速跑

变速快跑与慢跑结合进行。在跑道上进行直道加速跑、弯道减速跑交替跑的练习。每组跑5~8圈，重复4~6组，组间休息3~5分钟。

（十一）反复变相向跑

在跑道上慢跑或中等速度跑，听口令或看信号做向前、后、左、右变相跑。每次进行2分钟，重复4~6次，每次休息2~3分钟。

（十二）变速越野跑

在公园或山地等地进行越野跑，在越野跑中做 100 ~ 200 米或更长些距离的加速跑。

（十三）连续台阶跑

在楼梯或看台上，连续跳 40 ~ 50 步台阶，每步 2 级，每组 5 ~ 8 次，重复 4 ~ 6 组，组间休息 3 ~ 5 分钟。要求动作不间断，也可定时完成。

（十四）法特莱克跑

在跑道上采取阶梯式变速方法跑 3000 ~ 5000 米。例如，50 米快—100 米慢—100 米快—150 米慢等。

（十五）上下坡变速跑

在斜坡跑道上加速跑 100 ~ 200 米，下坡慢跑放松跑回起点。每组 4 ~ 6 次，重复 4 ~ 6 组，组间休息 3 ~ 5 分钟。

（十六）梯形反复跑

100 米 + 200 米 + 300 米 + 200 米 + 100 米距离组合的反复跑练习。每组做 4 ~ 6 次，重复 4 ~ 6 组，组间休息 5 ~ 10 分钟。

（十七）梯形变速跑

100 米 + 200 米 + 300 米 + 200 米 + 100 米距离组合的变速跑练习，加速跑后以相同距离作慢跑放松调整。每组做 4 ~ 6 次，重复 4 ~ 6 组，组间休息 5 ~ 10 分钟。

（十八）长距离跨步跳

在跑道上进行 50 米 × 4 组、100 米 × 4 组、150 米 × 4 组等距离的跨步跳练习。每组做 4 ~ 6 次，重复 4 ~ 6 组，组间休息 5 ~ 10 分钟。

（十九）拖杠铃片的后蹬跑或加速跑

100 米 × 5 组、150 米 × 5 组、200 米 × 5 组，每组做 4 ~ 6 次，重复 4 ~ 6 组，组间休息 5 ~ 10 分钟，重量控制在 10 ~ 20 千克。

四、有氧与无氧混合耐力练习常见方法

（一）反复跑

采用 80% 以上的运动强度进行 150 米、250 米、500 米之间距离的反复跑练习，每组 4 ~ 5 次，组间休息 10 ~ 20 分钟。要求在规定的时间内跑完全程。

（二）间歇快跑

以接近 100% 的运动强度的速度跑完 100 米，接着慢跑 1 分钟，这样为一组，间歇练习。反复训练 10 ~ 20 组，组间休息 3 ~ 5 分钟。

（三）力量重复跑

采用专项比赛距离或稍长距离，以 100% 强度全力跑 4 ~ 6 次，每次休息 3 ~ 5 分钟，重复 4 ~ 6 组。短跑运动员可采用 30 米的力量重复跑，中距离跑运动员可采用 800 米或 1500 米距离的力量重复跑。

（四）俄式间歇跑

固定练习中的休息时间，随训练水平提高逐渐缩短练习中的休息时间。如400米跑练习中，用规定的速度跑完100米后，休息20~30秒，如此循环反复练习；当运动员的能力可以缩短练习中的休息时间时，调整休息时间为15~20秒。

（五）短距离重复跑

采用300~600米距离反复跑练习，每次练习强度为80%~90%，每组4~6次，重复4~6组，组间休息2~3分钟。

（六）持续接力

4~5人一组间隔100米左右于跑道上，每人进行100~200米的全速跑，每位成员轮流接力练习，每人每组全速跑4~6次，重复4~6组，组间休息3~5分钟。

思考题

1. 速度素质可以分为哪几类？
2. 耐力素质可以分为哪几类？
3. 速度与速度耐力练习有哪些区别与联系？
4. 根据本章讲述的内容，结合自己的实际情况，为自己制定一套发展速度与耐力的训练计划。

第七章　柔韧、协调和灵敏练习

本章导读　本章主要以学习柔韧、协调和灵敏练习的方法为重点，分别介绍了上肢、颈部、腰腹部、下肢的柔韧练习方法，协调与灵敏的练习方法。通过本章的学习使读者能够了解身体各个部位的柔韧和协调灵敏练习方法，使之能根据自己的实际情况采用适当的练习方法，更加主观能动地提高自己的身体素质。

第一节　柔韧练习

柔韧素质是指人体关节在不同方向上的运动能力以及肌肉、韧带等软组织的伸展能力。不同的运动项目对练习者的柔韧性要求是不同的，本节从上肢、腰腹背部、下肢三个方面来介绍一些柔韧的练习方法，练习者可根据自身需要从中选择适合自己运动项目的练习方法进行相关练习。

一、上肢（腕部、肩部）与颈部

（一）压腕

图 7－1　压腕

【目的】拉伸腕部。

【方法】两脚开立，双臂胸前屈肘，一只手的手指末端贴于另一只手的手掌根部；手掌根部用力压手指的末端，用力压到最大动作幅度时保持 10～20 秒钟。两手交替进行重复练习。

【要求】动作幅度尽量大，动作结束保持 10 ~20 秒钟左右。

（二）跪撑正压腕

图 7 - 2 跪撑正压腕

【目的】拉伸腕部。

【方法】练习者跪撑于地面，两臂伸直，双手间距约与肩同宽，手指向前；呼气，两臂伸直身体重心前移，保持 10 ~20 秒钟。还原成开始姿势，重复练习。

【要求】动作幅度尽量大，动作结束保持 10 ~20 秒钟。

（三）跪撑反压腕

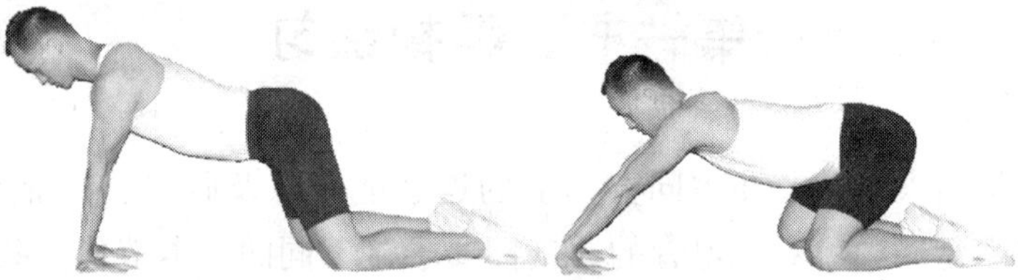

图 7 - 3 跪撑反压腕

【目的】拉伸腕部。

【方法】跪撑，与肩同宽，手指向后；呼气，两臂伸直身体重心后移，保持 10 ~20 秒钟。还原成开始姿势，重复练习。

【要求】移身体重心时两臂伸直，动作幅度尽量大，动作结束保持 10 ~20 秒钟。

（四）跪撑侧压腕

图 7 - 4 跪撑侧压腕

【目的】拉伸腕部。

【方法】跪撑，与肩同宽，手指指向外侧；呼气，身体重心缓慢左、右移动，保持 10～20 秒钟。还原成开始姿势，重复练习。

【要求】移动过程中两臂伸直，动作幅度尽量大，动作结束保持 10～20 秒钟。

（五）向内旋腕

图 7－5 向内旋腕

【目的】拉伸腕部。

【方法】两脚开立，略宽于肩，双臂伸直，双手合掌；呼气，尽量内旋双手手腕，保持 10～20 秒钟。两手交替重复练习。

【要求】在内旋过程身体正直，两臂伸直，动作幅度尽量大，动作结束保持 10～20 秒钟。

（六）正压肩

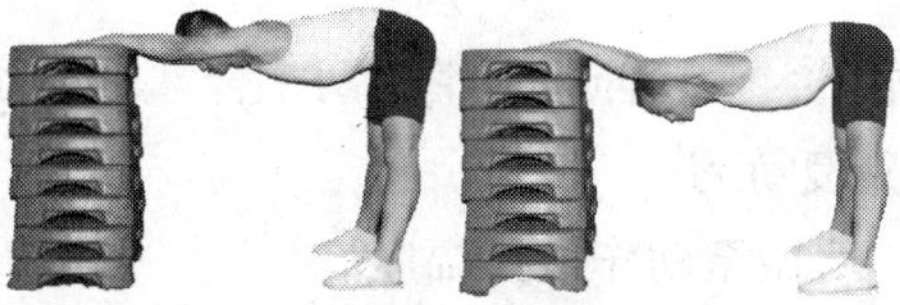

图 7－6 正压肩

【目的】拉伸肩部。

【方法】面对器械成分腿立，宽于肩，两臂伸直放于器械上；做体前屈向下振胸压肩。

【要求】尽量向下压肩。也可以换成两人面向成分腿立做体前屈向下压肩；如加大动作难度可由同伴向下按压肩背部或成屈体立撑，由同伴帮助向下压肩。重复练习。

（七）反压肩

【目的】拉伸肩部。

【方法】练习者背对器械（如墙壁或肋木），两脚略宽于肩，手臂后举于器械上；下蹲向下拉肩，双臂伸直，重复练习。

【要求】动作幅度尽量大些。如加大动作难度可由同伴帮助按压肩部。

图7-7 反压肩

（八）拉肩

图7-8 拉肩

【目的】拉伸肩部。

【方法】两脚开立站立，两臂伸直上举，两手合掌，身体正直；双臂尽量往后振扩胸拉肩，双臂伸直；重复练习。

【要求】动作连续，后振至动作最大幅度。

（九）向内拉肩

图7-9 向内拉肩

【目的】拉伸肩外侧。

【方法】两脚开立，平抬一臂至水平位置，手臂伸直，手指向身体另一侧，掌心向下，另一臂屈肘包住平抬臂肘关节；呼气，屈肘臂向后拉使另一臂肩关节有明显的拉伸感。换臂重复练习。

【要求】动作幅度尽量大，动作结束保持 10～20 秒钟静止。

（十）向后拉肩

图 7－10　向后拉肩

【目的】拉伸肩前部。

【方法】两脚开立，双手在背后合掌，手指向下；转动手腕使手指向上，向上移动双手至最大限度，并后拉肘部，保持 10～20 秒钟。

【要求】动作幅度尽量大些，双臂伸直，动作结束保持 10～20 秒左右。

（十一）助力顶肩

图 7－11　助力顶肩

【目的】拉伸肩部。

【方法】两脚开立，两脚间距略于肩同宽，右臂伸直上举，身体正直，同伴面对练习者站立，左手扶练习者肩胛骨，右手握练习者上臂；同伴右臂往前推练习者右臂，在练习者感觉微痛处，保持 10～20 秒钟。两臂交替重复练习。

【要求】同伴要根据练习者的反应来把握助力的适度，动作幅度尽量大。

（十二）握棍直臂绕肩

【目的】拉伸肩部。

【方法】两脚开立，两脚间距略于肩同宽，双手握一木棍于体前；吸气，直臂缓慢从体前经头上绕到体后部，再经原路线绕回，重复练习。

图 7－12 握棍直臂绕肩

【要求】速度不宜过快，双臂始终保持伸直。

（十三）背后拉棍

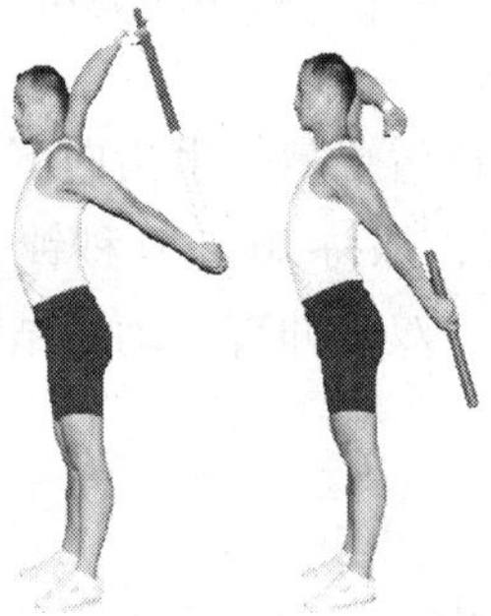

图 7－13 背后拉棍

【目的】拉伸臂部。

【方法】两脚开立，两脚间距略与肩同宽，一只臂肘在头后侧手握体操棍上端，另一只臂肘在腰背部手握体操棍下端；吸气，腰背部臂缓慢向下拉体操棍，保持 10～20 秒钟。两臂交替重复练习。

【要求】动作幅度尽量大，动作结束保持 10～20 秒钟。

（十四）上臂颈后拉

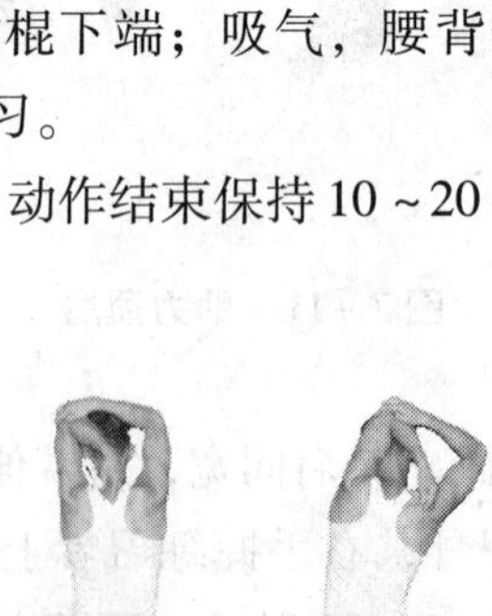

图 7－14 上臂颈后拉

【目的】拉伸上臂后部和肩部。

【方法】两脚开立，两脚间距略与肩同宽，左臂头后屈肘上举，左肘关节在头侧，左手下垂至肩胛处，右臂头后屈肘上举，右手在头后部抓住左臂肘关节；呼气，在头后部向右拉左臂肘关节，保持 10 ~ 20 秒钟。两臂交替重复练习。

【要求】动作幅度尽量大，动作结束保持 10 ~ 20 秒钟。

（十五）双臂和肩部拉伸

图 7 – 15 双臂和肩部拉伸

【目的】侧拉上臂和肩部。

【方法】两脚开立，一臂伸直上举，掌心向体侧，另一臂屈肘抓住上举臂的肘关节，身体正直；伸直上举臂慢拉屈肘臂至最大动作幅度，再屈肘臂慢慢回拉上举臂至最大动作幅度。两臂交替重复练习。

【要求】保持 10 ~ 20 秒钟静止姿势。

（十六）仰卧起坐 – 头前屈

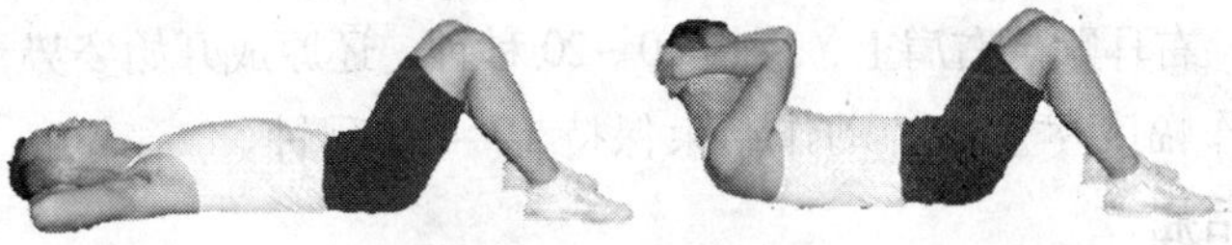

图 7 – 16 仰卧起坐 – 头前屈

【目的】前拉颈部。

【方法】练习者仰卧于地面上，双腿屈膝放于地面上，双手在头后交叉抱头；向胸部方向拉头部，保持 10 ~ 20 秒钟。还原成开始姿势，重复练习。

【要求】做动作时肩胛部位贴在地面上，动作幅度尽量大，动作结束保持 10 秒左右。

（十七）头前屈

目的：前拉颈部。

方法：两脚开立，双手在头后交叉抱头；向胸部方向拉头部，保持 10 ~ 20 秒钟。还原成开始姿势，重复练习。

图 7-17　头前屈

要求：双肩下压，动作幅度尽量大，动作结束保持 10~20 秒钟。

（十八）头侧屈

图 7-18　头侧屈

【目的】侧拉颈部。

【方法】两脚开立，左臂在背后屈肘，右臂从背后抓住肘关节；将左臂肘关节向后拉过身体中线，右耳贴至右肩上，保持 10~20 秒钟。还原成开始姿势，重复练习。

【要求】动作幅度尽量大，动作结束保持 10~20 秒钟。

（十九）头后屈

图 7-19　头后屈

【目的】后拉颈部。

【方法】两脚开立，双臂屈肘双手放于前额上；小心地后仰头，缓慢后拉颈部。还原成开始姿势，重复练习。

【要求】动作缓慢，动作结束保持 10 ~ 20 秒钟。

二、下肢与腰腹背部

（一）弓箭步压髋

图 7 – 20　弓箭步压髋

【目的】拉伸髋部。

【方法】弓箭步站立，前面腿膝关节成 90°，后面腿脚背触地，脚尖向后，双手叉腰；前面腿屈膝降低重心，后面腿的膝触地，下压后面腿髋部。

【要求】动作幅度尽量大，动作结束保持 10 秒左右。

（二）跪立背弓

图 7 – 21　跪立背弓

【目的】拉伸腹部和大腿前部。

【方法】跪立于垫上，脚尖向后，两手放于臀上部，身体正直；双手握脚后跟，上体后仰形成背弓，臀部肌肉收缩送髋，呼气，加大背弓，头后仰，保持 10 ~ 20 秒钟，重复练习。

【要求】双腿并拢，动作幅度尽量大。

（三）俯卧背弓

【目的】拉伸腹部和大腿前部。

【方法】俯卧于垫上，屈膝，两手背后抓脚；往上抬上体，同时脚跟向髋部移动提起胸部和双膝离开垫子，保持 10～20 秒钟。还原成开始姿势，重复练习。

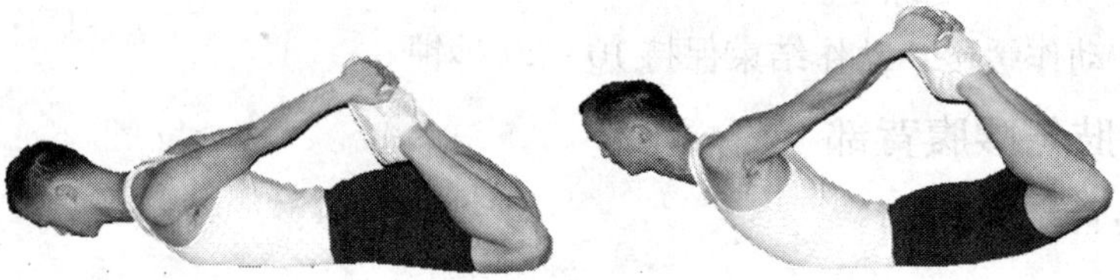

图 7－22　俯卧背弓

【要求】双腿并拢，动作幅度尽量大，动作结束保持 10～20 秒钟。

（四）仰卧团身

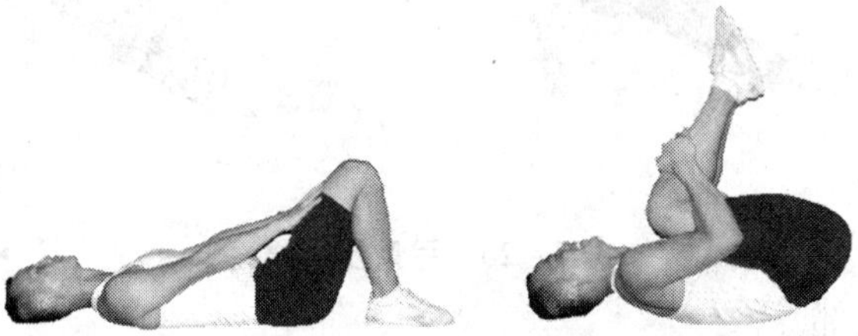

图 7－23　仰卧团身

【目的】拉伸腰部。

【方法】仰卧于垫上，屈膝，双手放置于大腿上；双手抱膝向胸部和肩部牵拉双膝，并提起髋部离开垫子，保持 10～20 秒钟，重复练习。

【要求】动作幅度尽量大，动作结束保持 10～20 秒钟。动作练习结束之后伸膝放松。

（五）站立体侧屈

图 7－24　站立体侧屈

【目的】拉伸腰部和躯干两侧。

【方法】双脚左右分开站立，两臂伸直上举交叉于头顶，双手合掌；呼气，向身体一侧做体侧屈至最大限度，保持 10～20 秒钟。还原成开始姿势，向身体另一侧交替重复练习。

【要求】两臂伸直，动作幅度尽量大，动作结束保持10秒左右。之后伸膝放松。

（六）体前屈

图7－25 体前屈

【目的】拉伸腰部、髋部和腿部。

【方法】双脚并拢站立，双手自然下垂于体侧；体前屈至最大限度，双手体前下压触摸脚尖，保持10～20秒钟，重复练习。

【要求】两腿伸直，动作结束保持10～20秒钟。

（七）分腿体前屈

图7－26 分腿体前屈

【目的】拉伸腰部、髋部和腿部。

【方法】双脚左右开立，两臂伸直上举交叉于头顶，双手合掌；体前屈至最大限度，双臂从两腿间后伸，保持10～20秒钟，重复练习。

【要求】两腿伸直，动作幅度尽量大，动作结束保持10～20秒钟。

（八）垫子上前后分腿

【目的】拉伸髋部和臀部。

【方法】坐在垫子上，双腿体前伸展，双手在髋部两侧地面支撑。右腿大腿外展，接触垫子屈膝，使脚接触左腿膝部。吸气，双臂撑起身体。左腿向身后伸展，大腿上部，膝盖，胫前部和脚掌内侧接触垫子。呼气，下压左腿的髋部。

图7－27 垫子上前后分腿

【要求】动作幅度尽量大，动作结束保持10秒左右。

（九）身体扭转侧屈

图7－28 身体扭转侧屈

【目的】拉伸髋部和臀部。

【方法】练习者两腿交叉站立，左脚在前，两臂伸直侧下举于体侧，身体正直；呼气，躯干向右侧体前屈，双手尽量触左脚跟，保持10～20秒钟。还原成开始姿势，两腿交替重复练习。

【要求】两臂和两腿伸直，动作幅度尽量大，动作结束保持10～20秒钟。

（十）仰卧转压腿

图7－29 仰卧转压腿

【目的】拉伸髋部。

【方法】练习者仰卧于地面上，右腿伸直，左腿屈膝提至胸部，右手伸直贴于左腿大腿上，左手伸直于体侧放于地面上；呼气，用右手横向将左膝压至身体右侧地面，保持10～20秒钟。还原成开始姿势，双腿交替重复练习。

【要求】做动作时尽量保持上体不动仰卧于地面。动作幅度尽量大。

（十一）坐立体前屈

图 7－30　坐立体前屈

【目的】拉伸背部。

【方法】练习者屈膝坐立于地面，双腿并拢，双手微屈抱膝，身体正直；呼气，上体前倾，双臂由大腿向前拉背，双脚保持与地面接触，保持 10～20 秒钟。重复练习。

【要求】动作幅度尽量大，动作结束保持 10～20 秒钟。

（十二）向后甩腰

图 7－31　向后甩腰

【目的】拉伸腰部。

【方法】练习者背向物体（横箱或马）两脚分开站立，两脚间距离略与肩同宽，两臂伸直自然下垂于体侧，身体正直；向后甩腰，两臂经体前由下向上摆臂，两腿微屈，保持 5～10 秒钟。还原成开始姿势，重复练习。

【要求】向后甩腰时摆臂速度快，尽量保持两脚不离开地面。

（十三）助力腰腹侧屈

【目的】拉伸腰腹两侧。

【方法】双脚左右开立，右臂自然下垂，左臂上举，掌心向内，同伴站于练习者左侧，左手扶住练习者的右侧腰部帮助固定髋部，右手伸直抓住练习者左臂的肘部；呼气，同伴帮助向右侧屈上体，保持 10～20 秒钟。还原成开始姿势，换另一侧交替重复练习。

图 7－32 助力腰腹侧屈

【要求】两腿伸直，动作幅度尽量大。

（十四）臀部拉伸

图 7－33 臀部拉伸

【目的】拉伸臀部。

【方法】面向墙仰卧在垫上，两腿伸直踏于墙上，两脚间距略与肩同宽，两手放于胸前，身体正直；左腿踏在墙上且膝盖弯曲成 90°，盆骨和髋部着地，把右腿放左腿膝盖处，右侧的臀部有拉伸感觉，保持 10～20 秒钟，每条腿重复三次。还原成开始姿势，两腿交替重复练习。

【要求】拉伸用力要适度。

（十五）上背部拉伸

图 7－34 上背部拉伸

【目的】拉伸上背部。

【方法】练习者坐于器械（椅子）上，两脚间间距略与肩同宽放于地面上，左臂体前屈肘，左手放于右肩上，右臂屈肘，右手贴于左臂肘关节下部，身体正直，双肩平直且放松；缓慢用右臂提拉左臂肘部至该动作的最大幅度，身体正直，保持10～20秒钟，每臂重复三次。还原成开始姿势，两臂交替重复练习。

【要求】身体正直，两脚不离开地面。

（十六）下背部拉伸

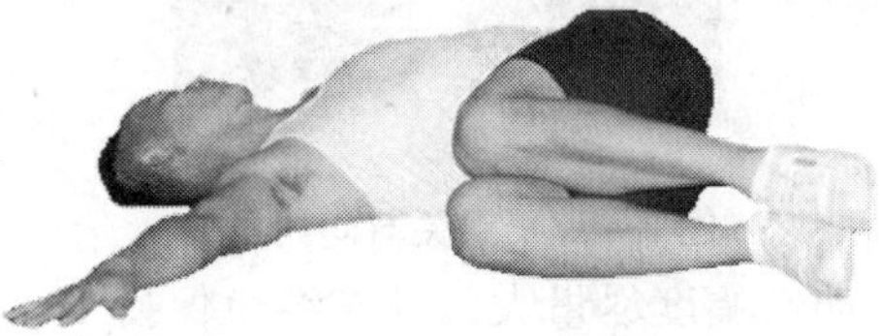

图7－35　下背部拉伸

【目的】拉伸下背部。

【方法】仰卧于垫上，两腿并拢伸直，两臂伸直放于体侧；双膝向胸部上抬至弯曲90°，转向身体右侧右膝着地，保持上体和双肩固定于地面，保持10～20秒钟，每侧重复三次。还原成开始姿势，换左侧练习，两侧交替重复练习。

【要求】尽量固定肩和上体不转动，两腿并拢。

（十七）后背中部拉伸

图7－36　后背中部拉伸

【目的】拉伸后背中部。

【方法】坐于垫上，左腿伸直，右腿屈膝，右脚放于左腿膝盖外侧的地面上。左臂屈肘放于右腿膝盖上，右臂伸直撑于右侧地面上，身体正直；上体向右侧扭转至动作最大幅度，左臂肘部往左推右腿膝盖处，保持10～20秒钟，身体正直，重复三次。还原成开始姿势，两侧交替重复练习。

【要求】上体保持正直，动作幅度尽量大些。

三、下肢（髋部、踝关节）

（一）踝关节向内拉伸

【目的】拉伸踝关节外侧。

【方法】练习者坐于器械上，左脚放于地面上，右腿屈膝放于膝盖上，左手握住右脚脚尖处，右手放于踝关节处，身体正直；左手向内拉伸右脚使踝关节有明显的拉伸感觉，右手尽量按住右脚，使其不离开左腿，保持10～20秒钟。还原成开始姿势，两脚交替重复练习。

图 7－37 踝关节向内拉伸

【要求】身体正直，动作幅度尽量大，动作结束保持 10～20 秒钟。

（二）坐拉脚掌

图 7－38 坐拉脚掌

【目的】拉伸小腿后部和跟腱。

【方法】坐于地面上，右腿伸直尽量往外侧打开，左腿屈膝内收，左脚跟尽量收于腹股沟，右臂伸直握于右脚上，左臂微屈放于左膝盖上；上体稍前倾，右手抓住右脚掌向躯干方向牵拉至动作最大幅度，保持 10～20 秒钟。还原成开始姿势，两腿交替重复练习。

要求：伸展腿膝部始终伸直，动作幅度尽量大，动作结束保持 10～20 秒钟。

（三）压脚背

图 7－39 压脚背

【目的】拉伸脚背部。

【方法】跪于垫上，两手自然下垂于体侧，身体正直；身体往后仰卧，两手握住两脚脚跟并结合身体后仰按压脚跟，保持 10～20 秒钟。还原成开始姿势，重复练习。

【要求】动作缓慢进行，动作幅度大些。

（四）扶墙拉伸

图 7－40　扶墙拉伸

【目的】拉伸小腿后部和跟腱。

【方法】面对墙壁站立，双脚并拢贴于地面，双手扶墙支撑身体；呼气，屈肘前移重心，两前臂贴墙，身体斜靠在墙上，保持 10～20 秒钟。还原成开始姿势，重复练习。

【要求】保持身体伸直紧腰，动作幅度尽量大。

（五）分腿坐拉小腿

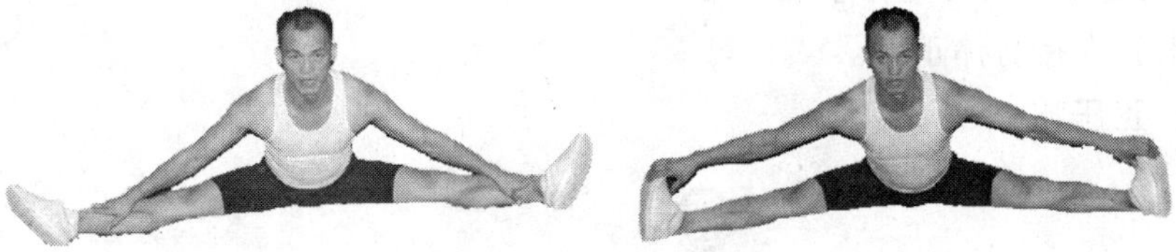

图 7－41　分腿坐拉小腿

【目的】拉伸小腿后部和外侧。

【方法】分腿直膝坐于地面，两臂伸直放于两腿上，双手抓住双脚脚掌，身体直背前倾；呼气，向髋部方向拉脚趾，同时内翻踝关节，保持 10～20 秒钟。还原成开始姿势，重复练习。

【要求】两腿伸直，动作幅度尽量大。

（六）正弓步

【目的】拉伸后腿前面的肌肉。

【方法】右腿成弓步，左前脚掌点地，双手放于右膝盖上，身体正直；稍屈膝，有节奏向下压。还原成开始姿势，两腿交替重复练习。

【要求】保持身体正直。

图 7－42　正弓步

（七）侧弓步

图 7－43　侧弓步

【目的】拉伸大腿内侧的肌肉。

【方法】右腿成侧弓步，左脚点地，双手放于体前，身体正直；有节奏向下压。还原成开始姿势，两腿交替重复练习。

【要求】保持身体正直。

（八）正压腿

图 7－44　正压腿

【目的】拉伸大腿后部。

【方法】将一腿置于比腰稍高的肋木上，双腿伸直，两臂伸直自然下垂于体侧，身体正直；上体前屈，挺腰下压，同时收髋，双手伸直放于器械上，保持 10～20 秒钟。还原成开始姿势，两腿交替重复练习。

【要求】伸展腿膝部和背部保持伸直，动作幅度尽量大。

（九）**侧压腿**

图 7－45　侧压腿

【目的】拉伸大腿前部和内侧部位。

【方法】与正压腿方法相同，但支撑腿脚尖外转。

【要求】上体不得前倾或后仰。

（十）**后压腿**

图 7－46　后压腿

【目的】拉伸腿部和腰部。

【方法】背对器械，一腿伸直后伸脚背放于器械上，另一腿伸直撑于地面，两臂伸直自然下垂于体侧，身体正直；上体做振压动作，保持 10～20 秒钟。还原成开始姿势，两腿交替重复练习。也可由同伴肩扛后举腿顶压。

【要求】双腿伸直，展髋，腰后展。

（十一）**横劈叉**

图 7－47　横劈叉

【目的】拉伸大腿内侧。

【方法】练习者左右分腿于地面上，两腿伸直，两臂伸直撑于体前，身体正直；身体稍前倾，向下压髋部至动作最大幅度，重复练习。

【要求】两腿、两臂伸直，身体正直。

（十二）纵劈叉

图 7－48 纵劈叉

【目的】拉伸大腿前部、内侧、后部。

【方法】练习者前后分腿于地面上，两腿伸直，后面腿脚背触地，两臂伸直撑于体侧，身体正直；向下压髋部至动作最大幅度，保持 10～20 秒钟。两腿交替重复练习。

【要求】两腿、两臂伸直，身体正直。

（十三）直膝分腿坐压腿

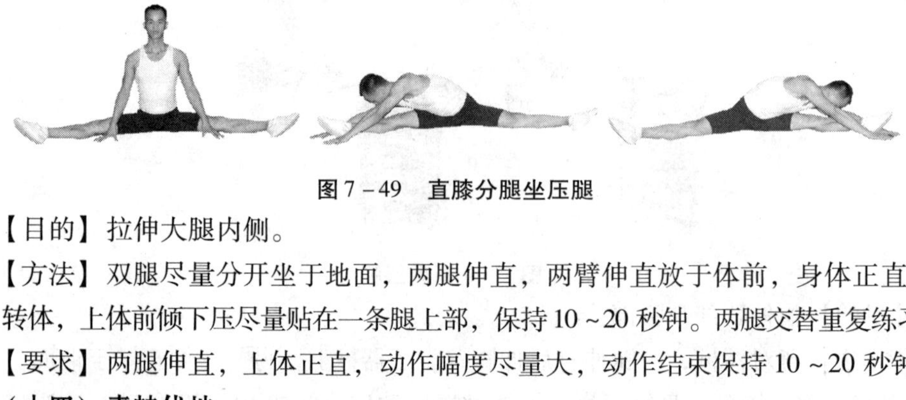

图 7－49 直膝分腿坐压腿

【目的】拉伸大腿内侧。

【方法】双腿尽量分开坐于地面，两腿伸直，两臂伸直放于体前，身体正直；呼气，转体，上体前倾下压尽量贴在一条腿上部，保持 10～20 秒钟。两腿交替重复练习。

【要求】两腿伸直，上体正直，动作幅度尽量大，动作结束保持 10～20 秒钟。

（十四）青蛙伏地

图 7－50 青蛙伏地

【目的】拉伸大腿内侧。

【方法】分腿跪地，脚趾指向身体两侧，前臂向前以肘关节支撑地面；呼气，继续向身体两侧分腿下压，同时向前伸双臂，胸和上臂完全贴在地上，保持 10～20 秒钟。还原成开始姿势，重复练习。

【要求】动作幅度尽量大，动作结束保持 10 秒左右。

（十五）弓箭步拉伸

图 7－51　弓箭步拉伸

【目的】拉伸大腿内侧。

【方法】弓箭步站立，双脚间距约 60 厘米，后面脚外旋 90°，双手叉腰，身体正直；呼气，前脚稍前移，下压髋部至动作最大幅度。两腿交替重复练习。

【要求】身体正直，动作幅度尽量大，动作结束保持 10 秒左右。双腿交换练习。

（十六）分腿坐体侧屈

图 7－52　分腿坐体侧屈

【目的】拉伸大腿内侧。

【方法】双腿尽量分开坐于地面，两腿伸直，两臂伸直放于体前，身体正直；上体尽量从髋部向左侧屈至左臂贴近髋前部，右臂伸直头上贴耳伸展，保持 10～20 秒钟。还原成开始姿势，换另一侧，两侧交替重复练习。

【要求】两腿、两臂伸直，身体正直，动作幅度尽量大。

（十七）大腿后侧拉伸

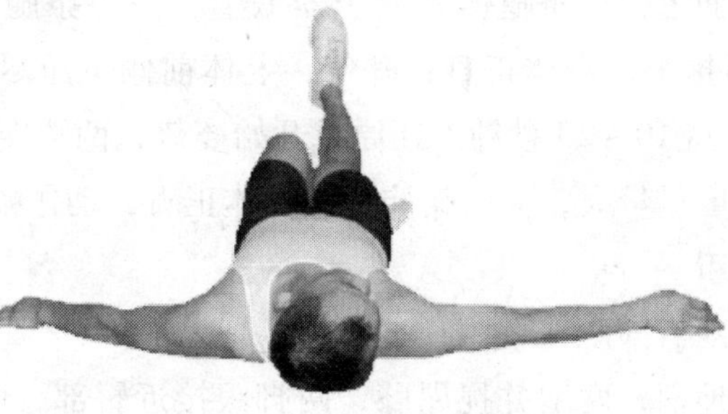

图 7－53　大腿后侧拉伸

【目的】拉伸大腿后侧。

【方法】面向墙仰卧于地上，两腿踏于墙上，两臂伸直放于体侧；一腿踏在墙上进行拉伸，另一条腿向上伸直，保持 10～20 秒钟，重复 3 次。两腿交替重复练习。

【要求】可不强迫膝关节伸直。

（十八）坐压腿

图 7－54　坐压腿

【目的】拉伸大腿后部。

【方法】练习者双腿分开坐在地面上，一条腿屈膝，脚跟接触伸展腿的内侧，两臂伸直自然下垂放于体侧，身体正直；上体前倾下压尽量贴近伸展腿的大腿上部，两臂伸直抓住伸展腿的踝关节，保持 10～20 秒钟。还原成开始姿势，两侧交替重复练习。

【要求】伸展腿伸直，身体正直，动作幅度尽量大。

（十九）长凳坐压腿

图 7－55　长凳坐压腿

【目的】拉伸大腿后部。

【方法】坐于地面上，一条腿伸直放于器械上，另一条腿屈膝脚内收放于地面上，双臂屈肘于头后抱头，身体正直；呼气，上体前倾下压尽量贴近放于器械上伸直腿的大腿上部，保持 10～20 秒钟。还原成开始姿势，两腿交替重复练习。

【要求】动作幅度尽量大，伸展腿伸直，身体正直，动作幅度尽量大。

（二十）仰卧拉引

【目的】拉伸大腿后部。

【方法】仰卧于地面，两腿并拢屈膝，两脚跟接近臀部，两臂放于腹部；吸气，一条腿向上伸膝，再呼气，用双手抱伸直腿小腿部，缓慢将伸直腿向头部拉引至动作最大幅度，保持 10～20 秒钟。还原成开始姿势，两腿交替重复练习。

图 7－56　仰卧拉引

【要求】被拉引的腿始终伸直，动作幅度尽量大。

（二十一）坐拉引

图 7－57　坐拉引

【目的】拉伸大腿后部。

【方法】坐在地面，双腿并拢，双手撑于体后地面，身体正直；左腿屈膝，用左手抓住脚跟内侧，再呼气，屈膝腿伸展左腿伸直，左手往后拉左腿至动作最大幅度，保持 10～20 秒钟。还原成开始姿势，两腿交替重复练习。

【要求】身体尽量保持正直，动作幅度尽量大，动作匀速。

（二十二）站立拉伸压腿

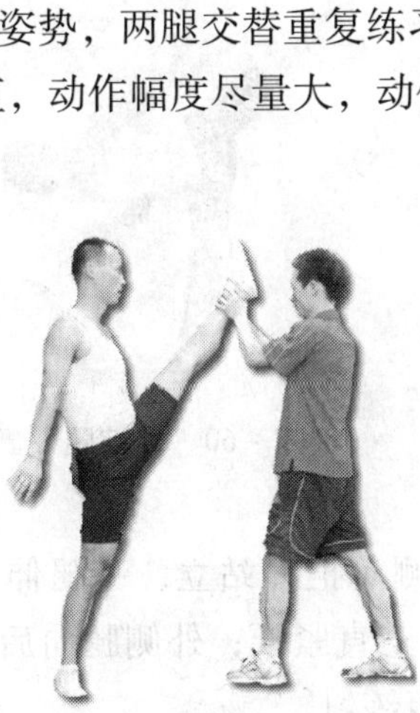

图 7－58　站立拉伸压腿

【目的】拉伸大腿后部。

【方法】背靠墙站立，两脚间距离略与肩同宽，两臂伸直贴于墙上，身体正直，同伴面对练习者站立；吸气，直膝抬起左腿。同伴用双手抓住左腿踝关节上部，帮助左腿上举至最大动作幅度，保持 10～20 秒钟。还原成开始姿势，两腿交替重复练习。

【要求】两腿伸直，身体尽量保持正直。

（二十三）前控腿

图 7－59 前控腿

【目的】拉伸腿部。

【方法】练习者双手扶把杆单腿站立，一腿伸直支撑于地面，两臂伸直握把杆，身体正直紧腰；外侧腿向前高举至动作最大幅度控腿，保持 10～20 秒钟。两腿交替重复练习。

【要求】两腿始终伸直，身体正直紧腰。

（二十四）后控腿

图 7－60 后控腿

【目的】拉伸腿部。

【方法】练习者单腿支撑侧对把杆站立，一腿伸直支撑于地面，内侧手握住把杆，外侧手伸直于体侧，身体正直紧腰；外侧腿向后高举至动作最大幅度控腿，保持 10～20 秒钟。两腿交替重复练习。

【要求】两腿始终伸直，身体正直紧腰；后举腿的髋不得外转。

（二十五）侧控腿

【目的】拉伸腿部。

【方法】练习者单腿支撑侧对把杆站立，一腿伸直支撑于地面，内侧手握住把杆，外侧手伸直于体侧，身体正直紧腰；外侧腿向侧高举至动作最大幅度控腿，保持 10 ~20 秒钟。两腿交替重复练习。

图 7－61　侧控腿

【要求】两腿始终伸直，身体正直紧腰，抬起的腿对准体侧。

（二十六）前踢腿

图 7－62　前踢腿

【目的】拉伸大腿内侧。

【方法】练习者单腿支撑侧对把杆站立，一腿伸直支撑于地面，内侧手握住把杆，外侧手伸直侧上举于体侧，身体正直紧腰；外侧腿向前高举踢至动作最大幅度。两腿交替重复练习。

【要求】前踢腿时保持身体正直，腿伸直，尽量踢高些。

（二十七）后踢腿

图 7－63　后踢腿

【目的】拉伸腿部。

【方法】练习者单腿支撑正对把杆站立，一腿伸直支撑于地面，双手握住把杆，身体正直紧腰；一腿向后高举踢至动作最大幅度。两腿交替重复练习。

【要求】后踢腿时保持腿伸直，尽量踢高点，上体配合后仰。

（二十八）侧踢腿

图 7－64 侧踢腿

【目的】拉伸腿部。

【方法】练习者单腿支撑侧对把杆站立，一腿伸直支撑于地面，内侧手握住把杆，外侧手伸直侧上举于体侧，身体正直紧腰；外侧腿向侧高举踢至动作最大幅度。两腿交替重复练习。

【要求】侧踢腿时保持身体正直，腿伸直，尽量踢高。双肩要正，不撅臀不扣髋。

（二十九）前搬腿

图 7－65 前搬腿

【目的】拉伸腿部。

【方法】练习者单腿支撑侧对把杆站立，一腿伸直支撑于地面，内侧手握住把杆，身体正直紧腰；外侧腿向前高举搬腿至动作最大幅度，同侧手抱脚跟搬腿，保持 10～20 秒钟。两腿交替重复练习。

【要求】前搬腿时保持身体正直，腿伸直。

（三十）后搬腿

【目的】拉伸腿部。

【方法】练习者单腿支撑侧对把杆站立，一腿伸直支撑于地面，内侧手握住把杆，身体正直紧腰；外侧腿向后高举搬腿至动作最大幅度，同侧手经头顶抓脚跟搬腿，保持 10～20 秒钟。两腿交替重复练习。

图 7－66　后搬腿

【要求】后搬腿时保持腿伸直。

（三十一）侧搬腿

图 7－67　侧搬腿

【目的】拉伸腿部。

【方法】练习者单腿支撑背对把杆站立，一腿伸直支撑于地面，内侧手握住把杆，身体正直紧腰；一侧腿向侧高举搬腿至动作最大幅度，同侧手抱小腿搬腿，保持 10～20 秒钟。两腿交替重复练习。

【要求】侧搬腿时保持身体正直，腿伸直。

（三十二）大腿中部拉伸

图 7－68　大腿中部拉伸

【目的】拉伸大腿中部。

【方法】背靠墙坐在垫子上，屈膝双脚板相对并拢，双臂伸直，双手放于脚尖上，身体正直；两膝盖往下压至动作最大幅度，感觉腹股沟部位有明显的拉伸感觉，保持 10～20 秒钟，重复练习。

【要求】身体正直，控制动作幅度，避免受伤。

（三十三）大腿侧面拉伸

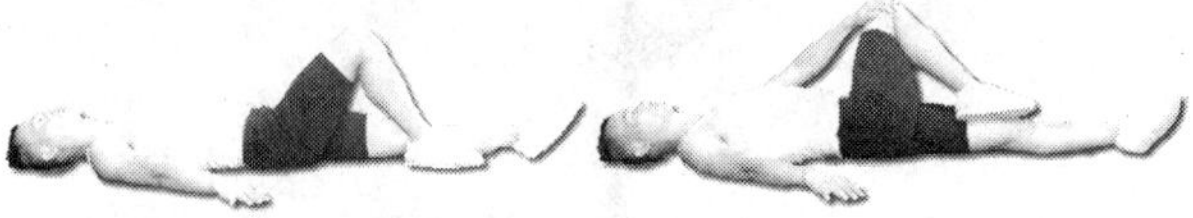

图 7－69　大腿侧面拉伸

【目的】拉伸大腿侧面。

【方法】仰卧于地面，左腿伸直放于地面上，右腿屈膝，左手放于右腿膝盖外侧，右臂伸直放于体侧地面上；左手轻轻往左侧拉伸右腿膝盖处，向左扭转至动作最大幅度，保持 10～20 秒钟，保持臀部与骨盆着地，每条腿重复做 3 次，两腿交替重复练习。

【要求】不要强迫拉伸，身体和髋、臀部尽量保持不离地。

（三十四）大腿前侧拉伸

图 7－70　大腿前侧拉伸

【目的】拉伸大腿前侧。

【方法】与肩同宽跪于地上成跪弓步，后面腿膝盖触地，双臂伸直放于前膝盖上，身体正直；下压身体感觉到髋关节异侧的腿在拉伸，保持 10～20 秒钟，身体正直，每 3 次一组；两腿交替重复练习。

【要求】身体保持正直，下压速度要缓慢。

（三十五）垫上仰卧拉引

图 7－71　垫上仰卧拉引

【目的】拉伸大腿前部。

【方法】跪立于垫上，臀部坐在脚上，两臂伸直自然放于体侧，身体正直；身体后倒躺在垫子上，脚跟在大腿两侧，脚尖向后，两臂屈肘交叉于头后，保持10~20秒钟。还原成开始姿势，重复练习。

【要求】腰要紧，送髋，动作幅度尽量大。

（三十六）坐立后仰腿折叠

图7－72　坐立后仰腿折叠

【目的】拉伸大腿前部。

【方法】坐于地面上，左腿屈膝尽量折叠，大腿和膝内侧接触地面，脚尖向后，右腿伸直，左手放于左脚尖上，右手伸直撑地，身体正直；身体后仰，双臂屈肘，双手叉腰；继续后仰至平躺于地面，双臂伸直于体侧，保持10~20秒钟。还原成开始姿势，两腿交替重复练习。

【要求】动作幅度尽量大，动作结束保持10秒左右。双腿交替练习。

（三十七）分腿拉脚

图7－73　分腿拉脚

【目的】拉伸大腿前部。

【方法】前后分腿，右腿在前屈膝支撑，左腿在后以膝关节支撑地面，右臂伸直撑地，左手在身后抓住左脚，上体前倾；左手向臀部方向拉左脚至动作最大幅度，保持10~20秒钟。双腿交替重复练习。

【要求】尽量保持两腿和身体在一个面上。动作幅度尽量大。

（三十八）坐压腿

【目的】拉伸大腿前部。

【方法】跪于地面上，臀部坐于两脚跟上，双腿并拢，脚趾向后，双臂伸直自然下垂于体侧，身体正直；身体稍后仰轻轻往下压拉伸，保持10~20秒钟，重复练习。

图7－74　坐压腿

【要求】如果膝关节受伤请勿采用此方法练习。

第二节　协调与灵敏练习

协调与灵敏的练习方法多种多样，协调与灵敏练习的方法有很多互融之处，协调练习寓于灵敏练习之中，灵敏练习寓于协调练习之中。本节主要内容是介绍协调与灵敏素质的一些练习方法，通过对协调与灵敏素质练习方法的介绍，使练习者对协调与灵敏的练习有一个全面的了解，掌握基本的练习方法，为练习者体能训练提供正确的指导。练习者可以根据自己的兴趣、运动项目要求等，选择行之有效的方法进行协调与灵敏素质的练习。

一、协调的练习方法

（一）前滚翻

【目的】提高手、头、背、腰、臀部间的相互协调能力和前庭器官空间感觉。

【方法】蹲撑开始，重心前移，两腿向后下方蹬直离地，同时屈臂、低头、提臀，以头的后部在两手撑地前着地，经后脑、背、腰、臀部依次向前滚动，当背部着地时，迅速收腹屈膝，上体紧跟大腿团身抱腿成蹲立。

【要求】当身体前滚至背部着地，腿与地面夹角约45°时，迅速收腹，上体紧跟大腿团身抱腿。

（二）后滚翻

【目的】提高前庭器官空间感觉和身体的协调能力。

【方法】由蹲撑开始，身体稍前移，接着直臂顶肩推手低头拱背团身后滚，依次经臀、腰、背向后滚动，两手迅速屈臂抬肘翻腕置于肩上（掌心向后），当头部着地时两手用力推地撑起翻转成蹲撑。

【要求】屈臂抬肘时夹肘翻腕置于肩上（掌心向后）。

（三）鱼跃前滚翻

【目的】提高身体前庭器官在运动中的判断、应激和协调能力。

【方法】由半蹲两臂后举姿势开始，两臂前摆，同时两脚蹬地，向前上方跃起，身体腾空时保持含胸、紧腰、梗头，髋关节大于 90°，腿处臀部水平位。接着两臂前伸撑地、屈臂、低头经后脑着地做前滚翻。

【要求】腿用力蹬地后积极上摆、紧腰。

（四）模仿做对侧动作

【目的】提高练习者四肢的协调能力。

【方法】练习者站于同伴身后，学习一套新的徒手操，模仿同伴做与之相反的动作，即同伴出左手，练习者则出右手，依次类推。

【要求】练习者在练习中逐渐增加动作难度和组合变化来提高协调能力。

（五）交叉跳绳

【目的】提高练习者上肢和下肢及身体平衡的协调能力。

【方法】练习者在正常跳绳的基础上两手交叉摇绳，每摇 1 ~ 2 次，单足或双足跳长绳一次。

【要求】练习者在熟练技术动作的基础上增加每跳摇绳的次数。

（六）双人跳绳

【目的】练习者与搭档和同伴的相互合作协调能力。

【方法】由两人各拿绳的一端摇绳，两人手拉手在绳子摇到最低点时两人同时跳起，跳 3 ~ 5 次后快速跑出。

【要求】两人在跳绳过程中动作同步一致。

（七）跑的练习

主要有交叉步前进或后退练习、快速后退跑、快速转身跑、后踢跑练习等。

【目的】提高练习者的协调能力。

【方法】练习者在正常跑步的基础上结合各种步伐、方向转换、踢腿的改变来练习身体各部位间的相互协调能力。

【要求】练习者在练习中组合多种变化跑来增加协调能力。

（八）单足跳

【目的】提高练习者的协调能力。

【方法】练习者在约 20 米的距离上往复连续做左右腿交替的单足跳，可提高腿上抬的高度以增加练习难度。

【要求】每次单足跳往复 4 次一组。

（九）单足跳与前摆

【目的】主要提高练习者腿部的协调能力。

【方法】练习者在单足跳的基础上在上抬腿后积极向前摆腿，可在往复 20 米的距离上练习，两腿交替重复练习。

【要求】每次练习往复 4 次一组，每次尽量上抬腿至最大高度。

（十）蹬山走

【目的】提高练习者的协调能力。

【方法】练习者在约 20 米的距离上往复做轻快地蹬山走（由脚尖过渡到脚跟），连续伸展左、右踝关节。

【要求】每次做蹬山动作时，膝关节略微弯曲，缓冲冲击力。

（十一）弹簧走

【目的】提高练习者的协调能力。

【方法】练习者在约 20 米的距离上往复做动作幅度尽量大的短距离的“弹簧步”，尽量伸展其踝关节。

【要求】整个锻炼过程中，一定要保持用前脚掌着地。

（十二）肩绕环

【目的】提高上肢间的协调能力。

【方法】开立，两脚间距离略与肩同宽，两臂伸直上举，掌心相对；两臂均以肩关节为轴，一臂向前绕环，一臂向后绕环；两臂绕环方向交替重复练习。

【要求】每次绕环 5 次，再两臂交换练习，两臂伸直。

（十三）纵跳

【目的】提高练习者的协调能力。

【方法】双脚并拢，两臂上摆向上跳，连续跳跃，可结合前后跳、跳起后转向 180°、向左向右跳。

【要求】落地屈膝缓冲，连续完成动作，重复练习。

（十四）立卧撑跳起转体 360°

【目的】提高练习者的上肢、下肢和身体的协调能力。

【方法】由俯卧撑姿势开始，双腿屈膝抬大腿，成全蹲。起立后即刻双脚蹬地全力、快速纵跳，双臂稍带力上摆，在空中转体 360°。衔接下一个动作时要迅速屈膝下蹲，在双手即将撑地的同时，双脚向后伸蹬，成俯卧撑。连续进行。

【要求】落地屈膝缓冲，连续完成动作，重复练习。

（十五）全身波浪起

【目的】提高练习者上肢、下肢和身体间各大小肌群的协调能力。

【方法】由双腿开立，两脚间距离略与肩同宽。先做直腿体前屈，然后依次进行向前跪膝（收腹、含胸、低头）、向前挺髋（收腹、含胸、低头）、向前挺腹（含胸、低头）、挺胸、抬头，成反的 S 形波动，两臂在体侧绕环，重复练习。

【要求】动作柔和、顺畅。

（十六）身体不协调动作组合练习

【目的】提高练习者上肢、下肢和身体的协调能力。

【方法】练习者上右步的同时右手上举，上左步的同时左手上举，右步后退右手叉腰，左步后退左手叉腰，变换节奏。

【要求】可根据训练要求选择适宜的练习方法。

（十七）综合锻炼

【目的】提高练习者的协调能力。

【方法】以上锻炼方法可以组合进行练习。

【要求】至少选择 5 个动作组合进行练习，其中至少有 2 个方向的变化。

二、灵敏的练习方法

（一）听信号完成动作

屈膝收腿坐（前、后）、跪坐（前、后），听信号迅速跑到指定位置；听口令和看信号的起跑和变向跑。

（二）腿部组合练习

单、双腿跳障碍物—前后分腿跳—并步前踢跳—左、右分腿跳—后屈膝跳—前屈膝跳。采用每次一个动作、另一个动作循环跳动，通过变换不同动作，练习灵敏性和协调性。

（三）跑的基本练习法

可采用曲线跑、穿梭跑和信号应答跑进行练习。例如：教练员告知在跑的过程中发令时要做的动作，然后发令："跑!"练习者听到命令后快速完成上述不同指令动作。

（四）变向跑练习

（1）做向前 5 米加速后后退 3 米，向左 5 米加速后向右加速 3 米的练习。

（2）在地上划一边长为 10 米的正方形，做听口令顺逆方向转换跑的练习。

（五）移动中的障碍练习

用小体操垫做障碍，练习者利用前滑步及左右滑步躲闪过障碍物向前加速绕行前进。

（六）快速转体练习

听口令，做向前加速跑中急停，然后向后加速跑的练习。

（七）追逐练习

把练习者分为两人一组，一组先跑，另一组追逐，开始前保持 3 ~ 5 米间距，追上拍肩后反向交换继续练习。

（八）推拉练习

两人一组，站在直径为 2.5 米的圆圈内，双方允许使用推拉办法，一脚出圈者为负方。一组 10 次，练习 4 组。

（九）触摸练习

两人一组，规定在一定的范围内用手触摸对方肩部，可以利用步法移动躲闪。

（十）躲闪练习

练习者自然站立，由两名以上同学手持排、篮球练习者投掷，练习者尽力躲闪，避免被投掷中。练习 15 ~ 20 秒为一组，重复 3 ~ 5 组。

（十一）对墙掷接球练习

练习者持网球或弹性球，距墙壁 2 米站立，向墙壁投掷网球或弹性球，待弹回时用手迅速接住，练习时双脚要不停地前后左右移动。练习 15 ~ 20 秒为一组，重复 3 ~ 5 组。

（十二）越障碍跑练习

练习者在 50 米障碍物中加速跑，障碍物不等距。每组 6 次，重复 4 组。

（十三）滚翻接起动跑

练习者左右间隔一米站开，听一声长哨做前滚翻，听一声短哨做后滚翻，然后按规定的方向起动跑。

（十四）跳绳练习

两人摇绳，练习者从绳子下跑过转身，也可从绳子上跳过，摇绳的速度逐渐加快。

思考题

1. 何为柔韧素质？
2. 人体身体有哪几大柔韧部位？
3. 协调与灵敏练习有哪些联系和区别？
4. 根据本章所讲的柔韧、协调和灵敏素质的练习方法，结合自己的兴趣和所从事的运动项目的特点，为自己量身制定一套柔韧、协调和灵敏素质的训练计划。

第八章　心理拓展训练

本章导读　本章学习的主要内容是心理拓展训练的概念、起源及其发展，心理拓展训练的理论基础，以及心理拓展训练的项目内容。通过本章的学习，使学习者对心理拓展训练的理论和实践获得一定的认识，进而提升自我心理调适与控制能力，以及团队合作、沟通、信任等方面的能力，最终提高社会化程度和心理能力。

第一节　心理拓展训练概述

一、心理拓展训练相关概念

本书所用的心理拓展训练的概念是基于现在在北京周边的心理拓展学校所常用的名称。关于心理拓展训练的称呼很多，如在广东叫做“教练”，香港叫做“外展训练”，在日本被称为“冒险集体疗法”等，其实这些概念都源于“Outward Bound”一词。我们先来看看以下若干概念：

（一）心理能力

本书中心理能力是指心理调适与心理控制能力，是体能的一种，与生理能力相对应。心理素质是体能的重要组成部分。按照辩证唯物主义的观点，身心是不可分的，身心是相互影响，相互制约的。体能作为一个开放的系统，必然考虑外界因素对体能的影响，而这种外部影响通常包括对生理和心理的影响。心理影响因素主要是指非自然因素，如竞技比赛中观众的欢呼声等，这些因素通过人体本身特有的情感体验调节身体的生理机能。

（二）心理拓展训练计划

由美国人皮赫创立，是“心理拓展训练”与学校制度结合的产物，是心理拓展训练的学校版，是为了“给予孩子以无限梦想的空间”而选择了“心理拓展训练”的名称。

（三）心理拓展训练活动疗法

它是心理拓展训练指导的一种形式，是在1980—1983年美国马萨诸塞州实行的以心理拓展训练计划为依据的指导方法。

（四）户外培训

户外培训是指任何在户外进行的培训活动。它的特点是培训场地在户外而不是在教室里。主要包括两种类型：一种是探险训练，这种活动危险性较高；另一种是户外训练与户外学习，主要是中低风险的户外练习。

（五）体验式培训

通过个人直接参与活动，获得直接认知，然后在拓展教师的指导下，在团队成员的交流中提升认识的培训方式，或者说凡是以参与活动开始，“先行后知”的培训方式都可以称为体验式培训。

（六）体验式学习

一些教育哲学是体验式学习产生的基础，例如教育家约翰·杜威的“从做中学”的理论和他的《体验与教育》。在杜威和库尔特·莱温的相关理念基础上大卫·科尔伯提出的“体验学习圈”理论，以及讲述该理论的《体验学习：体验作为学习和发展的源泉》一书，认知心理学家让·皮亚杰的“认知发展理论”以及其他教育、心理学者的理论形成了体验式学习的主要理论架构。从务实课程操作来讲，体验式学习就是透过个人在人际活动中的充分参与来获得个人的经验，然后在训练教师的引导下，成员通过对差异化过程的观察反省，在对话交流中获得新的态度、信念，并将之整合运用于未来的解决方案或策略上，达到一定的目标或愿望。

以上简单地介绍了若干与拓展训练相近的词汇，那么到底什么是拓展训练呢？

本书认为，心理拓展训练是指在专业教练指导下，以提高人群体能中心理能力为目的，以一系列拓展运动项目为载体和手段，对人群进行有计划、有步骤的系统而科学的培训。

二、心理拓展训练的起源与发展

创建心理拓展训练理论的哈恩博士原本是一名教育工作者，曾经执教于德国和英国的私立学校。第二次世界大战前，在担任德国南方塞兰学校校长期间，哈恩博士首次实践了心理拓展训练的教育方法。身为犹太人的哈恩此后从德国移居到英国去继续他的研究。哈恩博士感到以往的学校教育课程在孩子们的全面发展中是不充分的，进而感到必须给予孩子们一个自由表现自己的场所。因此，他创设了“Moray Badge 奖”，规定只要具备以下 4 个条件的学生就可以获此殊荣：

（1）在某种运动中获得卓越的成绩；

（2）有到海上和陆地中进行探险活动的经历；

（3）经过努力掌握某种特殊的技能或热衷于某方面的调查研究工作；

（4）乐于参加社会公益活动。

第二次世界大战开始后，战争的严酷条件要求着人们具有高度的生存技能，因此，作为心理拓展训练课程原型的训练内容受到人们的重视，并在战时的各种生存训练中得到了广泛应用（Outward Bound 在海军用语中原是“出港船只”的意思）。最初制订训练课程也限用于海上的训练，是训练水兵的实用课程，当时还有一些以这种训练为目的的学校。从此，以海上训练的课程为契机，户外运动在世界范围内得到广泛的推广。

心理拓展训练计划是1971年以马萨诸塞州哈密尔顿韦思哈姆高中校长皮赫为中心的职员们设立的。皮赫的父亲是加拿大多伦多昆斯大学的名誉教授，也是心理拓展训练学校明尼苏达校区的创立者。皮赫受父亲的影响，也积极地参与到“心理拓展训练”活动中，并考虑到将心理拓展训练活动应用到学校教育的实践中去。但是“心理拓展训练”的课程过于严格，而且还费时费钱，很难组织广大青少年参加。因此，他开始考虑是否可以将“心理拓展训练”的方法与现存的学校制度结合起来。他认为“心理拓展训练”这个词语给人到大自然中去的感觉很强，所以皮赫并没有直接使用该名称，而是从“给予人们无限扩展梦想的空间”的意义上选择了“心理拓展训练”这个名称。

皮赫对将心理拓展训练的方法应用到学校教育中进行了摸索，并且开发了由接受以往的学校系统培训的职员们来开展的课程。通过皮赫的努力，“心理拓展训练”理论得到了继承和发展，而“心理拓展训练”运动也为教育开辟了新的思路和新的领域。在一段时间里，哈恩博士关于心理拓展训练理论的独创性想法一直没有机会得到学校教育系统的重视，也无法进行实践。

在考虑心理拓展训练计划大纲时，皮赫决定要回到19世纪后半期马萨诸塞州林肯县林肯萨得伯里高中进行户外活动的初衷。也就是说，计划大纲是由户外课程的教师来实施和指导，而不是由公立学校里的教师来实施与指导。在当时的美国，有一些学校的教师开始对学生进行短期的探险教育，包括攀爬岩石、绳类活动等心理拓展训练活动的实践，活动大多是以野外活动俱乐部的形式进行的，有时也会作为日常教学课程的一部分来进行。但是，当时这些教育活动仅限于教师们个人的尝试和教育实验，还都没有被列入正规教学大纲中。

皮赫认为仅仅这样是不足够的。他认为必须将心理拓展训练活动的方法与日常的高中课程有机地结合起来，并开始寻找它们的结合点和结合的方法。此后，皮赫获得了美国联邦教育局长达3年的大规模辅助经费。通过这些辅助经费，他聘请了许多心理拓展训练活动家作为专家，开始研究并制订新的课程大纲。以后越来越多的教师开始对此有兴趣并参加到这项工作中来，共同研究如何开展心理拓展训练的实践活动。教师、专门职员和学校管理人员与课程大纲的实施有着密切的关系，由于这些人员的广泛介入和支持，使得新的大纲得以更顺利地实施。

第二节 心理拓展训练的理论基础

一、心理拓展训练理论与实践的关系

心理拓展训练中所进行的各种活动都是体验性的实践活动。所以，它可以与各种有不同理论背景的指导方法相结合。以往的指导方法主要有行动主义、精神分析、人道主义、宗教系统等，但是不管是多么专业的心理学，心理拓展训练大纲都能与之相适用。各种团体都可以根据各自的目的来制订课程大纲，也可以根据各自的环境和条件来组织课程大纲，而且还可以从各种专家的立场去应用该大纲。专门心理拓展训练计划能够得以迅速发展和广泛应用的根本原因就在于此。

心理拓展训练的活动是有很强的适应性的。它主张人们针对现实中的问题和事件可以有各种各样的看法。而这一开放性正是该活动的优点所在，也是该活动能够适应多种实用性问题和多种现实需要的主要原因。

心理学家拉扎鲁斯说："在当今心理应用领域中，固守某个理论或学派的专家将越来越少。"大家都逐渐认可了"只要能用，不管是什么方法或理论就拿来使用"的做法。拉扎鲁斯也将这种现代心理临床学者们称为"实用主义学者"。

而心理拓展训练的实践者们就是这种实用主义的观点：他们认为无论是什么理论和什么学派，实际上是否有效才应是最值得重视的，实践才是检验真理的标准。

但是，心理拓展训练的实用主义做法也避免不了基础理论贫乏的缺点。一部分专家对这个缺点也不以为然，他们认为：书本中的道理脱离了现实，无非是纸上谈兵，从而一味地轻视理论。但是，如果没有理论体系，那么就不能制定有效的教学大纲，很难指导诸如选拔小组成员、使成员共同拥有领导权、介入团组等项工作。面对这些问题时，必须具有行为学、心理学和制定教学文件方面的理论，否则有些问题是难以解决的。

现在，所有的心理训练大纲的指导者都在被告知：要做好指导工作就必须充分认识到理论研究的必要性，很好地掌握各自专业领域的知识和原理，但一定不能忘记理论是为了实践而存在的。要在实施教学大纲的实践中不断地发现问题和研究问题，要边实践边进行调查研究，要经常进行同事之间的沟通，经常交换意见，这些都是很重要的。

为了使大家更好地理解心理拓展训练，下面我们将对心理拓展训练的主要观点进行介绍。

二、心理拓展训练活动的理论观点

心理拓展训练非常重视"活动"，这是为了突出行为的要素；而信赖关系、挑战

或共同感受等则是体验感情的方法；目标设定或解决问题是认识的方法。

在一两个小时的心理拓展训练讲习会上，大多数的参加者会首先对 3 个方面进行总结。如果我们想要知道心理拓展训练为什么能够有效，如果我们已经知道参加者在想什么，如果我们想要知道应该为他们做些什么，我们就应对这些理论进行深入的理解。

（一）行为心理学的观点

我们设想一下：如果行为主义者加入到心理拓展训练指导他们会怎么做呢？他们大概会关注参加者的行为是否发生了明显的变化。从行为主义的观点来看，心理拓展训练的活动是将人们的行为引向积极或消极两个方面。的确，在心理拓展训练中会出现很多强化行为的要素，例如同伴之间的相互压力等。从社会性学习理论的立场上看，模拟、模仿和代理经验对掌握新的行为都是有效的。因此，心理拓展训练中也加入了模拟和模仿的因素，以最大限度地运用认识、感情和身体的三个要素，针对当前的问题引出新的对策。

（二）认知心理学的观点

认知心理学是研究外界对人的心理造成的影响。按照认知心理学的理论，人是为了对应现实中发生的事情而整理、统合自身存在的。同样，在心理拓展训练中事先规定好了规则和制订了计划以后，内容由设置的问题和解决问题的方法所组成。因此，认知心理学的观点很适合理解心理拓展训练那些解决问题性的项目。事实上，认知心理学可以说明心理拓展训练的效果。

（三）感情的观点

心理拓展训练理论的最后一个方面是感情因素。参加者对心理拓展训练肯定性评价与他们的感情或感觉有着很深的关系。良好的自我概念是基于自我能力所形成的，而自我能力是指“精神上健康的、以毫无不满的态度去接触社会的能力”。因此心理拓展训练比任何教育内容都更接近马斯洛的基本欲求满足理论。其因为基本欲求是指对安全、爱情、自尊感情的欲求。人们由于自身的价值而得到同伴的认可，并通过活动提高自己的自尊感情。所谓“信赖关系的构筑是自尊的基本条件”指的就是这个道理。

如上所述，心理拓展训练运用了各种各样的方法，所以它的基础理论也就比较多样和广泛。我们以上只是简单地说明了其中主要的观点，为的是使大家能更深刻地理解心理拓展训练的背景，同时也是把心理拓展训练的实践与理论基础联系起来。心理拓展训练方法还需要有更多和更深入的探究，因此大家应在关心心理拓展训练的有效和有趣方法的同时，也要关注心理拓展训练的理论基础和理论背景，以使心理拓展训练成为既通俗易懂，又有坚实理论基础的教育内容。这样它才能与现行的体育教学改革，与体育教学内容的改革，与体育教学方法的改革紧密地结合起来。

第三节 心理拓展训练项目

拓展训练活动具有风险性，学习本节内容时请在专业人士指导下尝试风险活动，严格按照安全要求在专业器械的保护下操作。有利于提高人群心理能力的拓展训练项目很多，本书选取了部分有代表性的心理拓展训练内容进行简单介绍和阐述。对于拓展教师而言，可以在保证学员的身心安全的前提下根据具体情况对项目内容进行变更和延伸。

一、沟通项目

（一）盲人方阵

项目类型：团队合作项目。

场 地：一块平整的场地。

器 材：30个眼罩，一根25米长的绳子。

人员要求：20人左右。

项目心理目标：培养非常状态下的沟通和决策能力。

项目布置：在学生蒙上眼睛后，让每位学生原地转3圈，再向前走5步。然后老师将一捆缠绕在一起的绳子交给队中的一位队员，要求团队在30分钟之内利用这捆绳子组成一个最大的正方形；队中所有成员相对均匀地分布在四条边上，在项目没完成之前不许解开眼罩。

注意事项：防止队员间的相互碰撞。

分析讨论：

1. 大家觉得这个项目中最困难的环节在哪里？

总结：在非常的（没有视觉）状态下，如何进行同伴之间的沟通是大家从来没有遇到过的事情。在一片混乱的情况下，各种各样的信息从四面八方汇集到决策者这里，那么如何选择一个切实可行的方案来完成任务，这是决策者需要考虑的首要问题。经常发现，一些性格很急的人会表现出明显的不安和焦躁，甚至会有过激的言行，领导者在这时就应该抽出更多的精力来控制局面并协调关系，要同“军师”整合各种意见，尽快做出决断，并迅速地投入动作。还要注意的一点是，领导者应明确自己的“主要角色职责”，不可官僚主义，包揽一切而不把工作分配下去，不可压制群众的意见和创造性。

2. 为什么有些人始终在沉默？

总结：这个时候，沉默可能不是坏事；太多的不成熟意见会扰乱决策，在没有明确主意之前，善于倾听他人的意见，服从统一指挥可能就是对团队的最大贡献。组织行为学中有一个很好的例子，是说衡量团队的效绩一般有几个重要的指标，但有时就有例外，比如，缺勤一般来说是体现工作效绩的指标，但对于飞行员和外科医生来说，他们的缺勤要比上班而不全身心地投入工作更值得庆幸。

3. 作为领导者，你更关注任务完成的过程呢，还是结果?

总结：关注结果的做法实际上就是“目标管理”，衡量团队绩效就是要看他实现目标的情况，抓住了一点，领导者就不会犯官僚主义的错误，就会更好地发挥成员们的能动性。

(二) 撕纸

项目类型：团队沟通项目。

场 地：室内外均可。

器 材：总人数两倍的 A4 纸。

人员要求：20 人左右。

项目心理目标：为了说明人们在平时的沟通过程中，经常使用单向的沟通方式，结果听者总是见仁见智，各人按照自己的理解来执行，结果也会出现很大的差异。但如果使用了双向沟通之后，又会怎样呢，虽然差异小了一些，但也依然存在，且增加了沟通过程的复杂性。所以，什么沟通方法是最好的?可能这要依据实际情况而定，也就是说沟通的最佳方式要根据不同的场合不同的环境而定。

项目布置：

1. 给每位学生发一张纸。

2. 教师发出单项指令：

——大家闭上眼睛

——全过程不许问问题

——把纸对折

——再对折

——再对折

——把右上角撕下来，转 180°，把左上角也撕下来

——睁开眼睛，把纸打开

——教师会发现各种答案

3. 这时教师可以请一位学生上来，重复上述的指令，唯一不同的是这次学生们可以问问题。

注意事项：提防并防止队员的相互碰撞。

分析讨论：完成第一步之后可以问大家：为什么会有这么多不同的结果?（也许大家的反映是由于不许问问题造成的单向沟通才导致误差）?在完成第二步之后教师又问大家：为什么允许问问题形成了双向沟通还会有误差呢?（希望说明的是，任何沟通的形式及方法都不是绝对的，它依赖于沟通者双方的彼此了解，还有沟通环境的限制等，沟通是意义转换的过程。）

（三）信息传递

项目类型：聆听训练，沟通技巧项目。

场 地：教室及可利用的教室外的场地（比如走廊）。

器 材：一则摘自报纸杂志的简短文章。

人员要求：10 人一组最为合适。

项目心理目标：演示说明信息在通过各种“渠道”加以传递时往往会失真。

项目布置：1. 先从报纸杂志中摘一则 2～3 段长的文章，但不要热门的新闻。

2. 将学生分成 10 人一组，并将各组成员从 1 号到 10 号分好次序。请 1 号留在教室内，其他人先出去。然后，把故事念给各组的 1 号听。但不允许他们提问或做记录。然后，2 号可以从教室外进来，每组的 1 号负责将故事复述给 2 号听。接着 3 号进来。2 号将故事再复述给 3 号听，直至每组的 10 号都听到了故事。

3. 请每组的 10 号队员复述一下听到的故事。

分析讨论：

1. 每个传递者是否遗忘了一些内容，是哪些？

2. 故事在传递过程中，出现了哪些错误或篡改？

3. 我们如何才能注意加强记忆和理解？在现实生活中我们可以采取哪些方法？例如，把信息直接给要传达的人。

（四）盲人看世界

项目类型：团队信任度的建立。

场 地：教室或校园中。

器 材：手帕几条。

人员要求：8～12 人。

项目时间：40～50 分钟。

项目心理目标：刺激成员在人际关系中的相互信任、被领导的感觉、敏感度，促进成员的互动和了解。

项目布置：

1. 辅导教师说明此次活动是让大家体验领导者与被领导者，活动中要有 5 个学生先蒙住眼睛，其他成员则任选其一作同伴，站在他旁边去领导他，但不可说话，不可让他知道是谁，试着用其他方式带领同伴。

2. 辅导教师对未蒙眼睛的成员说明带领时的要点（不可让蒙眼睛者听到）。你现在是领导者，看你如何用自己的方式，带领同伴去经历他周围的世界。你如何借自己的领导来扩充他的世界。注意自己的态度：是保护呢，还是不能太照顾？对你来说，带领一个人是否为很重的负担？需很大的努力吗？

3. 开始选择同伴。

4. 辅导教师说明：现在开始去扩充你的世界（不可说话），10 分钟后回来。

5. 10 分钟后，大家回来，拿下眼罩，看自己的同伴是谁？此刻成员的紧张、焦虑会提高。领导者会想，被领导者会不会对自己的领导失望，两人会有可能回到真实世界中的焦虑，因为真实世界中并未鼓励人与人之间这种接近和信任，所以团体在此时的气氛可能会有改变。特殊的感觉会带来笑声、叫声或惊讶。

6. 两人先自己分享彼此的感觉 5～10 分钟。

7. 两人再回大团体和团体分享 15～20 分钟。

8. 角色互换（可以换新同伴，或仍是旧同伴）继续以上的活动，仍先由两人分享，再到大团体分享。

注意事项：注意队员的安全。

分析讨论：过程中你是否对你的领导者产生过怀疑，你是怎样打消这种疑虑的；领导者是怎样快速建立起同伴对自己的信任的。

（五）生日线

项目类型：团队沟通项目。

场 地：室内外均可。

器 材：无。

人员要求：20 人左右的小组员为合适。

项目时间：15～20 分钟。

项目心理目标：让教师尽快了解本次学生在非语言团队的沟通能力以及他们之间的相互情况，目的是帮助学生理解沟通，帮助学生理解沟通的方法很多，言语仅仅只是其中的一种方法；另外一个目的也是通过该游戏增进学生之间的相互了解以及教师对学生期望的了解。

项目布置：

1. 让学生在空地上围成一圈听教师讲述游戏规则。

2. 教师给出规则：每位学生都要按照自己真实生日的月份和日期顺序排成一个 u 型。1 月 1 日出生的在 A 点，12 月 31 日出生的在 B 点（如下图）。

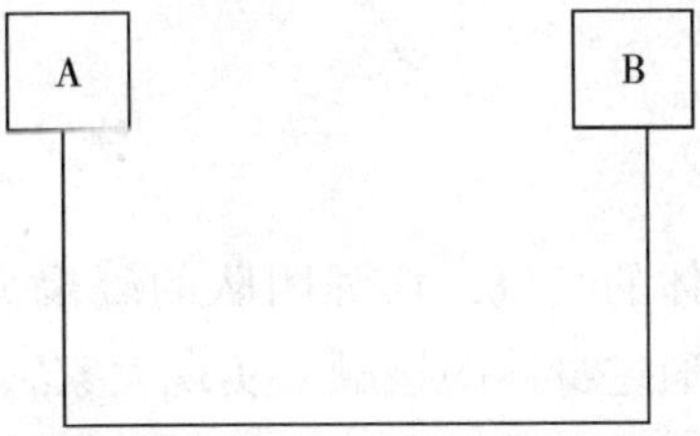

3. 全过程所有学生都不能说话。宣布任务完成后教师会进行检查，如果有人站错位置，受罚的将是后面一位学生。当每位学生都清楚游戏规则后活动开始，大约在一分至一分半左右就基本排好。这时教师从 A 点开始让每位学生报出自己生日（月、日）以及对本次培训的期望；让受罚的学生做一个小表演作为惩罚，以完成该游戏。

分析讨论：

1. 你认为在本游戏中反映出了什么问题？

2. 你觉得有什么改进的方法？

3. 如果上课之前没有做过互相介绍的活动或个人期望的活动可以介绍一下自己及同伴。

（六）盲人摸号

项目类型：团队问题的解决。

场 地：室内外均可。

器 材：眼罩及贴纸。

人员要求：4~26 人一组比较合适。

项目时间：15 分钟。

项目心理目标：让学生体会沟通的方法有很多。当环境及条件受到限制时，你是怎样去改变自己，用什么沟通方法来解决问题。

项目布置：

1. 让每位学生戴上眼罩。

2. 给了他们每人一个号，但这个号只有本人知道。

3. 让小组根据每人的号数，按从小到大的顺序排列出一条直线。

4. 全过程任何人不能说话，只要有人说话或脱下眼罩，游戏则结束。

分析讨论：

1. 你是用什么方法来通知小组你的位置及号数的？

2. 你在沟通中都遇到了什么问题，你是怎么解决这些问题的？

3. 你觉得还有什么更好的方法吗？

二、破冰项目

（一）卧式传递

项目类型：户外团队项目。

场 地：一块平整的场地。

器 材：3 块长形垫子。

人员要求：10 人以上。

项目心理目标：活跃集体的气氛，增强团队的凝聚力，增强大家相互信任、理解和相互合作的团队精神，通过身体的接触来实现大家感情上的沟通。

项目布置：把小组分成两排，背对背站好，然后平躺在垫子上，双手向上举起，两手之间要有一定的距离，所有队员要肩挨肩，并且肩膀要在一条直线上。一个队员身体绷直，由老师保护平躺在队员的手上，躺在垫子上的队员要用自己的双手把上面的队员从队伍的一侧托举到队伍的另一侧放下，然后再从下一个队员开始，直到所有的队员都被托举一遍为止。

注意事项：大家必须集中精力和紧张身体，被传递的人到末端时一定要有人接应，传递过程中要有一人跟随保护。

分析讨论：通过大家的合作完成一件令人高兴的事情，体会那种兴奋的心情；通过身体的接触来进行与同伴感情上的沟通；让学生认识到：自己在帮助别人的时候有可能也正需要别人的帮助。

（二）大树与松鼠

项目类型：团队破冰。

场 地：一块平整的场地。

器 材：无。

人员要求：10 人以上。

项目心理目标：活跃团队气氛。

项目时间：5 ~ 10 分钟。

项目布置：

1. 事先分好几个组。3 人一组，其中 2 人扮“大树”，面向对方伸出双手搭成一个圆圈形成“树洞”；一人扮松鼠，并站在“树洞”中间；教师或其他没成对的学生担任自由角色。

2. 当教师喊“松鼠”时，“大树”不动，扮演“松鼠”的人就必须离开原来的“大树”，重新选择其他的“大树”，教师或临时人员成为“自由松鼠”也趁机寻找树洞，最后没有“树洞”的“松鼠”应表演节目。

3. 当教师喊“大树”时，“松鼠”不动，扮演“大树”的人就必须离开原先的同伴重新组合成一对大树，并圈住某个“松鼠”。教师或临时人员临时扮演“自由大树”，最后没有形成“大树”的人应表演节目。

4. 当教师喊“地震”时，扮演“大树”和“松鼠”的人全部打散并重新组合，扮演“大树”的人也可扮演“松鼠”，“松鼠”也可扮演“大树”，教师和其他临时人员也加入游戏中，最后落单的人表演节目。

注意事项：要提醒学生在跑动中注意安全，避免受伤。

分析讨论：无。

（三）大胆叫出来

项目类型：团队破冰，训练幽默乐观精神的游戏。

场 地：室内外均可。

器 材：无。

人员要求：不限。

项目心理目标：情绪有正性与负性之分。有些正性情绪，如兴奋、感兴趣、幽默等可以激发人的创造力；而许多负性的情绪，如痛苦、焦虑、恐惧等则会阻碍人的创造力发挥。每个人都可能因成功或失败而导致情绪波动的经历。下面这个游戏可以让学生体验到情绪在问题解决过程中的强大作用，更可以训练学生幽默和乐观的情绪。

项目布置：这个游戏要求学生集体进行，而且要求学生要偏离自己习惯的社会

行为 。游戏的内容是让学生学动物园里动物的叫声，下面所列决定学生要学的动物是什么：

你姓氏汉语拼音的第一个字母	动物名称
A ~ F	狮 子
G ~ L	海 豹
M ~ R	猩 猩
S ~ Z	热带鸟

每个学生选择一个伙伴（最好是选择这些同学中不太熟悉的人作为伙伴）。然后彼此盯着看，目光不能转移，同时用嘴大声学动物叫，至少 10 秒钟。

注意事项：无。

分析讨论：

1. 在这个简单的游戏中，你的感觉如何？你是否感到既幽默又有趣，但又有些尴尬？这个游戏尽管开始时会感到不舒服，很可能结束时已是笑声满堂。也许不管你模仿的动物是什么，最后你的表现都是“傻驴”一头。

2. 你是否注意到好玩和幽默的情绪会有助于你在这个游戏中创造性的发挥？可能会使你灵机一动，模仿出种种出人意料的叫声而获得满堂喝彩，或者逗得大家捧腹大笑，而在游戏中，感到尴尬的心理却会使你羞于开口。假如你有幽默感，学动物叫就更容易开口。

3. 乐观的情绪是创造力的催化剂 。因此在最困难的时候不要忘记幽默可以使你保持乐观和向上。

（四）好邻居

项目类型：团队破冰。

场 地：室内外均可。

器 材：无。

人员要求：10 人以上。

项目心理目标：活跃团队气氛。

项目布置：

1. 所有人围成一个圆圈，一人站在圆心。

2. 教师宣布规则：由站在圆心的人随机问圆圈里的人。比如问 A 说：“你喜欢我吗？”如果 A 回答喜欢，则 A 周围相邻的两个人就要互换位置，在互换位置的时候，站在圆心的人就要迅速地插到 A 周围相邻的两个位置之间，这样 A 周围相邻的两个人中就有一个人没有了位置，那么就由他来表演一个节目或作自我介绍，然后就由他站在圆心，接着开始下一轮游戏。

3. 如果 A 回答说不喜欢，则站在圆心的人将会继续问 A：“那你喜欢什么？”如果 A 回答“我喜欢戴眼镜的人”，则场上所有戴眼镜的人都必须离开自己的位置寻找空位，而站在圆心的人也迅速地找一个位置站上，最后没有找到位置的人就要表演一个节目或作自我介绍，然后就由他站在圆心，开始下一轮游戏。

4. A 回答不喜欢之后，还可以回答如“我喜欢男人”，那么全场的男人必须全部换位。如果 A 是男的，他自己也要换位。为了增加难度和趣味性，还可以回答如“我喜欢穿白袜子的人”等容易被人马上发现的细节。

分析讨论：为活跃团队气氛可不进行讨论。

（五）猜猜我是谁

项目类型：团队破冰。

场 地：室内外均可。

器 材：不透明的布幕 1 条。

人员要求：10 人以上。

项目心理目标：使初步认识的队员再次彼此认识团队中的每个人，快速相互熟悉起来。

项目布置：

1. 参加的学生分成两边。

2. 依序说出每人的姓名和希望别人对自己的绰号。

3. 教师与助理用布幕隔开两边成员，分组蹲下。

4. 第一阶段：两边成员各派一位代表至幕布前，隔着幕布面相对蹲下，教师喊“一、二、三”，然后放下幕布。两个学生以先说出对面成员姓名或绰号的为胜。胜者可将对面成员俘虏至本组。

5. 第二阶段：两边成员各派一位代表至幕布前背对背蹲下，教师喊“一、二、三”，然后放下幕布，两位成员靠组内成员提示（不能说出姓名、绰号），以先说出对面成员之姓名或绰号者为胜，胜者可将对面成员俘虏至本组。

6. 活动进行至其中一组的人数已少于两人时即可停止。

项目变化：

1. 可增加幕布前的代表人数。

2. 可让组员背部贴紧幕布，另一分组凭其轮廓猜出其姓名或绰号。

3. 可在排球场进行，以海滩球互相投掷时，需要叫出对方队友姓名或绰号。全部叫完前不可重复。

注意事项：

1. 选择的幕布必须不透明，以免预先看出伙伴而失去公平性及趣味性。

2. 成员蹲在幕布前，避免踩在幕布上，以免操作幕布时跌倒。

3. 训练员应制止站立或至侧边偷窥的情况发生。

4. 组员不可离训练员太近，以免操作幕布时产生撞击。

5. 组员叫出名字时间差距短，训练员须注意公平性。

6. 本活动不适用于不熟悉的团队。

分析讨论：

1. 各位如果继续玩下去谁会赢？那谁会输了？

2. 我们所设计的这个游戏是 no loser/no winner。

3. 这是什么意思，也就是双赢的概念。

（六）交换名字

项目类型：团队破冰。

场 地：室内外均可。

器 材：无。

人员要求：10 人左右。

项目心理目标：培养提高注意力的能力 .

项目布置：

1. 学生围成一个圆圈坐着。

2. 围个圆圈的时候，自己随即更换成右邻者的名字。

3. 以猜拳的方式来决定顺序，然后按顺序来提出问题。

4. 当主持人问及“张三先生，你今天早上几点起床?”时真正的张三不可以回答，而必须由更换成张三的名字的人来回答：“今天早上我 7 点钟起床!”

5. 当自己该回答时却不回答，就要被淘汰。

6. 最后剩下的一个人就是胜利者。

注意事项：无。

分析讨论：无。

三、团队协作项目

（一）坐地挺身

项目类型：团队项目。

场 地：一块平整的场地。

器 材：无。

人员要求：4 人以上。

项目心理目标：这是一个让大家明白合作重要性的游戏。

项目布置：

1. 首先要求学生 4 个人一组，围成一圈，背对背地坐在地上。

2. 一般来说，一个坐在地上的人，是很难手不着物站起来的。

3. 4 人手“桥”手，然后要他们一同站起来。很容易吧？那么再试试人多一点，如 6 ~ 7 个人，应该还不是太难。最后再试试十四五人一同站起来，那难度就会较高。

说 明：笔者亲自试过十多人一起起身，虽然试了许多次才成功，但证明是可以成功的。

注意事项：无。

分析讨论：成功往往就是再坚持一下。

（二）快速传球

项目类型：团队项目。

场 地：一块平整的场地。

器 材：一个皮球。

人员要求：20 人。

项目心理目标：体会双赢团队合作的重要性。

时 间：20 分钟。

项目布置：

1. 把队员分成 4 ~ 5 个小组，所有的队员围成一个大圆圈，一个组的队员必须在一起，不能错开。

2. 然后将一个小球交给第一队的第一名队员，要求小球必须传过每一个人，不能落地，并规定在 30 秒的时间内必须传完 5 圈。

3. 当规定时间到时，若还没有完成 5 圈，小球在哪组队员手中，该组全体就要“受罚”（原地深蹲或俯卧撑等）。

4. “受罚”后，开始进行第二轮游戏。

注意事项：

1. 开始后的第一轮，学生们会发现要在这么短的时间内传 5 圈是很困难的，因此在第二轮中，有的队可能故意放慢节奏“陷害”其他队，这时候教师要进行引导，通过几轮游戏反复后，使学生们发现：“陷害”其他队的做法并不可取，因为那是随机的，而唯一能做的就是共同努力想办法去创造纪录，比如大家把手伸出形成平面，让球在上面滚过去等。

2. 有些队员可能因“受罚”而产生情绪，认为不公平，所以每轮从不同的起点开始，并在开始前打好“预防针”。

分析讨论：人心齐，泰山移。

（三）连环手

项目类型：团队项目。

场 地：一块平整的场地。

器 材：无。

人员要求：10 人一组为最佳。

项目时间：20 分钟。

项目心理目标：让学生体会在解决团队问题方面都有什么步骤，聆听在沟通中的重要性，以及团队合作、永不放弃的精神。

项目布置：

1. 教师让每组队员站成一个面向圆心的圆圈。

2. 教师说：先举起你的右手，握住对面那个人的手；再举起你的左手，握住另外一个人的手。现在你们面对一个错综复杂的问题，在不松开手的情况下，想办法把这张乱网解开，最后形成一个大家手拉手围成的一个大圆圈。

3. 教师告诉大家：乱网一定可以解开，但答案会有两种，一种是一个大圈，另外一种是两个套着的环。

4. 如果在尝试过程中实在解不开，教师可允许学生决定相邻两只手断开一次，但再次进行时必须马上封闭。

注意事项：不能抓自己身边队员的手，自己的两只手不能同时抓住另外一个人的两只手，没有老师的批准，任何情况下，队员的手都不能松开。教师要多鼓励学生坚持到底，尽量都不松手。

分析讨论：

1. 开始时的感觉怎么样？是否思路很混乱？

2. 当解开一点以后，你的想法是否发生了变化？

3. 在这个过程中，你是否体会到“胜利往往就是再坚持一下”？

（四）强调积极

项目类型：团队破冰，沟通技巧。

场 地：室内外均可。

器 材：无。

人员要求：2 个人一组。

项目时间：10 分钟。

项目要求：通过互相交流意见来打破对自我肯定的障碍，树立自我形象。

项目布置：

1. 以 2 人一组将学生分成若干组。

2. 每位组员需向对方提供以下一道、两道或三道问题，并记录答案。在外形上，你喜欢自己的两个方面；在个人品质上，你喜欢自己的两个方面；在才华和技能上，你喜欢自己的一个方面。

3. 注意每一个评价都必须是正面的、积极的，不允许有负面的、消极的评价。

注意事项：无。

引导讨论：

1. 你们中有多少人在听到游戏规则后是笑着对你的对方说：“你先请”？

2. 你是否发现这个游戏开始时是非常困难的？

3. 现在你的感觉如何？

（五）全体离地

项目类型：团队建设。

场 地：一块平整的场地。

器 材：9 条竹子，9 条小白绳。

人员要求：12 人。

项目时间：30 分钟。

项目心理目标：

1. 体会团队配合中人员分工的重要性。

2. 发挥个体优势，取长补短。

项目布置：

1. 教师发给每组 9 条竹子和 9 条小白绳。

2. 该小组必须在 20 分钟内建起一个架构，该架构可以使全体的组员同时离地。

项目时间：3 分钟。

注意事项：队员离地时要保护学生的安全。

分析讨论：

1. 小组是怎样开始行动的，有没有运用头脑风暴法来收集很好的建议？

2. 是否每位组员都参与了整个活动过程，并对所要执行的任务很清楚？

3. 在配合中出现了什么现象，你认为应该怎样改进？

（六）泰坦尼克号

项目类型：户外团队训练项目。

场 地：一块平整的场地。

器 材：木砖 24 块（每组 6 块），4 条长凳子，2 条长绳（长 25 米）。

人员要求：10～20 人。

项目时间：30 分钟。

项目心理目标：让学生体验在紧急情况下，应如何计划行动，如何与人合作以及如何有效地利用有限的资源。

项目布置：

1. 设定"泰坦尼克号"的场景："泰坦尼克号"即将沉没，船上的乘客（学生），须在"泰坦尼克号"的主题曲的音乐结束之前利用仅有的求生工具——6 块浮板（木砖），逃离到一个小岛上。

2. 布置游戏场景：将 25 米的长绳在空地上摆成一个岛屿形状，在另一边，摆 4 个长凳，用另一根绳子作为起点。

3. 学生进行 10 分钟的讨论和试验。

4. 出发时，每一个人必须从长凳的背上跨过（就如同从船上的船舷栏杆上跨过一样），踏上浮砖。在逃离过程中，学生身体的任何部分都不能与"海面"（地面）接触。

5. 自离开"泰坦尼克号"后的整个逃离过程中，每块浮砖都要被踩住，否则大海（教师）就会将此"浮板""冲走"（踢掉木砖）。

6. 全部人员达到小岛之后，并且所有木砖将被拿到"小岛"上，活动才算完成。

注意事项：提醒学生跨越长凳时要注意安全。

分析讨论：

1. 小组是否确定出了领导者？是根据什么来确定的？

2. 撤离方案的形成是领导决定的，还是小组讨论的结果？

3. 你们的方案是否很好地贯彻了，中间发生了什么问题？为什么？

4. 事后回顾起来，当初的方案是否很可行？还有更好的方案吗？如果还有更好的方案，为什么当时没有想到或没有提出来？

5. 你们小组是如何决定组员撤离先后次序的？你们都考虑到了什么因素？

四、基地拓展训练项目

（一）空中单杠

项目类型：个人心理挑战项。

场 地：基地综合训练架。

器 材：10.5 毫米主绳 2 条、带锁铁锁 8 枚、40 厘米绳套 4 条、下降器 2 枚、安全带 5 条、安全帽 2 顶、手套 4 双。

人员要求：10 人以上。

项目心理目标：

1. 克服心理障碍，建立自信心，增强自我控制力。

2. 建立自信心，增强判断力。

3. 通过相互鼓励、相互保护的活动，亲身体验相互信任、相互负责的团队精神。

4. 学习换位思考。

项目布置：

1. 召集学员到场地，宣布项目名称和活动方式，要求每人都要做。

2. 讲解器材的使用（安全带和安全帽）。

3. 说明活动要求学员轮流攀到跳台，屈膝，准备好以后，奋力跃出双手抓向单杠。

4. 向参与保护的学员讲解安全要求及规范的动作，要求学员与保护者之间用口令呼应。

5. 调整单杠远近。

注意事项：

1. 设备使用安全细则：保护绳及上保护点绳套是否完好无损。检查安全带、安全帽有无损坏。

2. 学员操作细则：每根主绳的保护者应为 3 人。训练开始后，学员不得在训练架下的场地停留或走动；未经口令呼应不得上杠或下杠操作。

3. 教练保护：

a. 教练应时刻注意正参与保护学员的不规范举动。

b. 注意检查安全带的种类及相应的使用方法是否正确。

c. 学员做完后，应匀速将其放下，以免由于剧烈摆动误撞训练架。

d. 防止学员在没有安全保护的情况下，攀上训练架。

分析讨论：

1. 做完该项目后，自己最直接的感受。

2. 做好该项目应把握的心理要点是什么。

3. 通过对比看和做的心理差别、体会换位思维、相互理解的重要意义。

4. 不敢做是能力问题还是心理问题。

5. 注意表扬第一尝试者。

6. 不是不能做，是不敢做，不是能力问题：

心理保护层厚的人不能发挥现有能力更不能激发潜能。

不断突破心理保护层是成功的关键。

果断的行动是迈向成功的第一步。

7. 自信是现代人的必备素质，也是人发展的动力。

（二）攀岩

项目类型：个人挑战项目。

场 地：基地人工攀岩岩壁。

器 材：10.5 毫米以上登山主绳一条，上保护点绳套 1 条（40 厘米），下保护点绳套 1 条（20 厘米），带锁铁锁 4 枚，下降器 1 枚，手套 1 副（保护者右手佩戴），镁粉带 1 个及镁粉，安全帽至少 2 顶，安全带大、中、小各 3 条，攀岩鞋。

人员要求：无。

项目心理目标：

1. 锻炼坚持到底的决心和毅力。

2. 向自我能力挑战，超过自我，认识潜能开发的重要，锻炼体能。

项目布置：

1. 说明此活动为个人项目，是所有项目中多数人均会感到体能极限的项目。

2. 介绍此项目概况：是从登山运动中分离出的锻炼身体的运动，分自然岩壁、人工岩壁（器械、徒手）两类。

3. 要点：四肢舒展，身体贴身岩壁，手臂尽量张开，每步不能太大，多用腿的力量少用臂力，三点固定原则（至少三点固定，只一点才可移动）。不可从两臂之间观察下方岩壁，手臂高举易疲劳，可轮换下垂抖动，使血液流通恢复体力。

4. 宣布评分标准（见标志），轻易放弃减 20 分，中间可有一次借助保护绳休息。

5. 讲解安全带用法。

6. 分工：安全检查 1 人，保护 2 人，记录 1 人。

7. 开始攀岩，全组人鼓励。

注意事项：

1. 调动大家参与，避免闲人等。

2. 每个人攀岩前要安全员及教练检查安全带，保护者要及时收绳。

3. 每五人操作后应检查主绳外皮是否有损坏。

4. 放下时掌握好速度，不可过快。

分析讨论：

1. 攀岩所需条件，挑战极限的感觉，挑战自我，争取更好。

2. 互相鼓励的感受及确立目标的重要性。

（三）天梯

项目类型：双人合作项目。

场 地：基地综合训练架。

器 材：10.5 毫米以上登山主绳 2 条，上保护点绳套 4 条（40 厘米），带锁铁锁 6 枚，自动锁 2 枚，下降器 2 枚，线手套 4 副，安全帽 4 顶，安全带大、中、小号各 2 条。

人员要求：10 人以上。

项目心理目标：

1. 体会相互合作的重要性。

2. 通过全队队员相互帮助，鼓励、增强团队精神。

3. 体验经过艰苦努力登上高峰时的成就感。

项目布置：

1. 宣布活动名称确定搭档。

2. 指定队长给队员分工：4 人分两组负责保护并示范保护方法，确定检查员 1 人，记录员 1 人。

3. 宣布评分标准：2 人共同攀上每一根圆木计 20 分。

4. 讲解规则：不可利用保护绳和钢缆。

注意事项：

1. 检查所有器材完好无损，2 个上保护点相距 1.5 米，各用两条绳套 2 枚铁锁，安装方法同攀岩。

2. 每对学员攀登前须经检查员和教练检查，保护者要及时收绳。

3. 每 3 对做完要检查保护绳，攀伴者要着长衣裤，放下时不可过快。

4. 调动大家参与。

5. 下保护点由学员保护，每根主绳 3 名保护队员，下降器用法及操作者一端绳结与攀岩同，可根据学员情况和时间情况设置辅助绳。

分析讨论：

1. 预想与实际有无差距，确立目标与成功之间密不可分。

2. 合作的重要性（与同伴和保护者）。

3. 挑战自我体验成功的感受。

4. 复杂或困难的目标可通过分解目标的方法减轻心理压力。

（四）空中断桥

项目类型：个人心理挑战项目。

场 地：基地综合训练架。

器 材：10.5 毫米主绳 3 条（2 条用于桥上保护，1 条用于攀爬保护），带锁铁锁 3 枚，钢锁 5 枚（也可用带锁铁锁替代），上升器 1 枚，安全带 4 ~5 条，安全帽 2 顶（雨天大毛巾 1 条）。

人员要求：无。

项目心理目标：

1. 克服心理障碍，增强自我控制能力。
2. 建立自信心，增强判断力。
3. 学习换位思考。

项目布置：

1. 召学员至场地宣布项目名称和进行方式，要求学员果断跃出。
2. 讲解器材的使用：安全带、安全帽、上升器。
3. 要求全体完成，跃山前要将起跳脚探出脚尖，再将保护绳向前打，然后跃出。
4. 学员到桥上先站稳，然后由教练为其扣上保护绳铁锁，再摘去上升器铁锁。
5. 开始，全体鼓励。

注意事项：

1. 由于教练在桥上，故必须安排一名学员检查安全带穿戴情况。
2. 必须使用安全帽和上升器。
3. 不可先摘掉上升器和保护绳。
4. 如学员极度恐惧不敢跃山，教练可先跃到对面增强学员信心，甚至以手拉扶学员，但学员返回时一定要求学员自己完成。

分析讨论：

1. 对比看别人做与自己站在桥上的感受。
2. 突破心理障碍瞬间的感受和过程。
3. 突破心理障碍与发挥自身能力，潜能与抓住机遇、获得成功之间的关系，相互理解和鼓励的重要性。

第九章 体能训练的控制

本章导读 本章学习的主要内容有：有关运动处方的概念、制定程序与实施原则，运动处方的实施，运动损伤的概念、分类、发生规律及原因，运动损伤的预防原则及基本方法，运动损伤的急救，几种心理现象及克服方法等。通过本章的学习让读者对体能训练的控制有一定的了解，明确运动处方的意义和实施方法等，知道运动损伤发生的原因及如何预防并通过何种方法进行预防，进而能在日常的体能训练中尽量地避免运动损伤。

第一节 运动处方

一、运动处方的概述

运动处方是指针对个人的身体状况而制定的一种科学的、定量化的周期性的训练计划。即根据对训练者所测试的试验数据，按照其健康状况、体力情况及运动目的，用处方的形式制定适当类型、强度、时间及频度，使训练者进行有计划的周期性运动的指导性方案。这如同临床医生根据病人的病情开出不同的药物和不同的用量的处方一样，故称为运动处方。运动处方的概念最早是美国生理学家卡波维奇（Karpovich）在20世纪50年代提出的。1960年，日本猪饲道夫教授首先使用了“运动处方（Prescribed exercise）”这一术语。1969年，世界卫生组织（WHO）使用了“运动处方”术语，从而在国际上得到了认可。

（一）运动处方的分类

运动处方按应用的对象和目的的不同可分为三类：

1. 健身运动处方

健康人进行运动处方训练，提高体适能，促进健康，预防运动缺乏病（高血压、冠心病、肥胖等）为目的。主要包括：有氧适能运动处方，肌适能运动处方和控制体重运动处方。

2. 竞技运动处方

专业运动员进行运动处方训练，以提高专业运动成绩为目的。

3. 康复运动处方

对患者应用运动处方以治疗和康复为目的。

（二）运动处方的作用

运动处方与普通体育训练和一般的治疗方法不同，运动处方有很强的针对性、有明确的目的、有选择、有控制的运动疗法。合理设计的运动处方对身体各个系统均能产生积极影响，促进心肺功能的提高，降低冠状动脉疾病危险因子、降低致病率和死亡率以及其他相关效益（降低焦虑和忧郁，增加幸福感，提高工作、娱乐和运动能力），从而达到强身健体、促进心理健康的目的。

（三）运动处方的要素

运动处方的要素包括运动形式、运动强度、运动频率、持续时间和注意事项。

1. 运动形式

运动处方的运动形式包括三类（表9－1）：

第一类：有氧耐力运动项目，如步行、慢跑、速度游戏、骑自行车、滑冰、越野滑雪、划船、跳绳、上楼梯及功率车、跑台运动等。

第二类：伸展体操及健身操，如广播体操、气功、武术、舞蹈及各类医疗体操和矫正体操等。

第三类：力量性训练，如自由负重练习、部分健美操等。

表9－1　有氧、无氧及混合运动项目示例

有氧运动	无氧运动	混合运动
步行	短距离全速跑	足球
慢跑	举重	橄榄球
自行车	拔河	手球
网球	跳跃项目	篮球
排球	投掷	冰球
远足	肌肉训练	间歇训练

2. 运动强度

运动强度是指单位时间内的运动量（运动强度＝运动量/运动时间）。运动强度是设计运动处方中最关键的部分，它是运动处方四要素中最主要的一个因素，也是运动处方定量化与科学性的核心问题。因此，需要有适当的监控来确定运动强度是否适宜，可根据训练时的心率、酶脱、主观感觉程度、最大摄氧量储备百分比进行定量化。

3. 运动频率

运动频率是指每周训练的次数。有研究表明，当每周训练多于3次时，最大摄氧量的增加逐渐趋于平坦；当训练次数增加到5次以上时，最大摄氧量的提高就很小；而每周训练少于2次时，通常不引起改变。由此可见，每周训练3～4次是最适宜的频率。但由于运动效应的积蓄作用，间隔不宜超过3天。作为一般健身保健或处于退休和疗养的条件者，坚持每天训练一次当然更好，但前提条件是次日不残留疲劳，每日运动才是可取的。关键是运动习惯性或运动生活化，即各人可选择适合自己情况的训练次数，但每周最低不能少于2次。

4. 持续时间

运动持续时间和运动的强度关系密切。因为当运动强度达到阈强度后，一次运动的效果是由总运动量来决定的，而总运动负荷 = 运动强度 × 运动时间，即由两者的配合来共同决定。在总运动量确定时，运动强度与运动时间成反比。运动强度较大，则运动时间较短，运动强度较小，则运动时间较长。

在运动处方中，运动的形式、强度和时间可以有多种变化，在某些场合采用低强度较长时间的运动较为有效，如肥胖者的减肥；反之，在另外一些场合采用短时间高强度的运动较为有效，如训练肌肉力量。

（四）运动处方的制定程序与原则

1. 运动处方的制定程序

（1）进行一般调查和填写PRA-Q筛选问卷：一般调查包括询问病史及健康状况，询问内容包括既往病史、家族病史、身高、体重等。目前的健康状况包括最近是否测过血压或血脂，结果如何，最近有否患病，如果有，详细询问诊断及治疗情况。如实填写PRA-Q问卷。通过调查和问卷初步筛选出怀疑有心血管疾病患者，可嘱咐其到医院进行运动试验复查。

（2）用12分钟跑等方法推测有氧适能水平。

（3）根据个人具体情况制订运动处方。

（4）对运动处方进行修改或微调，按处方活动一段时间后，根据参加者的生理反应和适应状况，再对处方做进一步的修改或调整。

（5）实施运动处方。

2. 运动处方的原则

（1）因人而异的原则。要根据每一个参加训练者或病人的具体情况，制订符合个人身体客观条件及要求的运动处方。

（2）有效的原则。运动处方的制定和实施应使参加训练者或病人的功能状态有所改善。

（3）安全的原则。按运动处方，应保证安全的范围内进行，若超出安全的界限，则可能发生危险。在制定和实施处方时，应严格遵循各项规定和要求，以确保安全。

（4）全面的原则。运动处方应遵循全面发展身心健康的原则，在运动处方的制定和实施中，应注意维持人体生理和心理的平衡，以达到“全面发展身心健康”的目的。

二、运动处方的实施

按照运动处方规定的运动内容，如强度、时间和频率等进行体育训练是运动处方的实施。这种体育训练不同于学生的体育课，它更强调以个人的身体机能状况为依据，实行有针对的和周期性的身体训练。这种健身运动处方也不同于运动员竞技运动处方，它是以促进身体健康为目标，更注重身心健康，而不是强调运动竞技水平的提高。

（一）实施的阶段性

任何一次有目的的训练，都应该由三个阶段组成，即准备阶段、训练阶段和整理阶段。

1. 准备阶段

通过做准备活动使身体机能由相对安静的状态过渡到适宜强度的状态。该阶段的任务是：通过准备活动提高神经中枢和肌肉的兴奋性；动员和加强心脏活动和呼吸机能，增强肌肉的血液量和供氧量；使体温适当升高，提高酶系统的活性，加快生化反应过程；使肌肉粘滞性下降，弹性增强，防止受伤，加强体内物质代谢过程，为机体进行正式训练做好准备。

准备阶段的时间一般在 10 分钟以上，根据年龄、季节和运动水平等情况可适当增减。儿童少年神经系统灵活性高，准备活动时间可少些；寒冷季节准备活动时间可少些；运动水平低的体弱者，准备活动的运动强度和运动量不宜过大，时间也可短一些；高水平的耐力性项目运动员准备活动时间可长些，有的要达到 30 ~ 50 分钟。

准备活动的量与强度应低于正式活动，活动的形式通常为先做一些伸展性的柔软体操，依次活动身体各部位关节，再做一些轻松的节律性运动，逐渐增大运动幅度和速度，使心血管及呼吸系统的机能逐渐动员，直至接近正式活动的强度。适宜的时间不宜长，约 3 分钟为好。

2. 训练阶段

训练阶段是指通过实施运动处方的运动项目，使身体维持在相对较高机能状态下持续运动训练的过程。健身运动处方中的主要任务是：达到和保持适宜的负荷强度，使机体在稳定状态下持续运动所需要的时间，促使心血管、呼吸系统和有氧代谢系统等高效率工作，从而训练其机能适应能力，提高机能潜力。

适宜的负荷强度，即运动处方中设定的负荷取得要在实际运用中通过一定时间的自我反复调试和校正，才能达到较准确的程度。持续运动所需要的时间，即运动处方中设定的时间，一般至少应在 10 分钟以上。若是采用有间歇训练的运动类型，如球类运动等，整个持续运动的时间可长些。

3. 整理阶段

整理阶段是指通过做整理活动，使身体机能由激烈的运动状态到相对安静状态的过程。整理活动是在正式运动后，逐渐降低负荷要求度，做一些较轻松的身体运动。其目的是使人体激烈的肌肉活动逐渐得到松弛，心血管和呼吸系统紧张的机能活动逐渐缓解，减轻疲劳程度，促进体力恢复。

整理活动的内容和准备活动的内容相似，但安排的顺序要颠倒，动作应较缓和，尽量使肌肉放松。最后还可以做一些拉长肌肉的运动，以利于疲劳的消除。整理活动的时间应在5分钟以上。

（二）实施过程中的自我监控

在运动处方的实施过程中，除了按照运动处方中设定的运动类型、符合强度、时间、间歇和重复次数等进行训练外，还应根据运动过程中和运动后身体的反应情况掌握运动量的自我检测和调节。

1. 心率自我监测

首先要学会计算自己的目标心率，并能熟练地测定自己的脉搏。常在手腕桡动脉处或耳前方颞浅动脉处用手指触扪动脉搏动次数，亦可把手放在左胸部，直接测数心跳次数。但不可在颈总动脉处测定，因为触摸颈总动脉的压力有时会引起心率明显减慢，并有可能出现心脏活动异常。通常用运动停止后即刻测得的10秒钟脉搏数乘以6近似地作为运动时的每分钟心率。

2. 主观强度感觉

主观强度感觉判定法是已被广泛应用的一种简易而有效的评价运动量的方法，通常以RPE表示。RPE也是介于心理和生理之间的一种指标。可以说RPE的表现形式是心理的，但反映的却是生理机能的变化。

心率结合RPE值测试是最常用而简易的方法。将客观生理机能的变化与主观心理对运动的体验结合起来，可以避免单纯追求某一靶心率的盲目性。例如，某人的靶心率为150次/分时，RPE值为13，而当患有轻度感染或工作劳累后，再以150次/分心率强度运动时会感到非常困难和费力，RPE值会增加，与以前的主观感觉相比较，这可能是一种前期病理症状，在这样的情况下勉强保持靶心率运动将是十分危险的。而通过RPE值的运动就正好避免了这种潜在的危险的发生。由于身体承受运动负荷的能力具有可变性，所以在运动中通过主观感觉和客观生理指标相结合进行监控较适宜。

3. 自我感觉与基础指标检查

观察每次运动后疲劳的消除情况，运动量适宜的标志是：睡眠良好、次日晨起疲劳感完全消除，感觉轻松愉快，体力充沛，有运动兴趣和欲望。

运动后次日基础状态测定基础心率，每分钟波动不超过3~4次；呼吸频率每分钟不超过2~3次；血压变化范围上下在10 mmHg；体重减少在0.5公斤以内。如数日内有脉搏、血压明显的持续上升，或肺活量、体重等明显的持续下降，则说明运动量偏大，有疲劳积累的征兆，应及时减少运动量。

（三）健身运动处方

1. 运动目的

（1）改善心肺功能，提高有氧耐力，增强体质。

（2）调节神经系统功能，尤其是调节植物神经系统功能。

（3）改善消化系统功能。

（4）促进脂肪代谢，控制体重，减肥健美。

（5）防治高血脂、高血压和动脉硬化等心血管疾病。

2. 运动形式与方法

健身跑的方法很多，如走跑交替、匀速跑、间歇跑、变速跑和重复跑等。训练者根据身体情况和健康水平等进行选择。对开始从事健身跑的人，最重要的是循序渐进，持之以恒，最好采用走跑交替和匀速跑为好。

（1）走跑交替

走跑交替适合于体弱和缺乏训练的人。方法是先走 100～200 米，然后慢跑 300～500米，重复数次。初参加训练的人，一般是走 1 分钟，跑 1 分钟，交替进行。经过一段时间训练之后，就可以缩短走的时间，直到能慢跑 5～8 分钟。以后每隔 1～2 周逐渐增加跑步时间和距离，每周跑 3～5 次。如表9－2 所示。

表 9－2　20 分钟走跑交替运动方案

周次	每周跑 2～4 次	总时间（分）
1	跑 1 分钟＋走 1 分钟，重复 3 次，再跑 1 分钟	7
2	跑 2 分钟＋走 1 分钟，重复 3 次	10
3	跑 2 分钟＋走 1 分钟，重复 4 次，再跑 2 分钟	14
4	跑 3 分钟＋走 1 分钟，重复 4 次	16
5	跑 4 分钟＋走 1 分钟，重复 4 次	20
6	跑 5 分钟＋走 1 分钟，重复 3 次，再跑 2 分钟	20
7	跑 6 分钟＋走 1 分钟，重复 3 次	21
8	跑 8 分钟＋走 1 分钟，重复 2 次，再跑 2 分钟	20
9	跑 10 分钟＋走 1 分钟，重复 2 次	22
10	跑 20 分钟（要求不休息地连续跑）	20

（2）匀速跑

匀速跑是在跑的过程中跑速基本保持不变、匀速地分配体力的一种跑步方式。匀速跑对中年人来说是合适的，可根据自己的体力合理地选择跑步速度，也能够比较容易地控制运动中的心率。训练者还可采用定时间或定距离的匀速跑，灵活多样，由自己来掌握。

（3）间歇跑

是慢跑和行走交替的一种过渡性运动。一般从跑 30 秒、行走 30～60 秒开始，逐渐增加跑步时间，以提高心脏负荷。这样反复进行 10～20 次，总时间 12～30 分钟，以后每两周根据体力提高情况再逐渐增加运动量。每日或隔日进行 1 次。如表 9－3 所示。

表9-3 常用间歇跑方案

周次	慢跑（秒）	行走（秒）	重复次数	总时间（分）	总距离（米）
1	30	30	开始8次，以后每天加1次，至12次	8~12	500~800
2	60	30	开始6次，以后每天加1次，至10次	9~15	1200~2400
3	120	30	开始6次，以后每天加1次，至10次	15~25	2400~4000
4	240	60	开始4次，以后加至6次	20~30	3200~4800

（4）变速跑

变速跑是采用快跑和慢跑交替进行的健身跑。变速跑的形式很多，如等距的、不等距的、直道快跑、弯道慢跑、不均匀的快跑和慢跑等。

跑步时呼吸自然，有适宜的深度。呼吸的节奏与跑的节奏相协调，采用长呼短吸方式，尽量使呼气更充分，才能使吸气加深。一般可采用单脚两步一吸、三步一呼（计左或右腿迈步落地的次数）的呼吸节奏，体力较好的人也可采用三步一吸、四步一呼。可用鼻子吸气、嘴呼气，也可采用口鼻兼用的呼吸方式。

（四）负荷强度

健身跑的负荷强度主要通过跑步的速度来反映。在训练的初期，要严格控制跑速，跑步的持续时间可逐步加长。健身跑负荷强度一般采用中等强度。负荷强度是否适宜，可用测定心率和自我感觉来掌握。通常采用的标准是：180减去年龄为适宜心率，如40岁的人运动时适宜心率为140次/分（180-40=140）左右。30~45岁身体健康而未经训练的人，心率应在每分钟140~150次。50~60岁的健康中年人在参加训练的初期，其脉搏频率一般不应超过每分钟140次。

1. 运动时间

对于身体健康且经常训练者，每次持续运动时间在20~40分钟，至少15分钟。对于从未参加过运动训练或身体虚弱者，训练初期阶段每次运动时间可适当减少，待身体适应后再逐渐增加每次运动的时间，直至达到要求的限度。对于以减肥为目的的健身跑，可适当延长运动时间，一般不少于40分钟。

2. 运动的频度

可根据个人对运动的反应和适应程度确定运动的频度，一般采用每周三次或隔日一次较好，每周运动总时间不得低于80分钟。

3. 运动的时间带

一天中何时训练较好，应因人而异。有人认为清晨空气新鲜，习惯于早起的人多喜欢清晨跑步。现在选择晚上跑步的人也日渐增多。对于中青年人可以根据自己的生活习惯选择方便的时间，不过每次训练的时间带尽量相对固定更好。

对于中老年人运动的时间带应有所选择。人体血液流变学的日节律研究证明，血液的粘度在晚上22点以后至清晨8点呈不同程度的增高趋势，尤其是凌晨4~6

点升高更明显。据统计，此时间带心脑血管意外发生率亦最高。所以避免意外，中老年人应尽量不选择清晨做较大强度的训练；要注意加强清晨训练的准备活动，不要一起床就跑步；尤其是前一天工作较紧张、睡眠不充分，或身体感觉不适的时候不要勉强训练。

（五）注意事项

1. 做好充分的准备活动

跑步前要做好充分的准备活动，促进血液循环，加强肌肉的收缩功能，防止肌肉拉伤和剧烈运动开始时出现心肌缺血。长期在水泥地跑步的人要避免小腿胫骨劳损，尽量选择在草地或泥土地跑。

2. 冬天跑步要注意防寒

穿衣多少要根据天气寒冷、个人抗寒能力和跑步运动量来确定，以跑时不感到太冷又不大量出汗为原则。

3. 患病时要注意休息

患感冒、发热和腹泻时暂不宜跑步。妇女月经期间也应暂停健身跑训练。慢性病患者进行运动健身跑须经医生检查许可，并做好自我检查和按时去医院复查。

第二节　运动损伤及预防

体能训练可以增进健康，防治疾病，延年益寿。随着社会的发展和物质水平的提高，人们日益认识到健康的重要性，越来越多的人加入到体能训练的队伍中来。但体能训练也常有运动性损伤、运动性疾病甚至运动猝死的发生。因此，从某种意义上讲，体能训练本身是一把双刃剑，运用得好，人们受益匪浅；运用不当，适得其反。这就需要我们有科学训练的知识和实践，以指导科学有效地进行体能训练，使体能训练更好地起到促进身心健康的效果。

一、运动损伤的概论

（一）概述

运动损伤是指在体育运动过程中所发生的各种损伤。运动损伤造成的影响是十分严重的，不仅可使体能训练者不能参加正常的训练，而且严重者还可使人残疾、死亡，给人们带来极坏的生理、心理影响，妨碍体能训练的正常开展。因此，我们必须了解运动损伤发生的原因、特点、规律，采取针对性的防治措施，把运动损伤发生率及其危害降到最低限度。

（二）运动损伤的分类

运动损伤分类方法很多，现介绍几种：

1. 按伤后皮肤或粘膜完整与否分类

（1）开放性损伤。即伤处皮肤或粘膜的完整性遭到破坏，有伤口与外界相通。如擦伤、刺伤、切伤及撕裂伤等。

（2）闭合性损伤。即伤处皮肤或粘膜无破损，没有伤口与外界相通，如挫伤、肌肉拉伤及关节韧带损伤等。

2. 按伤后病程的阶段性分类

（1）急性损伤。指一瞬间遭到直接暴力或间接暴力造成的损伤，如肌肉拉伤、关节韧带扭伤等。

（2）慢性损伤。指局部过度负荷，多次微细损伤积累而成的损伤，或由于急性损伤处理不当转化来的陈旧性损伤，如肩袖损伤、髌骨软骨软化症等。

3. 按受伤的组织结构分类

损伤何种组织及为何损伤，如肌肉韧带的捩伤、挫伤、四肢骨折、颅骨骨折、脊椎骨折、关节脱位、脑震荡、内脏破裂、烧伤、冻伤等。其中以肌肉、筋膜伤、肌腱腱鞘、韧带和关节囊伤最多，其次是肩袖损伤、半月板撕裂和髌骨软骨病。

4. 按运动能力丧失的程度分类

（1）轻度伤。受伤后能按训练计划进行练习者。

（2）中度伤。受伤后不能按训练计划进行练习，需停止患部练习或减少患部活动者。

（3）重度伤。完全不能训练者。

5. 按损伤与运动技术和训练的关系分类

（1）运动技术伤。其发生与运动技术及运动项目密切相关，其中有的是急性伤，如肱骨投掷骨折、跟腱断裂等，但多数属过劳伤，是慢性微细损伤逐渐积累而成的，如足球踝、网球肘等。

（2）非运动技术伤。即与运动技术无关的意外伤。

此外，根据病因，又可分为原发性损伤和继发性损伤；根据伤情轻重，又可分为轻伤、中等伤、重伤等。

（三）运动损伤的发生规律

体育训练者如掌握了运动损伤的发病规律，就可采取适当的预防措施，从而降低运动损伤的发生率，对预防与治疗运动损伤有重大的意义。

运动损伤的发生可因运动项目的不同而不同，有一定规律：运动损伤的发生与专项技术要求密切相关，而不同的运动项目又各有其不同的损伤好发部位及专项多发病。如：篮球运动最易伤膝（髌骨软骨病、半月板及侧副韧带损伤）、踝（韧带扭伤）；体操运动易伤腰（腰部肌肉筋膜炎、棘突骨膜炎及椎板骨折等）、肩（肩袖损伤及肱二头肌长头肌腱腱鞘炎）、膝（髌骨软骨病及半月板损伤）、腕（伸屈肌腱腱鞘炎）；跨栏运动易伤大腿后群肌肉；投掷运动易伤肩（肩袖损伤等）、肘（肘内侧副韧带损伤及骨关节病等）、腰（腰肌肉筋膜炎）及膝（髌骨软骨病等）等。之所以不同运动项目会发生身体不同部位的损伤，主要是由运动项目的特殊技术要求和运动员身体某部位存在的解剖生理弱点这两个潜在因素所决定的。当这两个因素由于某种原因同时起作用时，即易发生运动损伤。如：体操运动员易出现肩袖损伤，这主要是由于吊环、高低杠的各种悬吊及大幅度转肩动作的特殊要求所造成的。而肩关节本身肩盂小，肱骨头大，要完成大范围的回转动作而不发生脱臼，主要是依靠肩袖肌腱的固定作用，因而肩袖在完成这些动作时负荷最重，成了易伤的弱点。又由于它在肱骨大结节的附着点在抬肩时与肩峰经常摩擦，因此一旦活动过多、范围过大就易引起肩袖损伤。

（四）运动损伤的原因

1. 思想上不够重视

运动损伤的发生往往与体能训练者、教练员对预防运动损伤意义认识不足有关，由于缺乏运动损伤的基本知识，以及平时不注意对体能训练者进行安全教育。在训练中，未积极采取各种行之有效的预防及保护措施，而发生运动损伤后又不认真分析原因，总结经验，从而导致运动损伤时常发生。

2. 训练安排不合理

（1）准备活动不当。准备活动的目的是使神经系统、运动系统和内脏器官充分动员，以适应正式运动的需要，而如果未做准备活动或准备活动不充分，都将使肌肉的力量、弹性和伸展性不够而致伤。其次如准备活动量过大、准备活动与专项运动结合得不好或未作专项准备活动，及准备活动未遵守循序渐进的原则等都容易受伤。

（2）未遵守科学的训练原则。科学的训练原则，就是严格遵循训练的客观规律，按照机体负荷大小与应激程度的适应性规律，合理安排训练计划。主要包括系统性和循序渐进原则，个别对待和巩固性原则，自觉性和积极性原则，等等。目前最常见的错误是不顾年龄大小、性别差异、训练程度好坏及伤病情况等，盲目采用大运动量或单打一的训练方法，严重违反机体对负荷的适应性规律，致使许多体能训练者因此受伤而中止训练，这不能不引起重视。

3. 技术动作错误

技术动作的错误，违反了人体结构功能的特点及运动时的力学原理而造成损伤，这是初参加体能训练的人或学习新动作时发生损伤的主要原因。例如，做前滚翻时，因头部不正而引起颈部扭伤；排球传接球时，因手形不正确而引起手指扭挫伤；投掷手榴弹时，在上臂外展90°、屈肘90°（甚至肘关节低于肩关节）的错误姿势下出手，引起肩臂肌肉拉伤，甚至发生肱骨骨折等。

4. 体能训练者自身状态不良

包括生理机能和心理状态，前者如睡眠不好，疲劳患病或伤病初愈等均可使体能训练者力量及动作协调性下降，注意力不集中，从而导致技术上的错误而致伤；后者如心情不愉快，恐惧、胆怯或急躁情绪等都容易发生运动损伤。

5. 场地、器材、服装不符合卫生要求

运动场地不平，有小碎石或杂物；跑道太硬或太滑；沙坑没掘松或有小石，坑沿高出地面，踏跳板与地面不平齐；器械维护不良或年久失修，表面不光滑或有裂缝；器械安装不牢固或安放位置不妥当，器械的高低、大小或重量不符合训练者的年龄、性别特点，缺乏必要的防护用具（如护腕、护踝、护腰等）；运动时的服装和鞋袜不符合训练卫生要求等。

此外，环境因素，如海拔过高、缺氧、阴暗天气光线不足、高温或寒冷潮湿等，都会影响体能训练者的健康而造成损伤。同时，运动员动作粗野，不遵守运动规则，也是造成损伤的重要原因之一。

（五）运动损伤的应急措施

如果在体育训练中不幸受伤，请记住有一个可以帮助你的英文单词 RICE（米）。它实际上代表着：R－制动，I－冷敷，C－加压包扎，E－抬高患肢。当运动损伤发生的时候，发生损伤的部位就会出现疼痛、肿胀、炎症反应等状况。为防止这些症状的加重所采取的应急措施手段称为“应急处理”。应急处理也被称为“RICE 原则”，包括以下四个方面：

1. 制动（REST）

制动对于骨骼肌的损伤来说是不可缺少的。制动主要是立即停止运动，让患部处于不动的状态。运动终止后的制动可以控制肿胀和炎症，可以把出血控制在最小的限度内。然后用石膏、拐杖或者支架把处置过的患部固定住。受伤后固定两三天，不仅可防止并发症的发生，而且，对治疗也有一定的帮助。如果过早地活动患部，不仅会出现出血等症状，还可能使其机能损伤进一步加重，恢复时间延长。

2. 冷敷（ICE）

冷敷在应急处置过程中是效果最为明显的。因为冷敷既可以减轻疼痛和痉挛，减少酶的活性因子，同时又可以减少机体组织坏疽的产生，在受伤后 4～6 小时内所产生的肿胀也会得到一定程度的控制。冷敷还可以使血液的黏度增加，毛细血管的浸透性变少，减少或限制流向患部的血流量。

3. 加压（COMPRESSION）

在几乎所有的急性损伤中都采用加压包扎的方法，加压包扎可使患部内出血及淤血现象减轻，还可以防止浸出的体液渗入到组织内部，并能促进其吸收。加压包扎有很多方法，可以把浸水的弹力绷带放进冷冻室，这样可同时起到冷敷和加压的作用。还可以使用毛巾及海绵橡胶做的垫子来进行加压包扎。例如，踝关节扭伤时，可以用 U 字形的海绵橡胶垫子套在踝关节上，然后用胶布或弹力绷带固定。采用以上的加压包扎可以防止和减轻踝关节周围的浮肿。冷敷是间断性的，而加压则在一天中都可以连续使用。

4. 抬高（ELEVATION）

抬高是把患部提高到比心脏高的位置。同冷敷、加压一样，抬高对减轻内出血也是非常有作用的。它不仅可以减轻通向损伤部位的血液及来自体液的压力，以促进静脉的回流，患部的肿胀及淤血也会因此而得到相应的减轻。

RICE 的顺序：

A：停止运动、保持不动。特别是不要让受伤的部位活动。

B：掌握了解受伤的程度。

C：在患部敷上冰袋。

D：用弹力绷带将冰袋固定住。

E：把患部举到比心脏高的位置 。

F：感觉消失或者是经过 20 分钟把冰袋拿掉。

G：使用海绵橡胶垫子和弹力绷带作加压包扎。

H：根据损伤的程度，每 1～1.5 小时用冰袋进行冷敷，直到患部的疼痛得到缓解为止。

I：睡觉时把弹力绷带拆去。

J：睡觉时也要把患部举到比心脏高的位置。

K：次日清晨开始重新进行一次 RICE 处置。

二、运动损伤的预防

参加体育训练的目的是为了增强体能，促进身心健康，而运动损伤的发生往往会使训练者的身心都受到一定的损害，因此，防患于未然就显得特别重要。训练者应采取一些运动损伤的预防措施，从而使体能训练健康、安全而富有成效。

（一）运动损伤的预防重点

运动损伤的种类很多，各个运动项目对人体各部位的运动伤害各不相同。根据国内有关资料显示，运动员总的来说是小损伤多、慢性多、严重及急性者少。多是由于运动量安排不当造成局部过劳，最终导致过劳伤。因此，应注意对急性损伤作及时而正确的处理，并科学地安排运动量，以防各种组织劳损的发生。在一般的学校体育运动中，训练者运动损伤的发生情况与运动员有相似之处，但也有较大差异。在体育课和课外活动中，学生急性损伤者相对较多，而劳损者较少。因此，要特别注意急性损伤的预防。此外，学生训练时关节扭伤的发生率也较高，尤其以掌指关节及踝关节扭伤最为多见。因此，应注意手指及足踝关节的扭伤。

（二）运动损伤的预防原则及基本方法

一般来说，在体育训练中运动损伤的预防应做好以下几个方面的工作：

1. 思想上要给予重视

在体能训练中，要认真贯彻以预防为主、安全第一的方针，加强对预防运动损伤意义的认识，并遵守体育训练的一般原则，同时，要加强身体的全面训练，提高机体对运动的适应能力。

2. 调节身体处于良好的运动状态

（1）训练前应做好充分的准备活动。准备活动不但能使基础体温升高、肌肉深部的血液循环增加、肌肉的应激性提高和关节柔软性增强等，也能减少训练前的紧张感和压力感，这在很大程度上可以预防损伤的发生。

（2）训练后应注意放松活动。放松活动是指在训练后通过放松方法使体温、心率、呼吸、肌肉的应激反应恢复到训练前的正常水平。从预防损伤的角度来看，这同训练前的准备活动一样重要。根据不同的运动项目进行针对性的放松，可以防止训练后出现的肌肉酸痛，这有助于解除精神压力。

（3）加强医务监督工作。体能训练者应定期进行体格检查，尤其伤病检查，如训练者患有先天畸形，畸形部位又是该项目负担较重的部位，则不宜从事该项目的训练，如腰椎先天畸形不宜从事体操、举重等腰部负荷较大的项目，髌骨软骨病等不宜从事跑跳项目等。同时在体能训练中应进行定期普查，重点检查易伤部位，早期发现各种劳损性损伤，以便给予及时处理及合理安排训练。

体能训练者还必须加强自我监督，了解和懂得初步处理训练后肌肉酸痛、关节不适的方法。肌肉酸痛的早期可做温水浴、物理疗法或自然按摩。如果疼痛继续或者加重，应去医疗机构进行诊断治疗。同时训练中应密切注意自己的身体反应，及早发现运动损伤的早期症状，以便于早发现、早治疗、早康复。

3. 创造训练的安全环境

体育器具、设备、场地等在训练前都应进行严格的安全检查，例如，参加网球训练时，球拍的重量、捏柄的粗细、网拍绳子的弹力应该适合训练者个人的情况；女性的项链、耳环等锐利物品在训练时应暂时不佩戴；训练者应根据运动的项目、脚的大小、足弓的高低选择一双弹性好的鞋子。

4. 注意科学训练

科学训练包括五大要素，即全面性、渐进性、个别性、反复性、意识性，前三个要素对预防损伤较为重要。全面性是指训练者应对体能进行全面训练，而不是单纯针对某一特定动作的反复练习。渐进性是指训练者应逐步提高运动负荷和增加训练时间，以防机体一时不能适应而导致运动损伤。个别性是指训练必须因人而异。性别、年龄、体力、技术熟练程度不同，活动量和方法也应不同。

5. 加强易伤部位训练

加强易伤部位和相对较弱部位的训练，提高它们的功能，是预防运动损伤的一种积极手段。例如，为了预防腰部损伤，应加强腰腹肌的训练，提高腰腹肌的力量，并增强其协调性和拮抗的平衡性。

三、运动损伤的急救

运动损伤的急救，是在运动现场对伤员采取迅速合理的急救方法，其目的是保护伤病员的生命安全、避免再度伤害、减轻伤病员痛苦、预防并发症，并为伤病员的转运和进一步治疗创造条件。因此，无论何种急性损伤，做好现场急救都是十分重要的。

（一）休克

1. 原因

休克是机体受到各种有害因素的强烈侵袭而导致有效循环血量锐减，主要器官组织血液灌流不足所引起的严重全身性综合征。运动损伤中并发的休克主要是创伤性休克，多为严重创伤引起的剧烈疼痛，如多发性骨折、睾丸挫损、脊髓损伤等；其次为出血性休克，由于损伤引起急剧体内外出血，造成大量失血、失血浆、失液均可导致循环血量减少而发生休克。如，腹部挫伤致肝脾破裂的内出血，股骨骨折合并大动脉的外出血等。

2. 急救

对于休克病人要尽早进行急救。应迅速使病人平卧、安静休息。患者的体位一般采取头和躯干部抬高约10°，下肢抬高约20°的体位，这样可增加回心血量并改善脑部血流状况。松解衣物，保持呼吸道畅通，清除口中分泌物或异物，对病人要保暖，但不能过热。在炎热的环境下则要注意防暑降温，同时尽量不要搬动病人；若伤员昏速，头应侧偏，并将舌头牵出口外，必要时要吸氧和行口对口人工呼吸，并针刺或掐点人中、百会、合谷、内关、涌泉、足三里等穴。与此同时，应积极去除病因，如由于大量出血引起的休克，应立即采取有效的方法止血；由于外伤，骨折等剧烈疼痛所引起的休克，应给予镇痛剂和镇静剂，以减少伤员痛苦，防止加重休克；骨折者应就地上夹板固定伤肢。要注意的是：在急救的同时，应迅速请医生或及时送医院处理。

（二）人工呼吸和胸外心脏按压

当人体受到意外的严重损伤，如外伤性休克、溺水等，均可能导致呼吸和心跳骤然停止，此时如不及时抢救，伤员就会有生命危险，现场急救的最重要手段就是人工呼吸和胸外心脏按压。

1. 人工呼吸

任何能使空气（氧）输入肺叶的措施，都能基本上起到人工呼吸的作用。而适应于受伤现场采用的人工呼吸方法中，口对口吹气法最好。

（1）方法：伤员仰卧位，松开其领口，裤带和胸腹部衣服，头部尽量后仰，将口打开，尽快清除其口腔内的异物或分泌物，如有义齿应取出，有舌后坠，则将其拉出。急救者一手虎口托起病人下颌，另一手将病人鼻孔捏闭，以免漏气，然后深吸一口气，紧贴病人口部用力吹入，使其胸部上抬。吹毕立即松开鼻孔，让胸廓及肺部自行回缩而将气排出，如此反复进行，每分钟吹气16～18次（儿童20～24次）。

（2）有效指示：第一，吹气时胸廓扩张上抬；第二，在吹气过程中听到肺泡呼吸音。

2. 胸外心脏按压

一般只要伤员意识丧失，颈动脉或股动脉搏动消失，或心前区心音消失，即可诊断为心脏骤停。此时，首选方法应是胸外心脏按压。此法可通过按压胸骨下端而间接压迫心脏，使血液流入大动脉，建立有效的大小循环，为心脏自主节律的恢复创造条件。

（1）方法：置病人于仰卧位，背部必须有坚实物体（木板、地板、水泥地等）的支持。操作者立（或跪）于病人一侧，又或骑跪于病人髋部，两手掌伸开并彼此交叉重叠，以掌根部按在伤员胸骨中下 1/3 处，肘关节伸直借体重将胸骨下段压向脊柱，使胸骨下段及其相连的肋软骨下陷 3 ~ 4 厘米，间接压迫心脏，压后迅即将手放松，使胸骨自行弹回原位，如此反复操作。以每分钟挤压 60 ~ 80 次为宜，儿童可稍快，可增至每分钟 100 次左右。

（2）有效指标：①按压时在颈，股动脉处应摸到搏动。②面色、口唇、指甲床及皮肤等色泽转红。③扩大的瞳孔再度缩小。④呼吸改善或出现自主呼吸。只要有前 1 ~ 2 项有效指标出现，心脏按压就应坚持下去。

无论是呼吸骤停或心跳骤停，或呼吸与心跳均骤停，在进行现场急救的同时，都应迅速派人请医生来处理。

（三）止血

正常情况下，血液只存在于心脏、血管内，如果血液从血管或心腔流出到组织间隙、体腔或体表，称为出血。

正常健康成人血液总量约为自身体重的 7% ~ 8%，骤然失血达总血量的 20% ~ 30% 左右，就可能出现休克，危及生命。因此，及时有效地止血非常重要。常用的临时止血法有以下几种：

1. 加压包扎止血法

用生理盐水冲洗伤部后用厚敷料覆盖伤口，外加绷带增加血管外压，促进自然止血过程，达到止血目的。用于毛细血管和小静脉出血。

2. 抬高伤肢法

将患肢抬高，使出血部位高于心脏，降低出血部位血压，达到止血效果。用于四肢小静脉和毛细血管出血。此法在动脉或较大静脉出血时，仅作为一种辅助方法。

3. 屈肢加压止血法

前臂、手或小腿、足出血不能制止时，如未合并骨折和脱位，可在肘窝和腘窝处加垫，强力屈肘关节和膝关节，并以绷带“8”字形固定，可有效控制出血。

4. 指压止血法

这是现场动脉出血常用的最简捷的止血措施。用手指压迫身体表浅部位的动脉于相应的骨面上，可暂时止住该动脉供血部位的出血。

5. 止血带止血法

在四肢较大的动脉出血时，通常用止血带止血。如果无橡皮止血带，现场可用宽布带或撕下一条衣服以应急需。止血带结扎的标准位置点，在上肢为上臂的上 1/3 部，下肢为大腿中、下 1/3 交界处。上臂中、上 1/3 处扎止血带易损伤桡神经，为禁区。

止血带的压力要适中，既要达到阻断动脉血流又不会损伤局部组织。上止血带的时间要注明，如果长时间转运，途中上肢每半小时，下肢每 1 小时应放松 2 ~5 分钟，以使伤肢间断地恢复血循环。放松时应以手指在出血处近端压迫主要出血的血管，以免每放松一次丢失大量血液。止血带使用不当可引起局部损伤、周围神经损伤甚至导致肢体坏疽。因此，一般只在其他止血方法不能奏效时再用止血带。

（四）关节脱位的急救

脱位或脱臼是指关节面失去正常的联系。关节脱位在运动中大多是由于间接外力所致。如摔倒后用手撑地，可引起肘关节或肩关节脱位，这在田径、球类、体操等项目中时有发生。也有少数为直接暴力引起。

急救方法：关节脱位后，关节内发生血肿，如果复位不及时，血肿会机化而发生关节粘连，使关节复位增加困难。因此，脱位后应尽早进行整复，不但容易成功且有利于关节功能的恢复。若不能及时复位则应立即用夹板和绷带在关节脱位所形成的姿势下进行临时固定，保持伤员安静，尽快送医院处理。在运动损伤中以肩、肘关节脱位为常见，其临时固定方法为：肩关节脱位后，可用大悬臂带悬挂伤肢前臂于屈肘位。肘关节脱位后，最好用铁丝夹板弯成合适的角度，置于肘后，用绷带固定后再用大悬臂带挂起前臂。如无铁丝夹板，可直接用大悬臂带固定伤肢。若现场无三角巾、绷带、夹板等，可就地取材，用头巾、衣物、薄板、竹板、大本杂志等作为替代物。

（五）骨折的临时固定

在外力的作用下，骨与骨小梁连续性或完整性遭到破坏叫骨折。

1. 急救原则

对骨折病人的急救原则是防治休克，保护伤口，固定骨折。即在发生骨折时，应密切观察，如有休克存在，则首先是抗休克，如有出血，应先止血，然后包扎好伤口，再固定骨折。

2. 骨折的临时固定

骨折时，用夹板、绷带将折断的部位固定包扎起来，使伤部不再活动，称为临时固定。其目的是减轻疼痛，避免再伤和便于转送。临时固定的注意事项：

（1）骨折固定时不要无故移动伤肢，为暴露伤口，可剪开衣裤、鞋袜，对大小腿和脊柱骨折，应就地固定，以免因不必要的搬运而增加伤员的痛苦和伤情。

（2）固定时不要试图整复，如果畸形很厉害，可顺伤肢长轴方向稍加牵引。开放性骨折断端外露时，一般不宜还原，以免引起深部污染。

（3）固定用夹板或托板的长度、宽度，应与骨折的肢体相称，其长度必须超过骨折部的上、下两个关节，如没有夹板和托板，可就地取材（如树枝、木棍、球棒等），或把伤肢固定在伤员的躯干或健肢上。夹板与皮肤之间应垫上棉垫、纱布等软物。

(4) 固定的松紧要合适、牢靠，过松则失去固定的作用，过紧会压迫神经和血管。故四肢固定时，应露出指（趾），以便观察肢体血流情况。如发现异常（如肢端苍白，麻木、疼痛、变紫等）应立即松开重新固定。

（六）溺水的急救

溺水者可因呼吸道阻塞、窒息等危及生命，因此应及时有效地进行急救。溺水者救出水面后，应立即清除口鼻中的泥沙、分泌物等异物，如有活动假牙也应取出。如果溺水者牙关紧闭，救护者可从其后面，用两手大拇指由后向前顶住溺水者的下颌关节，并用力向前推。同时用两手食指与中指向下扳颌骨，即可扳开溺水者牙关，随后立即进行控水。控水方法很多，一般采取单脚跪立法，急救者一腿跪地，另一腿屈膝将溺水者腹卧位置于膝上，头及下肢悬垂，一手扶着溺水者的头，使其头部下垂、嘴向下，另一手节律地挤压背部，使饮入或吸入胃或肺中的水排出。也可采用其他的方法控水。但控水时间不宜过长，以免延误抢救时间。控水后如果溺水者心跳、呼吸停止，应立即进行人工呼吸和胸外心脏按压术。并想办法将病人送到就近的医院救治。

（七）中暑的急救

中暑是因高温环境或受到烈日的暴晒而引起的急性疾病。在炎热的夏天进行长时间室外活动和耐力训练或比赛，伤病初愈、身体虚弱和连续训练或比赛后身体疲劳、失眠、失水、缺盐，对热适应能力差及训练水平较低者都较容易发生中暑。中暑多发生在炎热夏季时从事长跑、负重行军、越野跑、马拉松、自行车及足球等运动项目。根据发病机理，中暑可分为热痉挛型、热衰竭型、日射病型、热射病型。

1. 急救

应迅速使患者脱离热环境，到荫凉通风处休息，并采取降温、消暑措施，如解开衣扣，喝清凉饮料，服用人丹、十滴水或藿香正气水等防暑药物。对热痉挛及热衰竭的病患者，重点应是补充生理盐水或葡萄糖生理盐水，纠正血液浓缩，可大量口服含盐的饮料（含盐0.2% ~0.3%）。对日射病患者，重点应是进行头部有效地降温。如让患者仰卧，垫高头部，额部作冷敷（如冰袋）或以50%酒精（白酒也可以）擦身。对高热中暑的病患者，重点应是迅速有效地降温（物理降温或合并药物降温）。如采用冷敷、冷水淋浴、冰袋冷敷、50%酒精擦浴等紧急降温措施，必要时可采用药物降温。若症状较重伴有昏迷时，可针刺人中、涌泉等穴位，同时必须迅速转送医院做进一步处理。

2. 预防

高温炎热的季节，应适当调整作息制度，适当延长午休时间。耐力性项目的练习或训练应放在上午或傍晚，练习时间不宜过长。烈日下训练应戴白色凉帽，穿浅色、宽敞、通气性能良好的薄衣，室内运动场地应有良好的通风、降温设备。要适当地在高温、高热环境下进行适应性的训练。夏天训练，应准备充足的清凉消暑及低糖含盐的饮料。中暑早期有先兆症状，如发现训练者大量出汗、疲乏、恶心、头昏等，应立即停止训练和比赛，迅速到荫凉和通风的地方休息，喝些解热消暑的冷饮等。

四、常见的运动损伤

（一）擦伤

擦伤是皮肤受到外力摩擦所致，皮肤被擦破出血或有组织液渗出。擦伤是皮肤表面被粗糙物擦破的损伤，最常见的是手掌、肘部、膝盖、小腿的皮肤擦伤。擦伤后可见表皮破损，创面呈现苍白色，并有许多小出血点和组织液渗出。由于真皮含有丰富的神经末梢，损伤后往往十分疼痛，但表皮细胞的再生能力很强，如伤口无感染则愈合很快，并可不留疤痕。受伤后创面的处理方法如下：

1. 清创

由于擦伤表面常常沾有一些泥灰及其他脏物，所以清洗创面是防止伤口感染的关键步骤。可用淡盐水（1000 毫升凉开水中加食盐 9 克，浓度约 0.9%），没有条件也可用自来水、井水边冲边用干净棉球擦洗，将泥灰等脏物洗去。

2. 消毒

有条件者可用碘酒、酒精棉球消毒伤口周围，沿伤口边缘向外擦拭，注意不要把碘酒、酒精涂入伤口内，否则会引起强烈的刺激痛。

3. 上药

可在创面上涂一点红药水（红汞），此药有防腐作用且刺激性较小（汞过敏者忌用）。但要注意不宜与碘酊同用，因两者可生成碘化汞，对皮肤有腐蚀作用。新鲜伤口不宜涂紫药水（龙胆紫），此药虽杀菌力较强，但有较强的收敛作用，涂后创面易形成硬痂，而痂下组织渗出液存积，反而易引起感染。

4. 包扎

用消毒纱布或清洁布块（可用熨斗熨几下）包扎伤口，小伤口也可不包扎，但都要注意保持创面清洁干燥，创面结痂前尽可能不要着水。

若创口较深、污染较重时，应注射破伤风抗毒素，并使用抗菌素治疗。

（二）肌肉拉伤

1. 肌肉拉伤的发生机制与分级

肌肉拉伤可分成主动拉伤和被动拉伤两种。前者是由于肌肉做主动的猛烈收缩时，其力量超过了肌肉本身所能承担的能力；后者主要是肌肉用力牵伸时超过了肌肉本身特有的伸展程度，从而引起拉伤。肌肉拉伤可能会从肌纤维的微小分离到肌纤维的完全断裂，临床上一般可分为三级：

一度：只有少数的肌纤维被拉长和撕裂，而周围的筋膜完好无损，纤维的断裂只在显微镜下能见到。运动时感到疼痛，但仍可以进行运动。

二度：有较多数量的肌纤维断裂，筋膜可能亦有撕裂，训练者可能感到“啪”一声拉断的感觉。常可摸到肌肉与肌腱连接处略有缺失和下陷。在撕裂处周围由于出血，可能会发生水肿。

三度：肌肉完全被撕裂。撕裂处可能在肌腹、肌腱或者在肌腱与骨的连接点上。训练者基本上不能再活动。受伤后首先产生剧烈的疼痛，但疼痛会很快消退，因为此时神经纤维也被损伤了，这时一般需要外科手术的治疗。

2. 肌肉拉伤的预防

肌肉拉伤的预防，主要是针对发生的原因进行的。例如，大强度运动前要做好准备活动，尤其是易拉伤部位的准备活动；体质较弱者练习时要量力而行，防止过度疲劳和负荷太重；要提高动作技能的协调性，不要用力过猛；改善训练条件，注意练习场所的温度。冬季在野外训练时要注意保暖，不可穿得太薄；要注意观察肌肉的反应，如肌肉的硬度、韧性、弹力、疲劳程度等。肌肉拉伤后重新参加训练时要循序渐进，切勿操之过急，并要加强局部保护，防止再度拉伤。

3. 肌肉拉伤的治疗

肌肉抗阻力试验是检查肌肉拉伤的一种简便方法。其做法是患者做受伤肌肉的主动收缩活动，检查者对该活动施加一定阻力，在对抗过程中出现疼痛的部位，即为拉伤肌肉的损伤处。

肌肉拉伤的治疗要根据具体情况而定。肌纤维轻度拉伤及肌肉痉挛者，用针刺疗法会取得显著疗效。肌纤维部分断裂者，早期用冷敷、加压包扎，还要把患肢放在使受伤肌肉松弛的位置以减轻疼痛。48 小时后开始按摩，手法要轻缓。怀疑有肌肉、肌腱完全断裂者，应在局部加压包扎、固定患肢后，立即送医院确诊，必要时还要接受手术治疗。

（三）肌肉抽筋

抽筋，医学上叫肌肉痉挛，通常运动过程中的抽筋属于肌肉不由自主地强直收缩引起的。这种痉挛一般都伴有剧烈的疼痛感觉。常发生抽筋的部位，是小腿腓肠肌（小腿肚子）和大腿前面及后面的肌肉，手指、脚趾的肌肉等也会发生。在陆地练习发生抽筋可以马上停止下来，如果在水中游泳，可慢慢用未抽筋的肢体游到岸边和大声呼叫，千万不能惊慌。

1. 原因

引起抽筋的原因很多，常见的有三种：（1）热天运动出汗很多，体内盐分缺乏时，可引起抽筋；（2）游泳之前不做准备活动或做得不够，入水后突然受到冷刺激，或在冷水中停留时间过长，可引起抽筋；（3）疲劳时也容易抽筋。

2. 处理与预防

解除抽筋的办法也很简单，一般可将痉挛的肌肉用力拉长，或进行局部按摩，就会慢慢缓解。例如，左小腿肚子抽筋，可用右手握住左脚的大脚趾，然后将左腿慢慢伸直，脚这时呈背屈，使腓肠肌受到牵拉，痉挛就可以消除。经常发生抽筋者必须先了解自己的一些“历史”，例如了解饮食的习惯、平日运动（工作）量、抽筋的部位、发生抽筋时的天气状况等，自由车、剑术选手所发生抽筋的原因可能是完全不同的，将所有的情况了解、综合后，找出抽筋的原因，针对原因做预防改善，方能解决抽筋的问题。若经常性地发生抽筋，又找不出原因，则须小心处理，请教医生做彻底的检查，因抽筋可能是一些血管疾病、糖尿病或神经系统疾病的症状。

（四）关节韧带损伤

关节韧带损伤主要是在外力作用下，使关节发生超常范围的运动，关节内、外韧带受到过度的或猛烈的牵拉而引起的一种闭合性损伤。轻者仅是少量韧带纤维断裂，重者则是部分韧带纤维断裂或韧带完全断裂，甚至引起关节半脱位或完全脱位，同时还可合并关节内滑膜、软骨损伤或撕脱骨折等。在体育活动中最常见的是踝关节、膝关节、掌指（间）关节和肘关节韧带损伤。

1. 征象

伤后局部疼痛，肿胀，若伤及关节滑膜或韧带断裂及合并关节内其他组织损伤时，出现整个关节肿胀或血肿。局部有明显压痛。关节运动功能障碍，轻者关节活动受限，不能着力；韧带完全断裂或撕脱时，关节有不稳或松动感，关节功能明显障碍。

关节侧搬试验是检查韧带损伤的重要方法，若出现疼痛，则属韧带扭伤或少量纤维断裂；如果出现“关节松动”或超常范围的活动，则属韧带完全断裂。关节韧带损伤时，常可合并其他损伤，如膝关节内侧韧带损伤，可合并内侧半月板、十字韧带损伤等。因此，应仔细检查以免漏诊，必要时需 X 光拍片作鉴别诊断。

2. 处理

关节韧带扭伤或部分韧带纤维断裂者，伤后立即冷敷，加压包扎，抬高伤肢并休息，以减轻出血和肿胀。24 ~48 小时后，拆除包扎固定，根据伤情可采用中药外敷、痛点药物注射、理疗和按摩等，但热疗和按摩在开始时只能施于伤部周围，3 天后才可用于局部。韧带完全断裂者，经急救处理后把伤员送至医院，以争取早期手术缝合或固定。关节韧带损伤时，当关节肿胀和疼痛减轻后，在不引起疼痛或疼痛加重的原则下，尽早进行伤肢功能性活动，防止发生肌肉萎缩和组织粘连，以促进功能恢复。

3. 预防

（1）增强关节肌肉的力量练习，特别是加强对弱侧关节的训练。静力练习很有实效。

（2）提高关节灵活性练习的质量，在坚强灵活上下工夫。跳绳练习是个好方法。

（3）认真做好准备活动，特别是专项训练的辅助练习，寒冷天气更要做开关节活动。

（4）注意关键运动技术的合理性、正确性，及时纠正错误动作。

（5）场地设备必须认真检查、合理布置，消除隐患。

（6）配备合格护具，易伤的小关节要正确使用胶布包扎。

（五）滑囊炎

滑囊是结缔组织构成的密封小囊，囊内含有少量滑液，多位于关节附近，介于肌肉或肌腱附着处与骨隆起之间，其作用是减少肌肉、肌腱与骨之间的摩擦。在直接外力作用下使滑囊壁受到损伤可发生急性创伤性滑囊炎；由于局部活动过多，使滑囊壁受到反复磨损也可发生慢性滑囊炎。

1. 征象

急性创伤性滑囊炎者，疼痛较明显，活动时疼痛加剧，如膝部滑囊炎时，膝部疼痛，在跳跃、上下楼梯等小腿用力屈伸活动时更痛；慢性滑囊炎者疼痛较轻，常在运动中做某一个动作时出现疼痛。滑囊急性损伤后，滑液分泌增多或出现血肿，因而滑囊肿大，尤以髌前滑囊炎、肘后滑囊炎等较为明显，可看到或摸到边界不确切、大小不同的囊性肿块，并有较敏锐的压痛；慢性滑囊炎因囊壁增厚，肿块或小结节界限一般较清楚，也有压痛。

2. 处理

急性期应暂停运动，局部可外敷消炎、活血、消肿、止痛药，或穿刺抽液后再加压包扎，也可穿刺抽液后注入考的松类药物并加压包扎。慢性滑囊炎者，理疗、针灸、考的松类药物囊内注射等都可选用，注意控制局部负担量。经以上保守治疗无效，疼痛较重，影响活动或关节功能，囊壁增厚和病程较长的患者，可考虑手术切除滑囊。

（六）髌骨劳损

髌骨劳损多由于膝关节（尤其是半蹲位姿势）长期负担过度或反复的微细损伤积累而成。

1. 征象

膝软与膝痛。损伤早期和轻型患者，只在大运动量训练后感到膝关节酸软无力，休息后多可消失。随着损伤程度的加重，膝部酸软与疼痛逐渐增重，但准备活动后可减轻，运动结束又加重，休息后又可减轻。继后出现持续痛，严重时走路和静坐时也痛。出现膝软或膝痛，与膝关节动作的关系密切，主要表现为半蹲痛，尤其单膝半蹲时更明显，在运动中当膝关节半蹲发力或移动时以及上下楼梯时都出现膝软与膝痛，甚至在半蹲发力时突然坐下或跌倒。

膝关节可有不同程度的积液。病程长、症状较重的患者，常有股四头肌萎缩（以股内肌为明显）。抗阻伸膝至110°～150°之间有疼痛。患者伸直膝关节，股四头肌放松，将髌骨向下或侧方推起，用拇指或食指摸压髌骨周缘有压痛。在患膝屈曲不同位置下按压髌骨并上下、左右推动髌骨时，可出现髌骨压痛。按压髌骨屈伸膝关节时，可出现疼痛等。

2. 处理

关节软骨损伤后其本身的修复能力极低，至今仍无特效的治疗方法。因此，更应重视预防。加强股四头肌的力量，是防治髌骨劳损的积极手段。高位静止半蹲

（站桩）若方法得当，常可收到一定的治疗效果。每次训练课后做单足半蹲试验，以便早期发现及治疗。运动后要及时把汗擦干，注意保暖，防止着风受寒，并采用热水浴、按摩等加速局部疲劳的消除。

（七）胫腓骨疲劳性骨膜炎

胫腓骨疲劳性骨膜炎是初参加运动训练的人，尤其是青少年较常见的运动损伤，是因局部骨组织过度负荷所致，具有典型的运动史、发病史和反复疼痛史。

1. 征象

一般都无直接外伤史，但有跑跳运动过多史，发病缓慢，征象逐渐加重。疼痛是本病的主要症状。初期多在运动中或运动后出现小腿骨疼痛，休息后常可消失，再参加运动时又出现疼痛。若继续参加负荷较大的跑跳运动，疼痛逐渐加重，有些可能出现夜间疼痛，个别严重者跛行。

急性期多有可凹性水肿，以小腿下段较明显。胫骨内侧面、内后缘或腓骨下端有压痛，但压痛点一般都与肌肉附着处无明显关系。病程较长的患者，在胫骨内侧面上常能触摸到小结节或肿块，压之锐痛。

后蹬痛是胫腓骨疲劳性骨膜炎的重要体征，即用足尖用力向后蹬地时出现疼痛。

2. 处理

早期症状较轻者，无需特殊治疗，用弹力绷带裹扎小腿，减少下肢运动，休息时抬高患肢，大多数都可痊愈。经常疼痛或运动后疼痛较重者，应休息并用弹力绷带裹扎小腿，抬高患肢，可配合中药外敷、按摩、针灸、碘离子透入等。治愈后重新参加训练时，运动负荷要逐渐增加，以免再发。

3. 预防

（1）对初学田径运动及平时活动少的人，跑跳练习要逐渐加大活动量。

（2）不要在过硬的场地上做长时间的、单一的跑跳练习。

（3）不宜穿钉鞋做过多的使小腿肌肉紧张度高的专门练习。

（4）学会在跑跳练习时能自如地放松小腿肌肉，不要使它始终处于紧张状态。

（5）每次练习后，都要认真做好小腿部的自我按摩、热敷。

（八）网球肘

网球肘多因长期劳累，手腕肌的起点反复受到牵拉刺激引起部分撕裂或慢性炎症，是网球运动员的职业病，故称“网球肘”。

1. 征象

起因缓慢，初起时在劳累后偶感患肘外侧疼痛，日久病重，局部一般无红肿，但压痛明显。作抗阻力的腕关节背伸和前臂旋后动作时可引起患处疼痛，或者肘关节伸屈正常但在提重物或拧毛巾时，均感患处疼痛和患肢无力，在静息后，又多无症状。

2. 治疗

当形成网球肘时，根据症状的轻重，疼痛程度不一，各有不同的治疗方法。早期症状，疼痛较轻，采用按摩和理疗的治疗手段效果较好。继续打球时，要在肘部缠绕弹力绷带或戴上护肘，这样可以减轻疼痛的发生，如果疼痛减轻，就可恰当、慢速、多次地做橡皮带的恢复练习。急性发作期，疼痛剧烈，应以静养、休息为主，决不要临时绑上绷带或戴上护肘继续上场打球，那只会使病情加重，在有条件的情况下，最好使用冰敷来缓解疼痛，但要注意冰敷时间以 10 ~ 15 分钟为宜，不要太长，以免冻伤皮肤。一般急性发作期，待疼痛减轻后，可缓慢地做些适当的练习，但应注意，在受伤后的三个星期内保证不重复做造成损伤肘部的动作，以后可逐渐练习改进过的技术动作，两个月后方可参加正常练习，在受伤后的练习中，应在前臂粘贴长条支持保护带，来减轻打球时对肘部的影响。一般慢性网球肘的治疗，多采用手臂的各种伸展运动练习来缓解伤痛。

3. 缓解办法

（1）纠正直臂击球的动作，让大臂和小臂无论在后摆还是前挥的时候都保持一个固定且具弹性的角度。

（2）用支撑力较强的护腕和护肘把腕、肘部保护起来。限制腕、肘部的翻转和伸直。

（3）打球时于前臂肌腹处缠绕弹性绷带，可以减少疼痛发生，但松紧需适中。

（4）一旦被确诊为网球肘，则最好能够中止练习，待完全康复并对错误动作进行纠正之后再继续进行练习。

（5）早期症状轻微时，按摩、理疗效果良好；疼痛加重后可采用中药、针灸疗法，个别病例用保守疗法无效后可考虑手术。

（6）穿弦时减小磅数并选择细一些的弦，松软一些的拍面可以帮助击球者吸收一些因拍、球对抗所产生的振动之力，也可以帮助球员更省力地击出落点较深的球。另外，调整拍柄的大小至合适，选择重一些的球拍练球都对缓解疼病有很大的好处。

4. 预防

加强腕、臂部力量训练，防止前臂肌肉疲劳积累，做好准备活动及练习后的放松，提高肌肉的反应性，正确掌握“反手”击球技术，早期发现疼病，及时治疗。

（九）急性腰扭伤

腰部是脊柱运动中较灵活的部位之一，活动度仅次于颈部，可作前屈、后伸、侧弯、旋转等活动，并且还要负担一定的体重，因此，腰部软组织所承受的张力较大，损伤的机会也较多，以男性、青壮年较为多见。由于腰部的肌肉和韧带比较复杂，任何一处发生撕裂或过度牵拉时，都能引起腰痛。损伤的范围可涉及肌肉、韧带、筋膜、椎间小关节、骶髂关节等。

1. 征象

（1）外伤后即感腰痛，不能继续用力，疼痛为持续性，活动时加重，休息后也不能消除，咳嗽、大声说话、腹部用力等均可使疼痛增加。损伤部位有压痛点。有时在受伤当时腰部有响声或有突然断裂感。

（2）腰部僵硬，主动活动困难，翻身困难，骶棘肌或臀大肌紧张，使脊柱侧弯。

（3）一般无下肢放射痛，部分患者有下肢牵涉性痛，直腿抬高试验阳性，但加强试验则为阴性。鉴别困难时，可做局部痛点普鲁卡因封闭。若痛点减轻或消失，则为牵涉痛，腿痛无改变者为神经根放射痛

2. 不同组织损伤的表现

（1）棘上、棘间韧带急性扭伤。脊柱急骤屈曲或后方暴力直接冲击局部均可引起棘上韧带损伤，根据损伤程度分为不完全断裂和完全断裂两种。棘上韧带完全断裂是在强大的暴力冲击下发生，多伴腰椎骨折与脱位，同时也伴棘间韧带断裂。检查时可见局部后凸畸形、肿胀，并有明显压痛，X 线侧位片显示棘间隙加宽，棘突后软组织阴影增厚。棘间韧带急性损伤多发生于腰骶部或常与棘上韧带损伤同时发生，临床表现是损害处疼痛，不能向前弯腰，后伸亦微痛，不能达到最大限度的后伸。

（2）腰背筋膜和骶棘肌的急性损伤。平时人们右手弯腰取物机会较多，在身体向右前方弯曲的姿势突然遭受强力扭转或侧方暴力时，常把左侧下腰部的腰背筋膜和骶棘肌拉伤，损伤的判断是靠压痛点的位置，腰向前屈患处有牵拉痛，压痛点在第 5 腰椎棘突左下方，相当于左侧小关节处。与椎小关节损伤的区别是，小关节突损伤以腰的后伸痛为主，另外小关节囊的浅层为黄韧带，所以小关节损伤也常伴有椎管内症状，即腰后伸伴有腿痛的特点，骶棘肌和腰背筋膜的损伤无根性神经痛。

（3）后纵韧带和纤维环急性损伤。急性腰扭伤的同时可能累及后纵韧带和纤维环，也就是腰椎间盘突出的阶段，先腰痛，经过数日或数周逐渐变成腿痛，先腰痛阶段是纤维环和后纵韧带的损伤阶段，腿痛是椎间盘突出的开始。后纵韧带上分布着非常敏感的硬脑膜返支的神经末梢，后纵韧带是椎管的前壁，椎管前壁有着特殊的敏感性，当后纵韧带和纤维环受到损伤后，出现明显椎管内症状，即一切能使椎管内压力增高的活动均能引起疼痛，如咳嗽、喷嚏、下蹲等。它与腰椎间盘突出症的鉴别是它只有腰痛，没有放射性腿痛，这时腰不能负重，不能转动身体，翻身起立均感困难。如果未能很好固定腰部，后纵韧带和纤维环尚未愈合牢固，过早活动和负重，容易引起腰椎间盘突出。

3. 治疗

（1）手法治疗。患者俯卧，医生用两手从背部至腰骶部的两侧，正中自上而下，轻揉按摩，再拿捏痛侧肾俞、环跳穴周围，最后扳动大腿，摇晃拉伸数次。

（2）药物治疗。内服中药，以活血化瘀、行气止痛为主。活血化瘀可用挑红四物汤加土鳖、血竭、乳香、没药等内服；行气止痛可用舒筋汤加枳壳、香附、木香等。外治可外敷跌打膏或外搽跌打酒。痛甚者，可服去痛片、消炎痛、布洛芬、扑炎痛片等。亦可用强的松龙 1 mL、1% 普鲁卡因 5 mL 做痛点封闭。

（3）针灸治疗。常取人中、委中、昆仑等穴位，强刺激，可加拔火罐。

（4）固定与功能训练。伤后宜硬板床休息，后期做腰背肌训练。

4. 预防

急性腰扭伤是腰部肌肉、韧带、关节囊、筋膜的急性损伤所致。因此预防本病的关键是注意对腰部的保护，运动时，先要活动开腰部，再开始进行。必要时要用腰围保护。

（十）腰肌劳损

腰肌劳损是腰部肌肉、椎间盘与韧带组织的慢性损伤，多由于长期工作姿势不良、腰椎畸形、腰背肌疲劳、腰部软组织急性损伤治疗不当等造成。

1. 征象

主要症状为腰或腰骶部疼痛，反复发作，疼痛可随气候变化或劳累程度而变化，时轻时重，缠绵不愈。腰部可有广泛压痛，脊椎活动多无异常。急性发作时，各种症状均明显加重，并可有肌肉痉挛，脊椎侧弯和功能活动受限。也可有下肢牵拉性疼痛，但无串痛和肌肤麻木感。疼痛的性质多为钝痛，可局限于一个部位，也可散布整个背部。

2. 治疗

主要是减轻负重、注意休息、药物治疗、理疗辅助。

（1）一般治疗：在腰痛发作的急性期，提倡适当卧床休息，以防止病情进一步发展，卧床以硬板为宜。严重者可在腰部两旁置沙袋制动。

（2）西药治疗：常可口服止痛药如布洛芬、芬必得、消炎痛等，也可用好得快局部喷涂，或激素加普鲁卡因痛点封闭。

（3）中药治疗：中成药可选人参健脾丸、补中益气丸、强肾片等配合独活寄生丸、活血止痛胶囊等治疗。外用药可选用麝香壮骨膏贴于患处或穴位上即可。

（4）理疗和按摩：常用的理疗方法主要是热疗、蜡疗、红外线、超声波、激光局部照射等。按摩腰部能够健腰强肾，疏通经络，防治腰肌劳损。腰肌劳损者可按下列方法进行自我按摩以防病治病：

①按揉肾俞、腰俞、委中、阿是穴，每穴2分钟。

②两手半握拳，在腰部两侧凹陷处轻轻叩击，力量要均匀，不可用力过猛，每次叩击2分钟。

③两腿齐肩宽站立，两手背放在背部，沿腰两侧骶棘肌上下按摩100次，以腰部感觉发热为度。

④双手叉在腰部，两腿分开与肩同宽，腰部放松，呼吸均匀，做前后左右旋转摇动，开始旋转幅度要小，逐渐加大，一般旋转80~100次。

⑤弹拨痛点10~20次，然后轻轻揉按1~2分钟。

（5）康复训练：平时要加强腰背肌及脊椎间韧带的训练和保护，对预防腰肌劳损有益处。下面介绍几种效果可靠又简便易行的康复训练方法：

①腰部前屈后伸运动：两足分开与肩同宽站立，两手叉腰，作好预备姿势。然

后做腰部充分前屈和后伸各4次，运动时要尽量使腰部肌肉放松。

②腰部回旋运动：姿势同前。腰部作顺时针及逆时针方向旋转各一次，然后由慢到快，由大到小，顺、逆交替回旋各8次。

③“拱桥式”：仰卧床上，双腿屈曲，以双足、双肘和后头部为支点（五点支撑）用力将臀部抬高，如拱桥状。随着训练的进展，可将双臂放于胸前，仅以双足和头后部为支点进行练习。反复训练20～40次。

④“飞燕式”：俯卧床上，双臂放干身体两侧，双腿伸直，然后将头、上肢和下肢用力向上抬起，不要使肘和膝关节屈曲，要始终保持伸直，如飞燕状。反复训练20～40次。

以上方法于睡前和晨起各做1次。

3. 预防

（1）防止潮湿、寒冷受凉。不要随意睡在潮湿的地方。根据气候的变化，随时增添衣服，出汗及雨淋之后，要及时更换湿衣或擦干身体。天冷时可用电热毯或睡热炕头。

（2）急性腰扭伤应积极治疗，安心休息，防止转成慢性。

（3）运动或剧烈活动时，要做好准备活动。

（4）纠正不良的姿势，如弯腰过久或伏案过低等。

（5）使用硬板软垫床，睡眠是人们生活的重要部分之一。床的合适与否直接影响人的健康，过软的床垫不能保持脊柱的正常生理曲度，所以最好在木板上加1个10厘米厚的软垫。

（十一）半月板损伤

半月板损伤在临床上较为常见。这是由于半月板所在位置和结构较复杂。膝关节承担直立负重之功能，活动度较大，易于活动过度而发生损伤，半月板又与股骨髁、胫骨平台有密切的解剖关系，其自身的形态变异及相关联结构的形态变异，均可成为半月板损伤的因素。

1. 征象

半月板损伤病人多数有旋转内收或外展的明显外伤史，亦有部分病人没有明显外伤史，但有长期蹲位或半蹲位工作的特点。半月板损伤时，病人自觉关节内有撕裂感和脆响声，膝关节局部疼痛，有压痛，出现肿胀，不能完全伸膝，活动时膝关节有响声。有的可出现膝关节交锁症状（膝关节在某种体位时，屈伸都受到限制，并伴有明显疼痛，多发生于膝关节伸直至130°～140°时）。慢性期时，膝关节疼痛减轻，但可出现膝关节打软，上下楼梯时疼痛加重，休息后可好转，久之可伴创伤性关节炎、股四头肌萎缩等。

2. 治疗

半月板损伤通常不易愈合，因为半月板血运极差，绝大部分为无血管区，只有外侧也就是靠近关节囊侧的25%～30%有血液供应。因此半月板损伤后极难愈合。一经确诊即应根据损伤情况及时治疗。以往常采用保守治疗，如手法治疗：通过内外旋转小腿，使小腿尽量屈曲后伸直，可解除膝关节交锁症状；或固定疗法：通过制动、抽液，用弹力绷带包扎，以夹板或石膏固定膝关节屈曲45°，经4～6周后可愈合，仅适用于半月板外1/3区域或半月板与关节囊交界部位有不超过1厘米长的新鲜撕裂者。保守治疗无效的则必须进行手术修补或切除。

3. 预防

为了预防半月板损伤，运动前要充分做好准备活动，将膝关节周围的肌肉韧带充分活动开。要加强股四头肌的力量练习。股四头肌力量加强了，落在膝关节的负担量相应就会减少。不要在疲劳状态下进行剧烈的运动，以免因反应迟钝、协调性差而引起半月板损伤。同时，还应防止粗野动作致伤。

第三节　训练的心理调节

一般运动员心理能力训练的方法很多，常用方法可归纳为意念训练法、诱导训练法及模拟训练法。我们在体能训练的过程中也可以适当地采用。

一、意念训练法

意念训练法是指运动员有意识地、积极地利用头脑中已经形成的运动表象或充分利用想象进行训练的方法。

意念训练对技战术训练作用显著，如在训练之前通过对技术要领方法的想象在大脑皮层中留下技术“痕迹”，然后在训练中把这些痕迹激活，可使动作完成得更加正确、顺利。又如：在训练之后，对刚刚完成的训练进行技术“回忆”，使正确动作在脑海里更加巩固。假如动作中出现错误，在回忆中伴随着对错误动作的“纠正”，与正确技术进行对比，可以使其得到“克服”，避免下次训练中再次出现。

意念训练时应注意：

在进行训练时，一定要产生一种思维运动效果，要有意识地发展思维，使思维与各种运动感觉结合起来，把头脑中的想象变成运动中机体的“活力”，使训练者注意力高度集中，闭目训练常可收到良好效果。

从某种意义上讲，自我暗示也属于意念的范畴，在训练前，一方面可以想象动作的完美过程，另一方面用暗语也可以进行自我动员与激励，取得技术想象与心理调控的双重效果。

平时意念训练可在暗室间里进行，最好在一个舒适地方坐着或躺着进行。

二、诱导训练法

诱导训练法是指在训练中采用有效刺激物把运动员的心理状态引导到某一个事物或方向上去的训练方法，可为顺利完成训练与比赛任务建立良好的心理状态。

从广义上讲，意念训练法也可以视为一种自我诱导方法。与意念训练法相比，诱导训练法的不同之处在于，训练者是通过教练员、心理学专家等他人的诱导，或用录像带等外界刺激来完成的。意念训练的诱导者是训练者自己，诱导训练的诱导者则是他人。

诱导的途径是多样的。诱导者常常发出语言信号，由运动员的听觉器官接受信息，并按预定要求去实施。鼓励与批评、说服与疏导、启发与幽默都是语言诱导的常用手段。1981 年中国女排在第一次夺得世界冠军比赛中，与美国队比赛开始前 30 秒之内，教练员袁伟民没有对队员讲打法，也没有提思想作风的要求，在剑拔弩张的紧张气氛之中，他只是要求队员们“打一场轻松的球、愉快的球”。结果比赛进行得很顺利、很成功。诱导者也可以通过做示范、展示图片、放录像和电视，把诱导信息传递给运动员，经由运动员的视觉器官接受信息，并按预定要求去实施。

使用诱导训练法应注意：

所采用的诱导手段应是运动员感兴趣的，能引起运动员注意力转移的。

诱导者是教练员、心理学家，也可是同伴，但均应是运动员愿意接受的。

应从诱导的目的、手段、信息传递方式及结果等多方面计划安排一次诱导训练，切不可随意滥用，以防产生副作用。

三、几种失常的心理现象的克服方法

（一）心理紧张的克服方法

在体能训练之前心理过度紧张，使大脑皮层对植物神经系统和皮层下中枢的调节活动减弱，呼吸短促、心跳加快，更有甚者四肢颤抖、尿频，这必然使训练者心理活动失常，很难把注意力集中到训练上去；失去控制自己行动的能力等，这都必然会影响到训练的效果。造成心理过分紧张的原因很多，如训练过度恢复不好，睡眠不足，压力过大，对自己期望过高，过去失败表象的重现等。

常用的心理紧张的克服方法有：

1. *表象放松法*

这种方法是使训练者想象他通常感到放松与舒适的环境，让训练者在头脑里置身于这个环境之中，使身体得到放松。使用这种方法的关键在于使表象中的环境清晰，在人脑中能生动地再现想象的环境，增加情境对训练者的刺激强度。

2. *自我暗示放松法*

开始由教练员指导训练者依次放松身体的各个肌肉群，同时增强呼吸，经过几次指导之后，让训练者自己独立完成。在开始时要花费较长的时间才能使全身肌肉放松，以后会使时间逐渐缩短，最后可用较少时间使全身肌肉得到放松。在进行放松时，还可使用暗语或录音带。

3. 阻断思维法

具体做法是，当训练者由于信念的丧失出现消极思维，引起心理紧张时，训练者利用大吼一声，或者向自己大喊一声“停止”，去阻断消极驱动力的意识流，以积极思维取而代之。教练员还可以确定一个响亮的信号供运动员作为阻断消极思维之用。此外，教练员还可帮助运动员确定一个用以代替消极思维的积极而切实可行的活动，用以阻断消极思维。

4. 音乐调节法

选听不同的音乐能使人兴奋、也可使人镇定。音乐给予人的“声波信息”可以消除大脑所产生的紧张，也可以帮助人内在地集中注意力，促使大脑的思想井然有序，从而调节情绪。

5. 排尿调节法

人在情绪过分紧张时，会出现尿频现象，这是因为情绪过分紧张，大脑皮层抑制过程减弱，兴奋过度，使得大脑皮层下中枢和植物神经系统调节作用减弱，如果能及时排尿，会使训练者产生愉快感，使心理和肌肉得到放松。

（二）心理胆怯的克服方法

心理胆怯是一些训练者经常出现的一种心理状态，心理胆怯使大脑皮层的控制系统陷入混乱状态，打乱了神经系统的控制，引起机能失调。克服胆怯的方法是要找出使训练者胆怯的原因，解除思想负担。一般地讲，造成训练者胆怯的原因有：

第一，训练者不相信自己的力量，对训练缺乏胜利的信心。

第二，训练者对练习结果计较得过多，压力过大。

第三，对环境不适应，会感到有一种特殊的刺激气氛，心理产生胆怯。

对训练者心理胆怯的克服方法，必须对症下药，有的放矢。

（三）情绪消极的克服方法

情绪消极是指训练者在激烈竞争的刺激下，对超限心理负荷所产生的一种失常的心理体验。表现为心情不安、有恐惧感、紧张过度和情绪失控。由于这些心理状态的出现，使训练者的生理状态发生一系列的变化，如心跳加快、呼吸困难、四肢无力等，并会导致智能下降、知觉迟钝、行为刻板，对比赛失去信心。

克服情绪消极的方法主要有：

第一，激励法。根据训练者个性与客观影响，激发训练者的士气，把消极情绪转化为积极情绪。

第二，转移法。训练者的恐惧、不安和紧张的心理状态往往是由于特定的思维定势和注意定向所引起的。对此可采用注意力转移方法，使用一些刺激物去消除引起情绪消极的诱因，从而减缓和排除消极情绪。

第三，升华法。在训练时常出现训练者的某些“能量”在一定场合下释放得恰到好处，可是在另一种场合下产生适得其反的现象。如勇气是训练者必有的品质，可是有时在某些场合下有的训练者也可能干出一些凭蛮劲而盲动的事情。这时，可以通过升华法，使训练者提高认识，增加克制力，规范自己的行为。

第四，暗示法。利用客观刺激物对训练者的心理进行调节，如在比赛中训练者看到教练员的从容表情、轻松的语言及和蔼的态度等都会得到鼓舞，消除消极情绪。训练者也可通过自我暗示，运用指导语来调节中枢神经系统的兴奋与抑制，从而形成一系列反射活动，使消极情绪得到控制。

第五，体验法。有消极情绪的训练者通过参加训练去体验，提高训练者对恐惧、紧张的免疫力，控制消极情绪的产生。

（四）心理淡漠的克服方法

心理淡漠与训练者大脑皮层兴奋过程下降、抑制过程加强有关。训练者心理淡漠，表现为情绪低落、意志消沉、精神萎靡、体力下降，对训练缺乏信心，知觉、注意力强度减弱，反应迟钝，严重影响训练效果。

克服心理淡漠的方法：

第一，帮助训练者分析心理淡漠的情况，并且应制定具体可行的措施，使之增强信心。

第二，帮助训练者端正对比赛的正确态度。

第三，防止过度训练，使训练者情绪高涨，以饱满的热情参加训练。

（五）注意分散的克服方法

注意是心理活动对一定事物的指向的集中。把注意集中在某一对象或活动上为注意的稳定性；和注意稳定性相反，是注意的分散，即通常所讲的“分心”。造成注意分散有客观与主观两方面的原因。外部刺激常易造成注意分散，如果出现一种能够引起不随意注意的客观事物时，常会吸引我们的注意力，从而出现注意分散现象。

克服注意分散的方法：

第一，在平时应加强培养训练者不为其他念头或事物干扰所分心的能力。

第二，使训练者对他所从事的事业、所实践的活动有强烈的愿望和浓厚的兴趣，这种来自内部的动机会使人的注意力高度集中。

第三，在日常生活中养成做事有头有尾、坚持到底的良好习惯。

第四，在训练时，要引导训练者不要多想训练的结果，而应把注意力集中在训练的过程上。

第五，视物法：注意力集中看一个目标，然后闭眼努力回忆这个目标形象，多做几次，直至目标在头脑里清晰地再现为止。

第六，看表法：注意力集中看手表秒针的转动，记录每次持续的时间，每次练习不少于3～4次，持续时间以能超过5分钟为好。

第七，辨音法：在嘈杂的环境中，让运动员辨别钟表走时发出的嘀嗒声音并记录听见的次数，以10分钟为限。这种方法可迫使运动员注意力集中。

思考题

1. 描述运动处方制定的基本原则及制定程序。

2. 阐述运动损伤发生的原因。

3. 如何预防肌肉拉伤？

4. 用50字引起学生思考，然后留下3个空行让学生自己写出该章节的学习思考。运动处方的制定应该因人而异，不同的人，体育锻炼的习惯、方法及特点都不相同，请根据自身的特点及喜爱的运动项目，制定一套符合自己的运动处方。

第十章　体能训练的测定与评价

本章导读　本章学习的主要内容是有关《国民体质测定标准》、《国家学生体质健康标准》、《普通人群体育锻炼标准》的介绍。通过本章的学习让读者对体能训练的测定与评价有一定的了解，为自己或他人在体能训练中进行正确的测定与评价提供参考。

第一节　我国当前健康体能评价标准简介

一、《国民体质测定标准》

2003年10月11日，继《普通人群体育锻炼标准》颁布之后，国家体育总局又颁布了《国民体质测定标准》。制定并施行《国民体质测定标准》，是深入实施全民健身计划的又一具体措施，标志着我国群众体育科学化水平有了新的提高。《国民体质测定标准》与5月颁布的《普通人群体育锻炼标准》相辅相成，前者是用来评价一个人的体质状况，而后者为群众提供了锻炼的手段和努力方向。

《国民体质测定标准》适用于3～69周岁国民个体的形态、机能和身体素质的测试与评定，按年龄分为幼儿、青少年、成年人和老年人4个部分，其中青少年标准为《学生体质健身标准》。《国民体质测定标准》对人的体质的评定分为单项指标评分和综合评定两方面，均采用百分位数法制定，综合评定采用各单项指标得分按等权相加的方式制定。

二、《国家学生体质健康标准》

《学生体质健康标准》自2002年试行以来，各地教育部门和各级各类学校认真进行组织推广，在试行中取得了很好的经验。教育部、国家体育总局在认真总结各地试行工作的基础上，根据新的形势，对《学生体质健康标准》进行了修改和完善，将《学生体质健康标准》正式定名为《国家学生体质健康标准》，并从2007年开始在全国各级各类学校全面实施。

《国家学生体质健康标准》是《国家体育锻炼标准》的有机组成部分，是《国家体育锻炼标准》在学校的具体实施，是国家对学生体质健康方面的基本要求，适用于全日制小学、初中、普通高中、中等职业学校和普通高等学校的在校学生。

该标准从身体形态、身体机能、身体素质和运动能力等方面综合评定学生的体质健康水平，是促进学生体质健康发展、激励学生积极进行身体锻炼的教育手段，是学生体质健康的个体评价标准。

该标准将测试对象划分为以下组别：小学一、二年级为一组，三、四年级为一组，五、六年级为一组，初、高中每年级各为一组，大学为一组。小学一、二年级组和三、四年级组测试项目分为3类，身高、体重为必测项目，其他2类测试项目各选测1项。小学五、六年级组，初、高中各组，大学组测试项目均为5类，身高、体重、肺活量为必测项目，其他3类测试项目各选测1项。选测项目每年由地（市）级教育行政部门、高等学校在测试前两个月确定并公布。选测项目原则上每年不得重复。

本标准各评价指标的得分之和为本标准的最后得分，满分为100分。根据最后得分评定等级：90分及以上为优秀，75~89分为良好，60~74分为及格，59分及以下为不及格。学生体质健康标准成绩每学年评定一次，按评定等级记入《国家学生体质健康标准登记卡》。学生毕业时体质健康标准的成绩和等级，按毕业当年得分和其他学年平均得分各占50%之和进行评定。

三、《普通人群体育锻炼标准》

《普通人群体育锻炼标准》是《国家体育锻炼标准》的重要组成部分，适用于20~59周岁生理和心理健康的人群。按照性别和年龄分为男女各8个组别，锻炼和测试的项目包括了耐力指标、速度指标、柔韧性指标、灵敏指标和力量指标5大类，男女各23项。

《普通人群体育锻炼标准》的测定结果与《国民体质测定标准》的评价方法相同，分为5个级别。凡达不到“4”或“5”分者，应纳入锻炼目标。

四、其他

除了以上3个评价标准体系外，《国家体育锻炼标准》还包括《军人体育锻炼标准》、《军人体能标准》、《公安民警体育锻炼达标标准》等。

上述各评价标准，包含了对健康体适能的心肺耐力素质、肌肉力量和耐力素质、柔韧性素质的评价，但都缺乏对身体成分的测试与评价，需要另行测定。

第二节　不同人群体质测定指标

一、国民体质测定标准中的成年人部分

（一）适用对象的分组

1. *分组和年龄范围*

《国民体质测定标准》（成年人部分）的适用对象为20～59周岁的中国成年人，按年龄、性别分组，每5岁为一组，男女共计16个组别。

2. *年龄计算方法*

测试时已过当年生日者：年龄＝测试年－出生年

测试时未过当年生日者：年龄＝测试年－出生年－1

（二）测试指标

测试指标包括身体形态、机能和素质三类（表10－1）。

表10－1　测试指标

类别	测试指标	
	20～39岁	40～59岁
形态	身高　体重	身高　体重
机能	肺活量　台阶试验	肺活量　台阶试验
素质	握力	握力
	俯卧撑（男）	坐位体前屈
	1分钟仰卧起坐（女）	选择反应时
	纵跳	闭眼单脚站立
	坐位体前屈	
	选择反应时	
	闭眼单脚站立	

二、国家学生体质健康标准测试项目及权重系数

表 10 – 2　国家学生体质健康标准测试项目及权重系数

组别	评价指标（测试项目）	权重系数	备 注
小学一、二年级	身高标准体重	0. 2	必 测
	坐位体前屈、投沙包	0. 4	选测一项
	50 米跑（25 米 ×2 往返跑）、立定跳远、跳绳、踢毽子	0. 4	选测一项
小学三、四年级	身高标准体重	0. 2	必 测
	坐位体前屈、掷实心球、仰卧起坐	0. 4	选测一项
	50 米跑（25 米 ×2 往返跑）、立定跳远、跳绳	0. 4	选测一项
小学五、六年级	身高标准体重	0. 1	必 测
	肺活量体重指数	0. 2	必 测
	400 米跑（50 米 ×8 往返跑）、台阶试验	0. 3	选测一项
	坐位体前屈、掷实心球、仰卧起坐、握力体重指数	0. 2	选测一项
	50 米跑（25 米 ×2 往返跑）、立定跳远、跳绳、篮球运球、足球颠球、排球垫球	0. 2	选测一项
初中、高中、大学各年级	身高标准体重	0. 1	必 测
	肺活量体重指数	0. 2	必 测
	1000 米跑（男）、800 米跑（女）、台阶试验	0. 3	选测一项
	坐位体前屈、掷实心球、仰卧起坐（女）、引体向上（男）、握力体重指数	0. 2	选测一项
	50 米跑、立定跳远、跳绳、篮球运球、足球运球、排球垫球	0. 2	选测一项

注：身高标准体重测试项目为身高、体重，肺活量体重指数测试项目为肺活量，握力体重指数测试项目为握力。

三、《普通人群体育锻炼标准》中的不同年龄阶段及性别人群的测试项目

表 10－3　《普通人群体育锻炼标准》中的不同年龄阶段及性别人群的测试项目

耐力指标	测试人群性别	
	20～39 岁	40～59 岁
9 分钟跑	男、女	男、女
5 分钟上下楼梯	男、女	男、女
1500 米跑	男	
3000 米健身走		男、女
2 分钟跳绳	女	
速度指标	测试人群性别	
	20～39 岁	40～59 岁
30 秒跳绳	男、女	男、女
25 米往返跑	男、女	
三点移动	男、女	
两点侧滑		男、女
前后击掌		男、女
柔韧指标	测试人群性别	
	20～39 岁	40～59 岁
臂夹棍体	男、女	男、女
坐位体前屈	男、女	男、女
持棍转肩	男、女	
双手背勾		男、女
灵敏指标	测试人群性别	
	20～39 岁	40～59 岁
左右横跨	男、女	男、女
象限跳	男、女	
“8”字变向跑	男、女	
绕杆跑		男、女
曲线托球跑		男、女
力量指标	测试人群性别	
	20～39 岁	40～59 岁
双手前投实心球	男、女	男、女
仰卧起坐	男、女	
原地纵跳摸高	男、女	
俯卧背伸		男、女
跪卧撑		男
仰卧举腿		女

第三节 体能测定的方法

一、国民体质测定标准

受试者测试前应保持安静状态，不要从事剧烈的体力活动，着运动服和运动鞋参加测试。

（一）形态指标

1. 身高

使用身高计测试，精度为 0.1 厘米。测试时，受试者赤脚、呈立正姿势站在身高计的底板上（躯干挺直，上肢自然下垂，脚跟并拢，脚尖分开约 60°），脚跟、骶骨部及两肩胛间与身高计的立柱接触，头部正直，两眼平视前方，耳屏上缘与眼眶下缘最低点呈水平。记录以厘米为单位，保留小数点后 1 位。

2. 体重

使用体重秤测试，精度为 0.1 千克。测试时，受试者自然站在体重秤中央，站稳后，读取数据。记录以千克为单位，保留小数点后 1 位。注意事项：测试时，受试者尽量减少着装；上、下体重秤时，动作要轻缓。

（二）机能指标

1. 肺活量

使用肺活量计测试。电子式肺活量计精度为 1 毫升，翻转式肺活量计精度为 20 毫升，桶式肺活量计精度为 50 毫升。测试时，受试者深吸气至不能再吸气，然后将嘴对准肺活量计口嘴做深呼气，直至呼尽为止。测试两次，取最大值，记录以毫升为单位。

2. 台阶试验

使用台阶（男子台高 30 厘米，女子台高 25 厘米）、秒表和节拍器（频率为 120 次/分）或台阶试验仪测试。测试时，受试者直立站在台阶前方，按照节拍器发出的提示声做上下台阶运动。当节拍器发出第一声时，一只脚踏上台阶；第二声时，另一只脚踏上台阶，双腿伸直；第三声时，先踏上台阶的脚下台阶；第四声时，另一只脚下台阶。连续重复 3 分钟后，受试者立刻静坐在椅子上，记录运动停止后 1 分到 1 分半钟、2 分到 2 分半钟、3 分到 3 分半钟的 3 次脉搏数。

如果受试者 3 次不能按照节拍器发出的节奏完成上下台阶或不能坚持运动，应立即停止运动，记录运动持续时间，并以同样方法记录 3 次脉搏数，然后，以下面公式计算台阶指数：

台阶指数 = ［运动持续时间（s）/（3 次测量脉搏数之和 ×2）］×100

（三）素质指标

1. 握力

使用握力计测试。测试时，受试者转动握力计的握距调节钮，调至适宜握距，然后用有力手持握力计，身体直立，两脚自然分开（同肩宽），两臂自然下垂，开始测试时，用最大力紧握上下两个握柄。测试 2 次，取最大值，记录以千克为单位，保留小数点后 1 位。

2. 1 分钟仰卧起坐

使用垫子和秒表测试。测试时，受试者仰卧于水平放置的垫子上，双腿稍分开，屈膝呈 90°，双手手指交叉抱于脑后，由同伴压住双脚以固定下肢。测试者发出“开始”口令的同时开表计时，受试者快速起坐，双肘触及或超过双膝，然后还原为仰卧，双肩胛触垫为完成 1 次。记录 1 分钟完成次数。

3. 俯卧撑

测试时，受试者双手撑地，手指向前，双手间距与肩同宽，身体挺直，屈臂使身体平直下降至肩与肘处于同一水平面，然后将身体平直撑起，恢复至开始姿势为完成 1 次。记录次数。

4. 纵跳

使用以人体滞空时间计算高度式电子纵跳仪测试。测试时，受试者站在纵跳仪踏板上，尽力垂直向上跳起。测试 2 次，取最大值，记录以厘米为单位，保留小数点后 1 位。

5. 坐位体前屈

使用坐位体前屈测试仪测试。测试时，受试者坐在垫上，双腿伸直，脚跟并拢，脚尖自然分开，全脚掌蹬在测试仪平板上；然后掌心向下，双臂并拢平伸，上体前屈，用双手中指指尖推动游标平滑前移，直至不能移动为止。测试 2 次，取最大值，记录以厘米为单位，保留小数点后 1 位。

6. 选择反应时

使用反应时测试仪测试。测试时，受试者中指按住“启动键”，等待信号发出，当任意信号键发出信号时（声、光同时发出），以最快速度去按该键；信号消失后，中指再次按住“启动键”，等待下一个信号发出，共有 5 次信号。受试者完成第 5 次信号应答后，所有信号键都会同时发出光和声，表示测试结束。测试 2 次，取最好成绩，记录以秒为单位，保留小数点后 2 位。

7. 闭眼单脚站立

使用秒表测试。测试时，受试者自然站立，闭眼，当听到“开始”口令后，抬起任意一只脚，同时测试员开表计时。当受试者支撑脚移动或抬起脚着地时，测试员停表。测试两次，取最好成绩，记录以秒为单位，保留小数点后 1 位，小数点后第 2 位数按“非零进一”的原则进位，如将 10. 11 秒记录为 10. 2 秒。

二、国家学生体质健康标准

1. 身高

身高测量计。使用前应校对 0 点，以钢尺测量基准板平面至立柱前面红色刻线的高度是否为 10.0 厘米，误差不得大于 0.1 厘米。同时应检查立柱是否垂直，连接处是否紧密，有无晃动，零件有无松脱等情况并及时加以纠正。

受试者赤足，立正姿势站在身高计的底板上（上肢自然下垂，足跟并拢，足尖分开成 60°）。足跟、骶骨部及两肩胛区与立柱相接触，躯干自然挺直，头部正直，耳屏上缘与眼眶下缘呈水平位。测试人员站在受试者右侧，将水平压板轻轻沿立柱下滑，轻压于受试者头顶。测试人员读数时双眼应与压板水平面等高进行读数，记录员复述后进行记录。以厘米为单位，精确到小数点后 1 位。测试误差不得超过 0.5 厘米。

2. 体重

杠杆秤或电子体重计。使用前需检验其准确度和灵敏度。准确度要求误差不超过 0.1%，即每千克误差小于 0.1 千克。检验方法是：以备用的 10 千克、20 千克、30 千克标准砝码（或用等重标定重物代替）分别进行称量，检查指标读数与标准砝码误差是否在允许范围。灵敏度的检验方法是：置 100 克重砝码，观察刻度尺变化，如果刻度抬高了 3 毫米或游标向远移动 0.1 千克而刻度尺维持水平位时，则达到要求。

测试时，杠杆秤应放在平坦地面上，调整 0 点至刻度尺水平位。受试者赤足，男性受试者身着短裤，女性受试者身着短裤、短袖衫，站在秤台中央。测试人员放置适当砝码并移动游标至刻度尺平衡。读数以千克为单位，精确到小数点后 1 位。记录员复诵后将读数记录。测试误差不超过 0.1 千克。

3. 台阶试验

台阶或凳子、节拍器（或录音机及磁带）、秒表、台阶试验仪。初中、高中和大学各年级男生用高 40 厘米台阶（或凳子），初中、高中和大学各年级女生及小学五、六年级男女生用高 35 厘米的台阶（或凳子）做踏台上、下运动。测试前测定安静时的脉搏，然后受试者做轻度的准备活动，主要是活动下肢关节。上、下台阶（或凳子）的频率是 30 次/分，因而节拍器的节律为 120 次/分（每上、下一次是四动）。受试者按节拍器的节律完成试验。

被测试者从预备姿势开始，（1）被测试者一只脚踏在台阶上；（2）另一只脚跟随，双腿伸直；（3）先踏台的脚先下地；（4）还原成预备姿势。用 2 秒上、下一次的速度（按节拍器的节律来做）连续做 3 分钟。做完后，保持静止休息状态，测量运动结束后的 1 分钟至 1 分半钟、2 分钟至 2 分半钟、3 分钟至 3 分半钟的 3 次脉搏数。并用下列公式求得评定指数，计算结果包含有小数的，对小数点后的 1 位进行四舍五入取整进行评分。

评定指数 = 踏台上、下运动的持续时间（秒）×100/ 2 ×（3 次测定脉搏之和）

4. 肺活量

电子肺活量计。房间通风良好，使用干燥的一次性口嘴（非一次性口嘴，则每换测试对象前需消毒一次，每测 1 人时将口嘴向下倒出唾液，并注意消毒后必须使其干燥）。肺活量计主机放置平稳桌面上，检查电源线及接口是否牢固，按工作键后液晶屏显示“0”即表示机器进入工作状态，预热 5 分钟后测试为佳。

首先告知受试者不必紧张，并且要尽全力，以中等速度和力度吹气效果最好。令被测试者面对仪器站立、手持吹气口嘴，面对肺活量计站立试吹 1 ~ 2 次，首先看仪表有无反应，还要试口嘴或鼻处是否漏气，调整口嘴和用鼻夹（或自己捏鼻孔）；学会深吸气（避免耸肩提气，应该像闻花式的慢吸气）。受试者进行一两次较平日深一些的呼吸动作后，更深地吸一口气，屏住气向口嘴处慢慢呼出至不能再呼为止，防止此时从口嘴处吸气，测试中不得中途 2 次吸气。吹气完毕后，液晶屏上最终显示的数字即为肺活量毫升值。每位受试者测 3 次，每次间隔 15 秒，记录 3 次数值，选取最大值作为测试结果。以毫升为单位，不保留小数。按照以下公式计算肺活量体重指数：

肺活量体重指数 = 肺活量（mL）÷体重（kg）

5. 50 米跑

50 米直线跑道若干条，地面平坦，质地不限，跑道线要清楚。发令旗一面，口哨一个，秒表若干块（一道一表）。秒表使用前，应用标准秒表校正，每分钟误差不得超过 0.2 秒。标准秒表选定，以北京时间为准，每小时误差不超过 0.3 秒。

受试者至少两人一组测试。站立起跑，受试者听到“跑”的口令后开始起跑。发令员在发出口令同时要摆动发令旗。计时员看到旗动开表计时，受试者躯干部到达终点线的垂直面停表。以秒为单位记录测试成绩，精确到小数点后 1 位，小数点后第 2 位数按非零进 1 原则进位，如将 10.11 秒读成 10.2 秒记录之。

6. 25 米 ×2 往返跑

30 米左右的跑道若干条，每道宽 2 ~ 2.5 米，地面要平坦，地质不限，跑道线要清楚。在跑道两端划两条距离 25 米的平行线，分别作为起（终）点线和折返线，并在折返线线内 1 米处插一根标杆（杆高 1.2 米以上），作为折返标志。发令旗一面，口哨一个，秒表若干块（一道一表）。秒表使用前，应用标准秒表校正，要求采用 50 米跑测试。

测试分组进行，每组至少两人。每条跑道由 1 人记录。受试者站在起跑线后准备，听到“跑”的口令后开始起跑。折返时，受试者按逆时针方向绕过标杆，不得碰扶标杆，不得串道。测试人员在发出口令的同时开表计时。当受试者胸部到达终点线的垂直面时停表。以秒为单位记录测试成绩，精确到小数点后 1 位，小数点后第 2 位数按非零进 1 原则进位，如将 10.11 秒读成 10.2 秒记录之。

7. 400 米跑

400 米、200 米、300 米田径场地跑道或其他不正规场地，但必须丈量准确。地面要平坦，地质不限，跑道线要清楚。发令旗一面，口哨一个，秒表若干块（一道一表）。秒表使用前，应用标准秒表校正，要求采用50米跑测试。

测试分组进行，每组至少两人。受试者站在起跑线后准备，用站立式起跑，当听到口令或哨音后开始起跑。发令员发出“跑”口令的同时开表计时，当受试者的躯干部到达终点线垂直面时停表。以分、秒为单位记录成绩，不计小数。

8. 50米×8往返跑

该项目是400米跑的替代项目。主要测试学生速度、灵敏及耐久力的发展水平。

50米跑道若干条，道宽2~2.5米，地面平坦，地质不限。在起（终）点线前0.5米和49.5米处各立一标杆，杆高1.2米以上，立于跑道正中。秒表若干块，使用前校正，要求同50米跑测试。

受试者至少两人一组进行测试。用站立式起跑。当听到“跑”口令后开始起跑，往返4次，往返跑时就逆时针方向绕过标杆，不得碰扶标杆，不得串道。测试人员发出“跑”口令的同时开表计时。当受试者胸部到达终点线的垂直面时停表。以分、秒为单位记录测试成绩，不计小数。

9. 800米或1000米跑

400米、300米、200米田径场跑道，质地不限。也可使用其他不规则场地，但必须丈量准确，地面平坦。秒表若干块，使用前需要校正，要求采用50米跑测试。

受试者至少两人一组进行测试，站立式起跑。当听到“跑”的口令后开始起跑。计时员看到旗动开表计时，当受试者的躯干部到达终点线垂直面时停表。以分、秒为单位记录测试成绩，不计小数。

10. 立定跳远

沙坑、丈量尺。沙面应与地面平齐，如无沙坑，可在土质松软的平地上进行。起跳线至沙坑近端不得少于30厘米。起跳地面要平坦，不得有坑凹。

受试者两脚自然分开站立，站在起跳线后，脚尖不得踩线（最好用线绳做起跳线）。两脚原地同时起跳，不得有垫步或连跳动作。丈量起跳线后缘至最近着地点后垂直距离。每人试跳3次，记录其中一次最好成绩。以厘米为单位，不计小数。

11. 投沙包

长度在30米以上的平整场地1块，地质不限。在场地一端划一条直线作为起掷线。0.25千克重的立方形或圆形沙包若干个。

受试者站往起掷线后原地投掷，要求沙包必须从肩上方投出。丈量起掷线后缘至沙包着地点后缘之间的垂直距离。为了准确丈量成绩，应有专人负责观察沙包着地点。每人投掷3次，记录其中成绩最好1次。以米为单位，取1位小数。

12. 掷实心球

长度在30米以上的平整场地一块，地质不限，在场地一端划一条直线作为起掷线。实心球若干，小学三至六年级测试球重为1千克，初中、高中、大学各年级测试球重为2千克。

测试时受试者站在起掷线后，两脚前后或左右开立，身体面对投掷方向，双手举球至头上方稍后仰，原地用力把球向前方掷出。如两脚前后开立投掷，当球出手的同时后脚可向前迈出一步，但不得踩线。每人投掷 3 次，记录其中成绩最好的 1 次。记录以米为单位，取 1 位小数。丈量起掷线后缘至球着地点后缘之间的垂直距离。为了准确丈量成绩，应有专人负责观察实心球的着地点。

13. 握力

电子握力计或弹簧式握力计。

受试者两脚自然分开成直立姿势，两臂自然下垂。一手持握力计全力紧握（此时握力计不能接触受试者的衣服和身体），记下握力计指针的刻度（或握力器所显示的数字）。用有力（利）手握两次。取最大值，以千克为单位，保留 1 位小数。按照以下公式计算握力体重指数：

握力体重指数 = 握力（kg）÷体重（kg）×100

14. 引体向上

高单杠或高横杠，杠粗以手能握住为准。

受试者跳起双手正握杠，两手与肩同宽成直臂悬垂。静止后，两臂同时用力引体（身体不能有附加动作），上拉到下颌超过横杠上缘为完成 1 次。记录引体次数。

15. 坐位体前屈

坐位体前屈测试计。

受试者两腿伸直，两脚平蹬测试纵板坐在平地上，两脚分开约 10～15 厘米，上体前屈，两臂伸直前，用两手中指尖逐渐向前推动游标，直到不能前推为止。测试计的脚蹬纵板内沿平面为 0 点，向内为负值，向前为正值。记录以厘米为单位，保留 1 位小数。测试两次，取最好成绩。

16. 仰卧起坐

垫子若干块（或代用品），铺放平坦。

受试者仰卧于垫上，两腿稍分开，屈膝呈 90°左右，两手指交叉贴于脑后。另一同伴压住其踝关节，以固定下肢。受试者坐起时两肘触及或超过双膝为完成 1 次。仰卧时两肩胛必须触垫。测试人员发出“开始”口令的同时开表计时，记录 1 分钟内完成次数。1 分钟到时，受试者虽已坐起但肘关节未达到双膝者不计该次数，精确到个位。

17. 跳绳

地面平整、干净的场地一块，地质不限。主要测试器材包括秒表、发令哨、各种长度的跳绳若干条。

两人一组，一人测试，一人记数。受试者将绳的长短调至适宜长度，听到开始信号后开始跳绳，动作规格为正摇双脚跳绳，每跳跃一次且摇绳一回环（一周圈），计为一次。听到结束信号后停止，测试员报数并记录受试者在 1 分钟内的跳绳次数。测试单位为次。

18. 踢毽子

地面平整、干净的场地，地质不限。主要测试器材包括秒表、发令哨、毽子若干个。

受试者听到开始信号后开始踢毽子，动作规格为单脚或双脚交换踢毽子。听到结束信号后停止，测试员报数并记录受试者在30秒钟内的踢毽子次数。测试单位为次。

19. 篮球运球

测试场地长20米，宽7米，起点线后5米设置两列标志杆，标志杆距左右边线3米。各标志杆距杆3米，共5排杆，全长20米，并列的两杆间隔1米。测试器材包括了秒表（使用前应进行校正，要求同50米跑）、发令哨、30米卷尺、标志杆10根（杆高1.2米以上）、篮球若干个。小学五、六年级采用小篮球，球重为450～500克，球圆周为68～70厘米；初中、高中和大学为篮球。测试用球应符合国家标准。

受试者在起点线后持球站立，听到出发口令后，按图中所示箭头方向单手运球依次过杆，高中学生和大学生每次过杆时需换手运球。发令员发令后开表计时，受试者与球均返回起终点线时停表。每名受试者测2次，记录其中成绩最好的一次。以秒为单位记录测试成绩，精确到小数点后1位，小数点后第2位数按非零进1原则进位。

20. 足球颠球

坚实、平整场地一块。测试器材包括小足球若干个，球重为280～310克，球圆周为54～56厘米。

受试者在原地将球抛起，用脚背正面连续颠球，球落地则测试结束，按次计数。其他部位触球可作为调整，不计次数。每名受试者测两次，记录其中1次最好成绩。测试单位为次。

21. 足球运球

在坚实、平整场地或足球场上进行，测试区域长30米，宽10米，起点线至第一杆距离为5米，各杆间距5米，共设5根标志杆，标杆距两侧边线各5米。测试器材包括足球若干个（测试用球应符合国家标准），秒表（使用前应进行校正、要求同50米跑）、30米卷尺、5根标志杆（杆高1.2米以上）。

受试者站在起点线后准备，听到出发口令后开始向前运球依次过杆，不得碰杆。受试者和球均越过终点线即为结束。发令员发令后开始计时，受试者与球均返回终点线时停表。每人跑2次，记录其中1次最好成绩。以秒为单位记录测试成绩，精确到小数点后1位。小数点后第2位数按非零进1原则进位。

22. 排球垫球

在坚实、平坦的场地或排球场上进行，小学五、六年级的测试区域为2.5米×2.5米，初中、高中和大学的测试区域为3米×3米。小学五、六年级测试器材为软式排球，初中、高中、大学的测试器材为排球。测试用球应符合有关国家标准。

受试者在规定的测试区域内原地将球抛起，个人连续正面双手垫球，要求手型正确、击球部位准确、达到规定的高度，球落地即为测试结束，按次计数。受试者每次垫球应达到的高度，小学五、六年级为 2 米，初中男生为 2.24 米，初中女生为 2 米，高中和大学男生为 2.43 米，高中和大学女生为 2.24 米。每名受试者测试 2 次，记录其中 1 次最好成绩。测试单位为次。

第四节　不同人群体质评定的方法与标准

一、《国民体质测定标准》中成年人的评定方法与标准

（一）评定方法

采用单项评分和综合评级进行评定。

单项评分包括身高标准体重评分和其他单项指标评分，采用 5 分制。

综合评级是根据受试者各单项得分之和确定，共分 4 个等级：一级（优秀）、二级（良好）、三级（合格）、四级（不合格）。任意一项指标无分者，不进行综合评级。

表 10 - 4　综合评级标准

年龄	20 ~ 39 岁	40 ~ 59 岁
等级	得分	得分
一级（优秀）	>30 分	>26 分
二级（良好）	30 - 33 分	24 - 26 分
三级（合格）	23 - 29 分	18 - 23 分
四级（不合格）	<23 分	<18 分

（二）评分表

评分表请参照《国民体质测定标准手册（成年人部分）》，由国家体育总局编著，人民体育出版社出版，出版日期为 2003 年 12 月，在此不再做详细阐述。

二、《国家学生体质健康标准》的评分标准

单项评价标准根据评分表查询，综合等级评价标准根据各单项得分，以及权重系数，计算出总得分，再按综合等级评价标准，确定评价等级。

综合等级评价标准为：优秀：总分 90 分以上；良好：总分 75 ~ 89 分；及格：总分 60 ~ 74 分；不及格：总分 59 分以下。

（一）评分表

评分表请参照《国家学生体质健康标准》，由中国法制出版社出版，出版日期为

2007 年 4 月，在此不再做详细阐述。

（二）评分表的使用方法

使用评分表对学生的测试结果进行评价可分为两个部分，首先是对各项测试结果分别评分，得出相应评价指标的得分和等级；第二部分是对每一个学生给出一个总的得分和等级。下面就分别予以介绍。

如：某小学五年级的一位女生的身高为 141.5 厘米，体重为 37 公斤，查相应身高标准体重表，在正常体重的 31.7 ~ 39.0 的范围内，得 100 分；测得台阶试验成绩为 64，查表为优秀，得 10 分；测得肺活量为 1850 毫升，计算肺活量体重指数为 50（1850/37 = 50），为及格，得分为 69；测得 50 米跑成绩为 8.7 秒，为优秀，得 94 分；测得仰卧起坐为 38 个，属于良好，得分 78。

通过这一步对受试者每一项指标进行评价，我们就可以了解该生在体质健康各个方面的具体情况和等级，教师可以根据每个学生的个体差异，对于不够理想的指标，进行有针对性的锻炼，鼓励学生进步与发展，从而不断提高每个学生的体质健康水平。

如果想要对它进行总体评价，就需要对查出的分数进行下一步计算。

上面举例的某小学五年级一位女生的总分 = $100 \times 0.1 + 100 \times 0.2 + 69 \times 0.3 + 94 \times 0.2 + 78 \times 0.2 = 85.1$（分）。依据综合评级标准，该生的体质健康评分等级为良好。

（三）身高标准体重查表补充说明

如果个别学生的身高（太高或太低）在表中查不到时，可按下列方法折算后再查表。

当学生身高低于表中所列出的最低身高段的下限值时，实测身高需要加上与下限值之差，并且身高每低 1 厘米，实测体重需加上 0.5 千克查表确定分值。

当学生身高高于表中所列出的最高身高段的上限值时，实测身高减去与上限值的差值，身高每高 1 厘米，其实测体重需减去 0.9 千克，再查表确定分值。例如：小学五年级的某位女生的身高为 113.3 厘米，体重为 22.5 千克。由于小学五年级身高女生标准体重表的最低身高段为 115.0 ~ 115.9 厘米，该生查表的身高为 113.3 厘米 + 2 厘米 = 115.3 厘米，其体重为 22.5 千克 + 0.5 千克 × 2 = 23.5 千克，查相应身高标准体重表，在身高段 115.0 ~ 115.9 厘米的正常体重的 19.5 ~ 24.1 的范围内，得 100 分。

再如：某小学五年级的一位女生的身高为 171.0 厘米，体重为 61.0 千克。由于小学五年级身高标准体重表的最高身高段为 168.0 ~ 168.9 厘米，该生查表的身高为 171.0 厘米 − 3 厘米 = 168.0 厘米，其体重为 61.0 千克 − 0.9 千克 × 3 = 58.3 千克，查相应身高标准体重表，在身高段 168.0 ~ 168.9 厘米的正常体重的 49.2 ~ 58.9 千克的范围内，得 100 分。

第五节　身体成分的测定与评价

身体成分的测量与评价主要是对人体脂肪成分进行测量与评价。同样年龄、性别、身高、体重的人，其身体成分并不一定相同。脂肪成分过少的人，说明营养不良或有某种疾病。而脂肪成分过多的人，则表明运动不足、营养过剩或有某种内分泌系统的疾病。

目前，随着高科技的发展和普及，人们已经采用 CT 法、核磁共振法等方法对身体成分进行直接或间接的测定。这里主要介绍皮褶厚度法和水下称重法。

一、身体成分测定

（一）皮褶厚度法

皮褶厚度法是用皮褶厚度计测量身体某些部位的皮褶厚度，再计算体密度、体脂百分比、体脂重和瘦体重的方法。它比水下称重法简便易行，仪器轻便容易携带，适宜于群体测量。

1. 皮褶厚度测量

测量仪器：皮褶厚度计（压强应保持在 10 克/毫米^2），测量前应将校验砝码挂于钳口，将指针调整至红色标记刻度的 15 ~25 毫米范围内。每次测试前将指针调至零点）。

测量方法：受试者自然站立，暴露测试部位。测试者选准测量点，用左手拇指和食指、中指将皮褶捏起，右手持皮褶厚度计将卡钳张开，卡在捏起部位下方约 1 厘米处，待指针停稳，立即读数并作记录。测量 3 次取中间值或取其中两次相同的值。测量误差不得超过 5%。以毫米为单位，取小数点后 1 位记录。

测量部位：

（1）臂部：肩峰与上臂后面鹰嘴连线中点，皮褶走向与肱骨平行。

（2）肩胛部：肩胛骨下角点下约 1 厘米处，皮褶走向与脊柱成 45°，方向斜下。

（3）腹部：脐水平线与锁骨中线相交处，皮褶走向水平。

（4）髂部：髂嵴上缘与腋中线相交处上方约 1 厘米处，皮褶走向稍向前下方。

（5）大腿部：大腿前部股骨中点处，皮褶走向与股骨平行。

2. 计算方法

（1）计算身体密度（D）

将测得皮褶厚度数值代入体密度推算回归方程式（表 10 -5）计算体密度。

$$F\% = \left(\frac{4.570}{D} - 4.142\right) \times 100\%$$

（2）计算体脂百分比（$F\%$）

（3）计算体脂重（F）

W 为空气中体重（kg）

（4）计算瘦体重（LBW）

$LBW = W - F$

表 10－5　体密度推算回归方程式

年龄（岁）	男子	女子
9～11	$D = 1.0879 - 0.00151X_1$	$D = 1.0794 - 0.00142X_1$
12～14	$D = 1.0868 - 0.00133X_1$	$D = 1.0888 - 0.00153X_1$
15～18	$D = 1.0977 - 0.00146X_1$	$D = 1.0931 - 0.00160X_1$
成人	$D = 1.0913 - 0.00116X_1$	$D = 1.0897 - 0.00133X_1$
成人	$D = 1.08S3 - 0.00176X_2$	$D = 1.0709 - 0.00105X_2$
成人	$D = 1.0872 - 0.00205X_3$	$D = 1.0711 - 0.00164X_3$

表中：

D——体密度

X_1——肩胛部与臂部皮脂厚度之和

X_2——腹部皮脂厚度

X_3——髂部皮脂厚度

（二）水下称重法

水下称重法是根据阿基米德定律，即浸入液体中的物体所受到的浮力，等于该物体所排开同体积液体的重量。人体浸入水中所受到的浮力，等于人体所排开水的重量，然后，通过人体在空气和水中体重的差值、浸入水中体内肺残气量以及水的密度等，计算出人体密度，再推算出体脂百分比、体脂重和瘦体重。

用水下称重法测量身体成分较为复杂，需要在实验室条件下进行，不适宜大面积地进行群体测量。但在进行群体测量时，水下称重计算体密度的方法有效性和可靠性较高，常作为效标用来检验其他身体成分间接测量方法的有效性。

1. 水下称重法测量

测量仪器：水箱、称重仪、恒温器、水温计、肺活量计、体重计。

测量方法：

（1）测量前 2 小时之内不得进食，须排空大小便。

（2）令受试者着游泳衣（裤）测量空气中体重。

（3）测量肺活量并换算成标准状态下肺活量（表 10－6）。

（4）进入水下称重器水箱之前，先淋浴全身及头发，全部湿透。

（5）进入水下称重器水箱，坐于称重器座位，排出身体表面及衣裤中的气体。

表 10－6　不同室温标准状态下肺活量（BTPS）

T（℃）	BTPS	T（℃）	BTPS
20	1.102	26	1.068
21	1.096	27	1.063
22	1.091	28	1.057
23	1.085	29	1.051
24	1.080	30	1.045
25	1.075	—	—

（6）深吸气后将肺内气体尽量呼出，然后闭气将头浸没在水中，至水中气泡全部排出，身体不要摆动，当称重仪上的指针稳定后立刻读数并记录。连续测量几次，当测量值稳定在一定范围时，取相邻数值接近的 3 个实测值的平均数为水下称重的测量值。测量完毕，立刻记录即时水温。计算时，按照记录的即时水温查水的密度。水密度见表 10－7。

表 10－7　水密度

水温（℃）	水密度（单位）	水温（℃）	水密度（单位）
21	0.9980	31	0.9954
22	0.9978	32	0.9951
23	0.9975	33	0.9947
24	0.9973	34	0.9944
25	0.9971	35	0.9941
26	0.9968	36	0.9937
27	0.9965	37	0.9934
28	0.9963	38	0.9930
29	0.9960	39	0.9926
30	0.9957	40	0.9922

2. 计算方法

（1）计算体密度 D_b

$$D_b = \frac{W_a}{\dfrac{W_a - W_w}{D_W} - (R_v + 0.1)}$$

公式中：

W_a 为空气中体重（kg）；

W_w 为水中体重－水中附加物重量（kg）；

D_w 为测定时水温所对应的水密度；

R_v 为肺残气量（L），男子 R_v = 肺活量 ×0.24（L），女子 R_v = 肺活量 ×0.28（L）；

0.1 为肠残气量（L）。

（2）计算体脂百分比（$F\%$）

$$F\% = \left(\frac{4.570}{D_b} - 4.142\right) \times 100$$

$$F = W_a \times F\%$$

（3）计算体脂重（F）

（4）计算瘦体重（LBW）

$$LBW = W - F$$

现有多种专门的人体成分分析仪如 InBody720，只要几分钟的时间就可以直接给出如体重（kg）、去脂肪体重（LBM）、身体水分总量（TBW，L）、细胞内液总量（ICW，L）、细胞外液总量（ECW，L）、体表面积、身体脂肪（BF）、腰臀脂肪分布比率、骨骼肌（SMM）、身体脂肪比率（%BF）等数据，极大地提高测量效率。

二、身体成分评价

（一）体脂百分比

据有关研究报道，我国青年男子体脂百分比一般在 10%～15%，女子为 20%～25%。随着年龄的增长体脂百分比有所增加，中年时期最高。除个别运动项目外，长期从事运动的人及运动员体脂百分比较一般人低。人体要保持良好的机能状况，适宜的脂肪是必不可少的，各种身体状态下的体脂百分比如表 10－8 所示。

表 10－8　各种身体状态下的体脂百分比（%）

身体状态	男	女
必需脂肪量	0～5	0～8
最少脂肪量	5	15
运动员	5～13	12～22
最佳健康状况	10～25	18～30
最佳体力状态	12～18	16～25
肥胖	>25	>30

我国目前对身体成分评价方面尚未有统一标准，有待研究制订。表 10－9 为日本人用皮下脂肪厚度评价肥胖程度的标准，仅供参考。

表 10－9　日本人用皮下脂肪厚度评价肥胖程度的标准

性别	年龄阶段（岁）	轻度肥胖 皮褶厚（mm）	轻度肥胖 体脂肪（%）	中度肥胖 皮褶厚（mm）	中度肥胖 体脂肪（%）	高度肥胖 皮褶厚（mm）	高度肥胖 体脂肪（%）
男	6～8	20	20	30	25	40	30
	9～11	23	20	32	25	40	30
	12～14	25	20	35	25	45	30
	15～18	30	20	40	25	50	30
	成人	35	20	45	25	55	30
女	6～8	25	25	35	30	45	35
	9～11	30	25	37	30	45	35
	12～14	35	25	40	30	50	35
	15～18	40	30	50	35	55	40
	成人	45	30	55	35	60	40

注：皮褶厚＝臂部＋肩胛部

1975 年库茨尔曼介绍了一种体脂百分比简易测量法，根据皮褶厚度总和查表估计体脂百分比。此方法男女皮褶测试部位不同，男子测量肱二头肌部、肱三头肌部、髂嵴部、肩胛部四个部位，女子测量肱三头肌部、髂嵴部两个部位。然后依表 10－10，根据各部位皮褶厚度测试总和查找对应体脂百分比。

表 10－10　皮褶厚度估计体脂百分比

男 皮褶总和（mm）	男 体脂%	女 皮褶总和（mm）	女 体脂%
15	5	8	13
20	9	12	14
25	11	14	15
30	13	18	16
35	15	20	17
40	17	24	18
45	18	26	19
50	20	30	20
55	21	32	21
60	22	34	22
65	23	38	23
70	24	40	24
75	25	42	25

续表

男		女	
皮褶总和（mm）	体脂%	皮褶总和（mm）	体脂%
80	26	44	26
90	27	48	27
100	28	50	28
110	29	52	29
120	30	56	30
130	31	58	31
140	32	62	32
150	33	64	33
160	34	68	34
175	35	70	35
190	36	72	36
205	37	76	37
220	38	80	38
235	39	82	39
255	40	86	40
275	41	88	41
295	42	90	42

（二）身体质量指数（BMI）

BMI 是以相对于身高的体重，来衡量体重是否超重的常用指标。在一般情况下，与体脂百分比有一定关系，但并不能真正反映人体内的脂肪含量占体重的百分数。在没有条件测量体脂百分比的情况下，BMI 可作为评价是否肥胖的参考。计算公式为：

BMI = 体重（kg）/身高^2（m^2）

BMI 在亚洲与欧美的标准并不相同，欧美 BMI 在 25 ~ 30 为超重，超过 30 有肥胖；亚洲地区 BMI 在 23 ~ 25 视为超重，BMI 超过 25 为肥胖。表 10 – 11 是亚太地区 BMI 的评价标准。

表 10 – 11　亚太地区 BMI 评价标准

BMI	评价
30 ~ 70	严重肥胖
25 ~ 30	肥胖
23 ~ 25	超重
18.5 ~ 23	健康
10 ~ 18.5	体重不足

［引自 XENICAL，身体质量指数（BMI）计算器］

（三）肥胖程度

肥胖程度是指一个人的实际体重占其同性别、同年龄组标准体重的百分比。与BMI相同，只能作为评价身体成分的参考指标。

肥胖程度的计算公式为：

肥胖程度（%）＝实际体重/标准体重×100%

其中的标准体重，有不同的确定方法。我国国民体质监测结果，是标准体重的最佳依据。可参看《2000年国民体质监测报告》的有关部分。

一般认为，实际体重与标准体重相关在±10%以内为正常。故按照上述公式计算，肥胖程度在90%～110%之间为体重正常；若在110%～120%之间，属于超重；大于120%，就可诊断为肥胖，应考虑采用减肥处方进行锻炼。

思考题

1.《国民体质健康标准》对体质的评定分为哪两个部分？其之间的区别是什么？

2.《普通人群体育锻炼标准》中锻炼和测试的项目包括那几个部分？

3. 试比较《普通人群体育锻炼标准》与《国家学生体质健康标准》的不同，并思考我国学生体质健康还应测量哪些部分。

第十一章　体能训练的器材与维护

本章导读　如何挑选好的或者适合自己的体能训练器材是进行体能训练的重要前提。为了坚持锻炼，我们要添置体能训练的器材，这样就可以不受时间、天气限制，随时享受运动的乐趣。本章将介绍一些常用体能训练的器材及体能训练器材的维护。

第一节　体能训练器材的种类

体能训练器材的种类很多，依据器材大小将体能训练器材分为轻型体能练习器材、中型体能练习器材、大型体能练习器材三大类。

一、轻型体能练习器材

（一）上肢力量练习器材

1. 棒铃

【材质】纯钢。

【规格】重量 15 千克，长度 44 厘米，宽度 7 厘米。

【产品说明】棒铃是模仿棒球棒形状的一种力量训练用具，它由整根铁柱车成棒球棒形状，外表打磨抛光并烤漆。经久耐用，属于野蛮型训练用品。国外体能训练必备，俄罗斯熊怪的练习法宝，摔跤、格斗训练圣品。

图 11－1　棒铃

2. 俯卧撑轮

【材质】优质工程塑料 + 进口乳胶。

【规格】单轮直径 15 厘米，手柄处 20 厘米，拉力管总长度 125 厘米。

【产品说明】欧美最火的俯卧撑轮，具有多种用途，可以非常方便地携带，锻炼你身体的手臂、腹部、背部等部位，尤其是 2 小轮拆开分离后的用途更加多样化，可针对性地进行个性化的训练。带有拉力绳返回助力，在俯卧撑伸展返回动作时，可以让动作完成地更圆满，减少肌肉受损的机率。

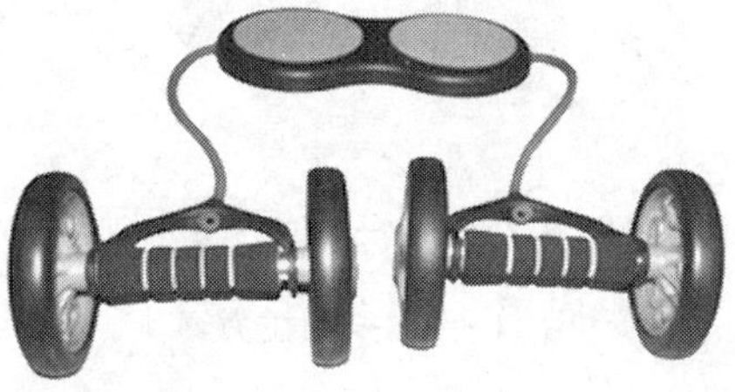

图 11－2　俯卧撑轮

3. 健身拉力棒

【材质】玻纤 + 优质乳胶。

【规格】杆直径 3 厘米，长度 130 厘米 ，拉力管长度 70 厘米 ，拉力 10 磅。

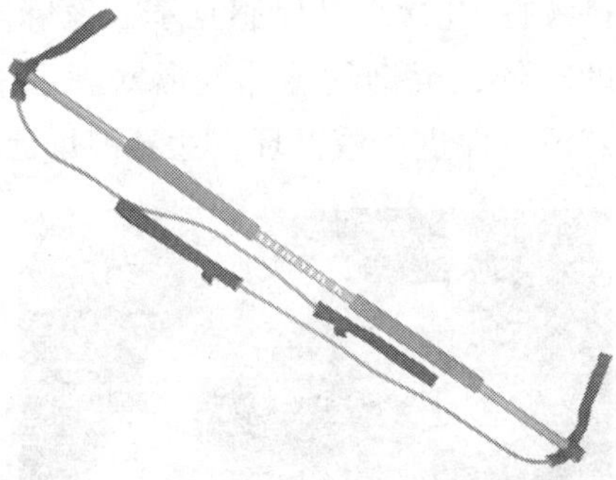

图 11－3　健身拉力棒

【产品说明】健身拉力棒涉及一种体育健身器械，特别是一种连有弹力绳的健身拉力棒。它由拉力棒和弹力绳构成，弹力绳连接在拉力棒的两端，拉力棒可分段成一组合棒，端部为连接组合棒，中部为分段组合棒，组合棒之间由紧固件连接固定，可卸下或装上。可供人们进行身体各部位的运动，从而可以增强体质、健美体形。它具有杠铃、划船器、拉力带等器械的多种作用，可以锻炼到全身部位的肌肉，尤其是美化腿部、腰腹部曲线。

4. 一字拉力绳

【材质】天然优质乳胶。

【规格】绳长 1.2 米 ，拉力 15 磅。

【产品说明】一字拉力器针对全身的大多数部位进行训练，主要包括：胸肌、手臂内外侧肌肉、臂部肌肉、腹肌、腿部内外侧肌肉、手腕等。还可以锻炼肩周和颈椎，促进血液循环，防止肩周炎和颈椎疾病。使用者可根据不同的力量级别选择一字拉力器、两管拉力器或三管拉力器。

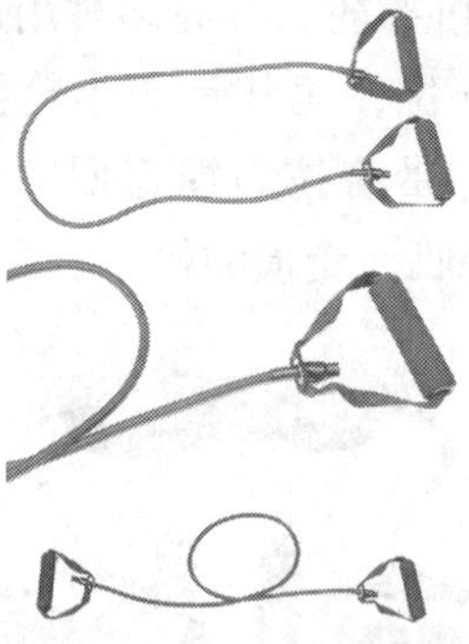

图 11－4 一字拉力绳

5. 握力球

【材质】热浸塑海绵体，类似硅胶质感，无异味。

【规格】重量 0.5 千克，圆球。

【产品说明】此款握力球为最专业的功能性训练握力球，可锻炼手指、手臂力量。握力球的体积不大，刚好握在手掌里，手握握力球，用力下捏，能感觉到握力球带给手指的压力。一般持续握 10 次，就能感觉掌心发麻发热，之后就是很舒适的感觉。因为用力捏握力球的时候，柔韧的球体变形塞满手掌，手掌一松一紧，球体能有效地刺激手掌的各大穴位，促进血液循环，达到锻炼保健的效果。

图 11－5 握力球

6. 腕力器

【材质】高强度实心 PP 架＋优质 PVC 防滑软胶套＋弹簧。

【规格】长度 26 厘米，宽度 14.5 厘米。

【产品说明】本品采用优质合金制成，不易变形，手感舒适。手腕是人体的重要部位，尤其是羽毛球、网球、排球、篮球运动员的腕力更为重要，这一款腕力器专为锻炼腕力而设计，是提高腕力非常有效的一个器具。腕力器用优质合金制成，更加柔软舒适，指型式设计，更加适合手掌的把握。

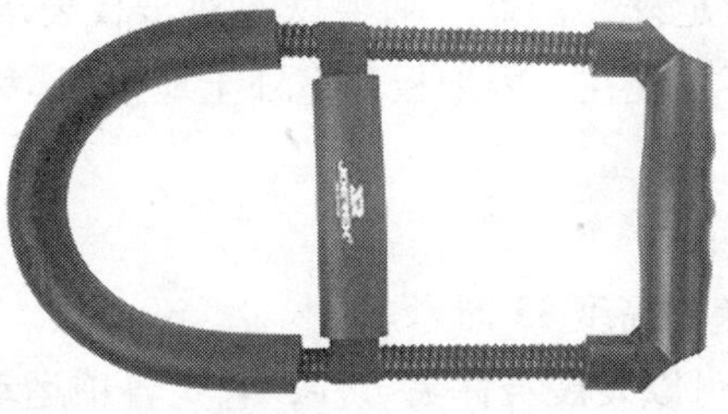

图 11－6　腕力器

7. 高强度塑料俯卧撑架

【材质】高强度实心 PP 架＋优质 PVC 防滑软胶套。

【规格】长度 26 厘米，宽度 18 厘米，高度 15 厘米。

【产品说明】俯卧撑——最简单实用的健身动作，但直接撑地会造成手掌及腕部不适，长时间会损伤手腕。同时俯卧撑也是一种易学但却难掌握的运动，姿势的标准很重要。只有姿势标准才能达到锻炼效果。俯卧撑架完全按照力学设计，不但能够端正运动姿势，而且事半功倍，提高锻炼的效率。

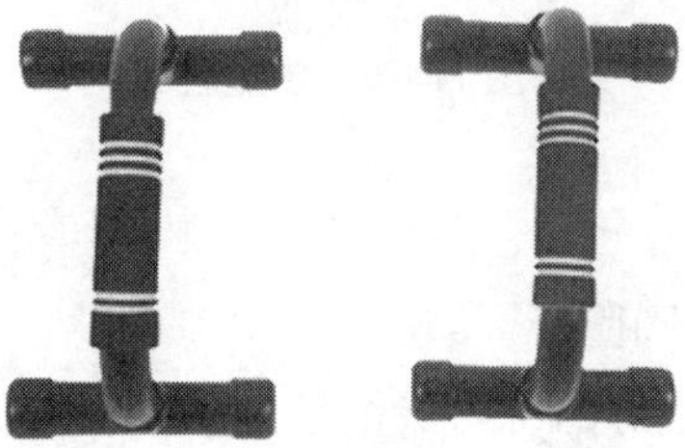

图 11－7　高强度塑料俯卧撑架

（二）下肢力量练习器材

1. 敏捷梯

【材质】PP 塑胶。

【规格】重量 1.8 千克，长度 5.05 米，宽度 43.5 厘米。

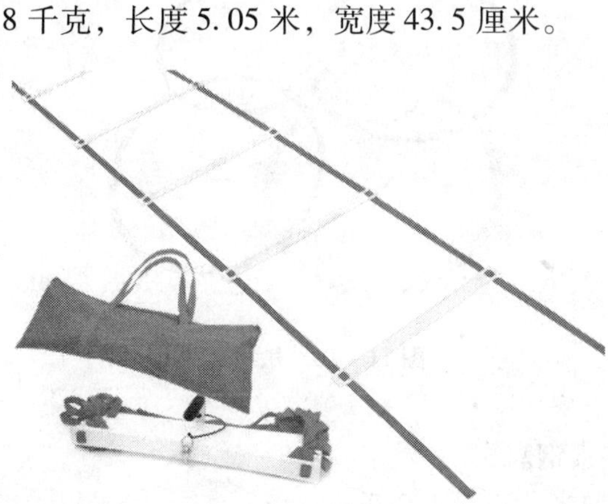

图 11－8　敏捷梯

【产品说明】敏捷梯是通过训练能够提高脚步移动的速度，身体的灵活性、平衡性以及协调性，尤其适合足球、网球、羽毛球等对步伐要求较高的运动。本敏捷梯可折叠，可随身携带，可方便在室内地板和室外土地使用。

2. 敏捷栏

【材质】铁架。

【规格】宽度 74 厘米，高度 83 厘米。

【产品说明】敏捷栏可以发展身体灵敏性，它是各项运动中训练弹跳、敏捷、躲避障碍、步伐的必备工具。

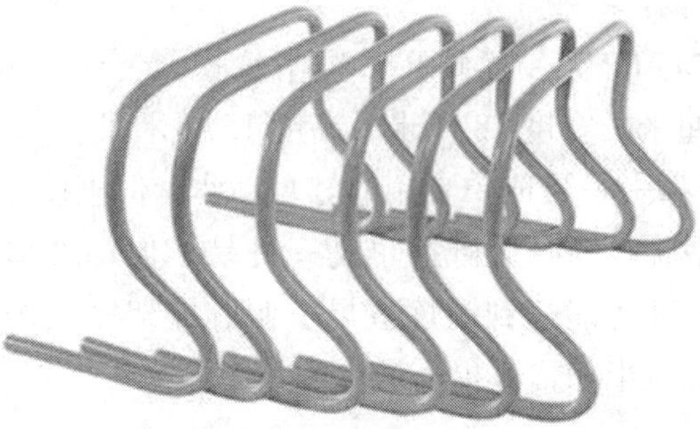

图 11－9 敏捷栏

3. 敏捷圈

【材质】ABS 工程塑料。

【规格】直径 48 厘米，圆圈。

【产品说明】敏捷圈是最好的练习灵活性的工具。通过训练能够提高脚步移动的速度，身体的灵活性、平衡性以及协调性，每个项目都适用，尤其适合足球、网球、羽毛球等对步伐要求较高的运动。它可以按照训练需要排布成各种形状，相对于敏捷梯来说，它具有多向性和更加富有变化。

图 11－10 敏捷圈

4. 魔力圈

【材质】PVC＋碳素钢。

【规格】直径 35 厘米，重量 1.3 千克。

【产品说明】魔力圈，也被称之为阻力圈。看起来它并无特别之处，但在普拉提中加入魔力圈后，立刻会使训练变得富有挑战，但也增加了训练中的不稳定因素，从而使训练效果事半功倍。

图 11-11　魔力圈

5. 木质平衡板

【材质】木质板。

【规格】长度 60 厘米，宽度 40 厘米，高度 12 厘米。

【产品说明】适合各类需要加强平衡性的运动，健身爱好者、儿童锻炼平衡能力，偏瘫、脑瘫等运动失调患者进行平衡、协调康复训练。

图 11-12　木质平衡板

（三）腰腹及综合力量练习器材

1. 半圆平衡球

【材质】球 PVC，底座工程塑料。

【规格】直径 58 厘米，高度 25 厘米，重量 6.5 千克。

【产品说明】平衡球主要由两部分组成，上半部分是一个橡胶的半球，下面是一个直径 20 英寸的方形塑料平台，平台两侧有凹陷的把手，这样方便携带和移动。通过对身体核心部位的锻炼，使脊柱变得柔软有韧性。不但改善了身体线条，还对矫正颈部和脊髓起到好的效果。

图 11-13　半圆平衡球

2. 健身球

【材质】环保 PVC 材质。

【规格】直径 75 厘米，高度 85 厘米。

【产品说明】健身球是一种配合运动健身的球类运动工具。材质多是由柔软的 PVC 材料制成，当人体与之接触时，内部充气的健身球会均匀地抚摸人体的接触部位从而产生按摩作用，这有益于促进血液循环。瑜伽球的动作编排是针对腹部、背部、腰部等主要部位，练习时要配合缓慢、有节奏的呼吸进行伸展、挤压等动作，令肌肉得到有效的按摩、放松、消耗脂肪的功效，同时也提高专注能力，减轻精神压力，增强四肢和脊椎的承受的耐力。

图 11-14 健身球

3. 实心球

【材质】橡胶材质，不怕摔，不破裂，手感阻力大。

【规格】重量 3 千克，直径 19 厘米。

【产品说明】实心球运动是一项最古老的力量和体形健康训练运动。实心健身球作为一种重要的训练工具而在世界范围内的奥林匹克训练中心得到广泛使用，但它也能很好地适用于全身。这种训练方法可形成身体良好的平衡性和自然流畅的体形。使用者可从重量轻的球开始，采用循序渐进的锻炼方式。

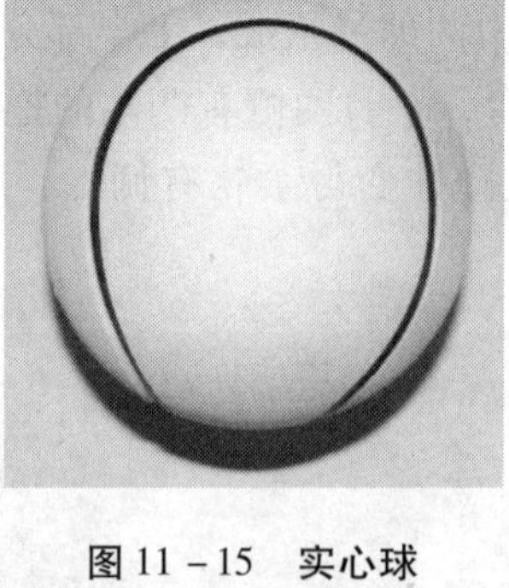

图 11-15 实心球

4. 六角反应球

【材质】橡胶材质。

【规格】直径 8 厘米，重量 0.4 千克。

【产品说明】六角球也称反应球，由实心橡胶制成，抛掷在地上会不定向地反弹，在国际上是速度反应练习的必备用品，适合网球、羽毛球、乒乓球、体操练习者练习反应速度。

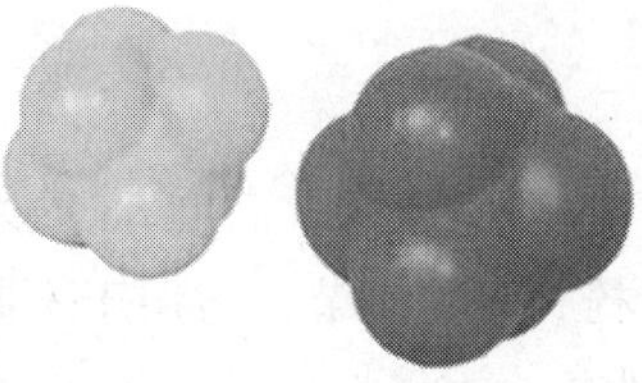

图 11－16　六角反应球

5. 甩球

【材质】橡胶材质。

【规格】直径 8 厘米，重量 1.5 千克。

【产品说明】弹性甩球是在能量球的基础上进行改良设计，加配了一条结实的黑绳；训练时贴墙站立，通过核心区发力快速带动躯干和上肢，抡起甩球在身体两侧对甩。非常适合于摔、砍、扔等动作，专用于躯干旋转爆发力训练。

图 11－17　甩球

6. 双耳药球

【材质】天然橡胶。

【规格】直径 240 厘米，重量 2.7 千克。

图 11－18　双耳药球

【产品说明】药球，通常也可称为重力球、健身球。常用于辅助病人的损伤恢复、康复治疗和力量训练。药球训练，在结合项目的体能训练和循环训练，可以被用来提高力量和能量。特定的药球训练还可以被用来作为增强式训练项目的一部分，以提升爆发力。药球训练适合于各种年龄、天赋、能力以及各种运动。

二、中型体能练习器材

（一）上肢力量练习器材

1. 二头肌练习椅

【材质】纯钢。

【规格】长度101厘米，宽度81厘米，高度88厘米，重量40千克。

【产品说明】二头肌练习椅，无需调节，适用于不同身材人群；倒模聚氨酯保护层可防止框架上产生碎片及划痕。

图11－19　二头肌练习椅

2. 坐姿推举训练器

【材质】主架均选用壁厚3厘米高强度大截面优质椭圆管。

【规格】长度193厘米，宽度139厘米，高度200厘米，重量275千克。

【产品说明】阻力传递系统采用高强度进口拉力带配防跑偏导向轮，软垫设计符合人体工程学原理。座垫高度采用阻尼气缸无级调节；设有辅助装置，可对运动起始位置进行调节，并且在运动复位时起到保护作用，避免运动伤害。

图11－20　坐姿推举训练器

3. 杠铃练习平椅

【材质】采用100面上大弯管新工艺，平椭圆管。

【规格】长度113厘米，宽度139厘米，高度180厘米，重量145千克。

【产品说明】杠铃练习平椅整机突显大气、高档、坚固、安全可靠，激光切割挂钩板、软垫设计符合人体工程学原理。

图 11-21　杠铃练习平椅

4. 坐式高拉力练习器

【材质】纯钢。

【规格】长度 95 厘米，宽度 129 厘米，高度 180 厘米，重量 145 千克。

【产品说明】软垫设计符合人体工程学原理。座垫高度采用阻尼气缸无级调节；设有辅助装置，可对运动起始位置进行调节，并且在运动复位时起到保护作用，避免运动伤害。

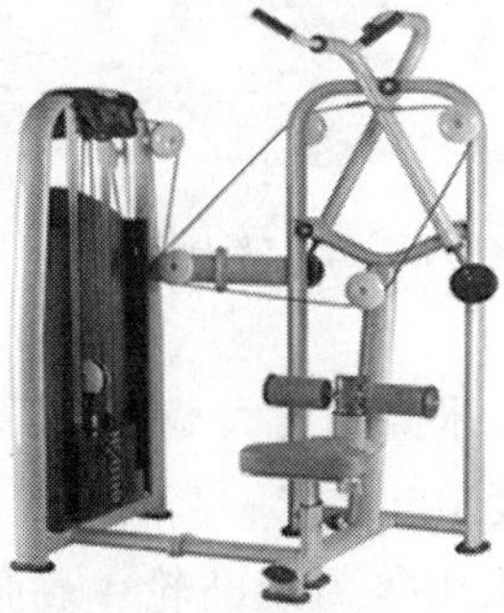

图 11-22　坐式高拉力练习器

5. 坐式划船器

【材质】纯钢。

图 11-23　坐式划船器

【规格】长度 27 厘米，宽度 119 厘米，高度 175 厘米，重量 210 千克。

【产品说明】坐式划船器设计符合人体工程学原理。可调节胸板、座椅高度，转为开始位置设计 全方位舒适手柄。

6. 臂力训练机

【材质】50×100 的双椭圆管使用橡胶贴地护垫。

【规格】长度 100 厘米，宽度 80 厘米，高度 88 厘米，重量 110 千克。

【产品说明】直线轴承设计，滑动顺畅，适应训练者的不同要求。新使用造型，以人为本，更符合人体运动学原理 ，坐垫调节高度以适应不同的人群。

图 11－24　臂力训练机

7. 肩肌训练器

【材质】主架均选用壁厚 3 厘米高强度大截面优质椭圆管。

【规格】长度 120 厘米，宽度 109 厘米，高度 185 厘米，重量 260 千克。

【产品说明】阻力传递系统采用等力矩凸轮＋高强度进口拉力带＋防跑偏导向轮，软垫设计符合人体工程学原理。配重设有微调装置，配重调节间隔可达 1. 25 千克，座垫高度采用阻尼气缸无级调节。

图 11－25　肩肌训练器

（二）下肢力量练习器材

1. 倒蹬训练器

【材质】高档进口金属光亮漆，主框架采用50×100厘米管材。

【规格】长度218厘米，宽度186厘米，高度150厘米，重量191千克。

【产品说明】倒蹬训练器，与底座连接在一起的有调节管、座架、前支架、扶手、靠背支管；调节管和靠背支管及座架的最上部分均和靠垫相连在一起，和前支架相连的杠铃支架及连杆的另一端均与蹬架连在一起，共同组成了平行双摇杆的倒蹬运动机构，避免了钢索滑轮传动的重块式训练器的频繁维护和安全隐患，及直线轴承运动副杠铃汽式训练器的复杂结构和使用噪音，构成了一种免维护无噪音的新型倒蹬式腿肌训练器。

图11－26　倒蹬训练器

2. 腓肠肌练习器

【材质】主材是平椭圆管 模具冲制的大U型件8厘米线切割挂钩板。

【规格】长度150厘米，宽度72厘米，高度100厘米，重量180千克。

【产品说明】坐式腓肠肌训练器的新增设计防后翻安全装置双支点轴承座，可供大重量训练。新概念设计的安全保险杆设计方式和踏板设计更符合人体工程学原理。

图11－27　腓肠肌练习器

3. 提腿练习器

【材质】背垫颜色仅限于蓝色，倒模聚氨酯保护层可防止碎片及划痕的产生。

【规格】长度137厘米，宽度94厘米，高度94厘米，重量63.5千克。

【产品说明】独特的背垫设计为提腿动作提供最佳支撑，扶手和脚踏的设计适合不同身材的使用者，使之置于舒适的起始位置。

图 11－28　提腿练习器

4. 坐式后腿屈伸练习器

【材质】铸铁。

【规格】长度 230 厘米，宽度 68 厘米，高度 175 厘米，重量 183 千克。

【产品说明】符合人体功效原理的设计。可运动中关节和腰部受到的压力减至最小，轻轻调节一下拔销，使用者即可快速转换训练模式。

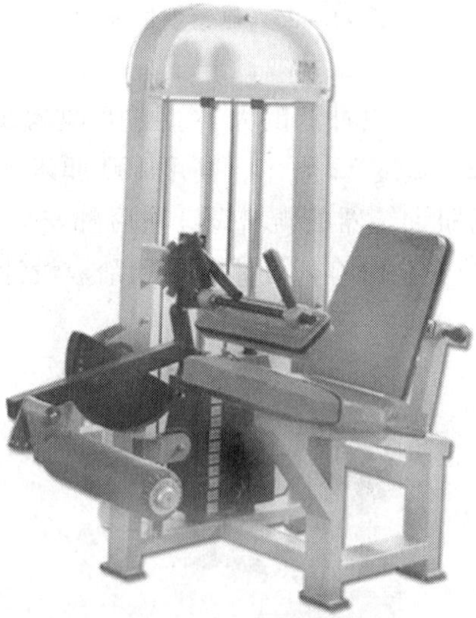

图 11－29　坐式后腿屈伸练习器

5. 坐式提膝练习器

【材质】橡胶软垫，强化尼龙纤维滑轮及精细密封培林，车架润饰处理。

【规格】长度 150 厘米，宽度 80 厘米，高度 137 厘米，重量 210 千克。

【产品说明】直线轴承设计，滑动顺畅，适应训练者的不同要求 ，新使用造型，以人为本，更符合人体运动学原理 ，坐垫调节高度以适应不同的人群。

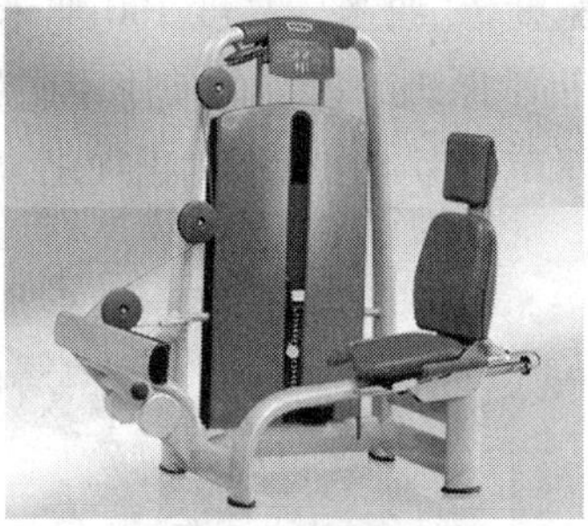

图 11－30　坐式提膝练习器

（三）腰腹及综合力量练习器

1. 背肌练习椅

【材质】橡胶软垫，金属车架不易起毛摩擦和油漆脱落。

【规格】长度 122 厘米，宽度 86 厘米，高度 100 厘米，重量 57 千克。

【产品说明】符合人体工程学原理．产品的使用说明牌挂置于机器显著的位置，可以方便运动时从不同角度进行示范参考，以使运动正规化，从而达到预期的运动目标。

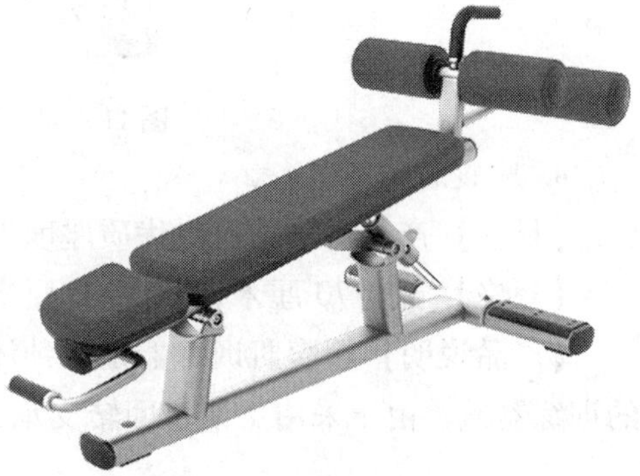

图 11－31　背肌练习椅

2. 弧形腹肌板

【材质】橡胶软垫，坐垫保护套。

【规格】长度 150 厘米，宽度 62 厘米，高度 70 厘米，重量 14 千克。

【产品说明】弧形腹肌板是训练肌肉的上好器材，主支架可调节高低不同位置，可折叠存放，方便收藏，轻松仰卧起坐可训练腹部肌肉及大腿内侧各部位肌肉；配合使用哑铃，可同时锻炼上肢及胸部和背部肌肉。

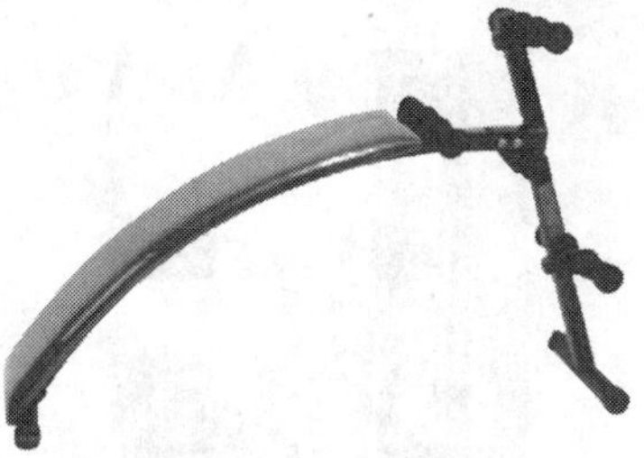

图 11－32　弧形腹肌板

3. 坐式腹背部练习器

【材质】高张力强度低碳钢铁材。

【规格】长度50厘米，宽度70厘米，高度180厘米，重量54千克。

【产品说明】符合人体工程学原理．产品的使用说明牌挂置于机器显著的位置，可以方便运动时从不同角度进行示范参考，以使运动正规化，从而达到预期的运动目标。

图11－33　坐式腹背部练习器

4．腰腹肌训练器

【材质】产品均采用进口优质厚度3毫米钢管，坐垫采用优质PU仿真专业皮革。

【规格】长度70厘米，宽度60厘米，高度150厘米，重量54千克。

【产品说明】腰腹肌训练器是一种体育训练器械，具体地说是涉及一种腰腹肌群的训练器械，由于采用主架、回转支承架、靠背回转架和回转座椅四部分结构组成。

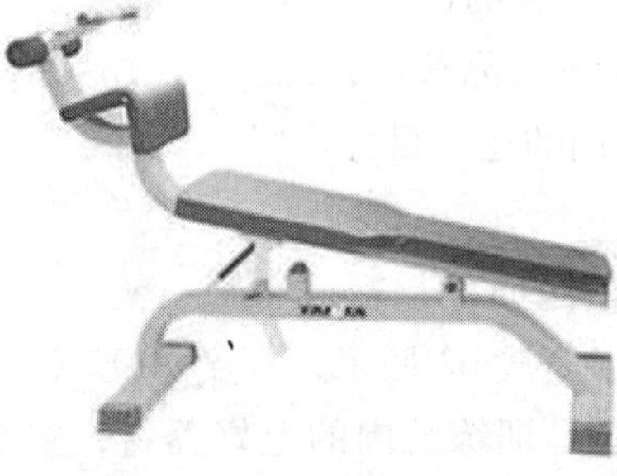

图11－34　腰腹肌训练器

5．腹肌训练器

【材质】坐垫采用优质PU仿真专业皮革。

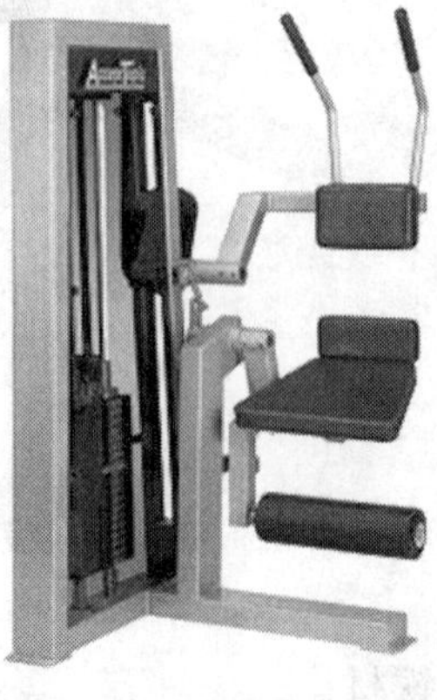

图11－35　腹肌训练器

【规格】长度 125 厘米，宽度 34 厘米，高度 120 厘米，重量 64 千克。

【产品说明】独有的双层粉体烤漆程序使运动车架拥有像轿车般的高贵气质，同时经润饰处理的金属车架不易起毛摩擦和油漆脱落。使运动者始终置身于舒适柔软的气垫保护中，在防止运动损伤的同时加强了对人体支撑。

三、大型体能练习器材

（一）上肢力量练习器材

1. 辅助站式单双杠训练器

【材质】采用大规格的钢管制造和静电喷涂处理，高硬度、高精密度直线导轨。

【规格】长度 130 厘米，宽度 82 厘米，高度 216 厘米，重量 255 千克。

【产品说明】符合人体工程学原理。产品的使用说明牌挂置于机器显著的位置，可以方便运动时从不同角度进行师范参考，以使运动正规化，从而达到预期的运动目标。

图 11 – 36　辅助站式单双杠训练器

2. 蝴蝶式扩胸练习器

【材质】采用大规格的钢管制造和静电喷涂处理，高硬度、高精密度直线导轨。

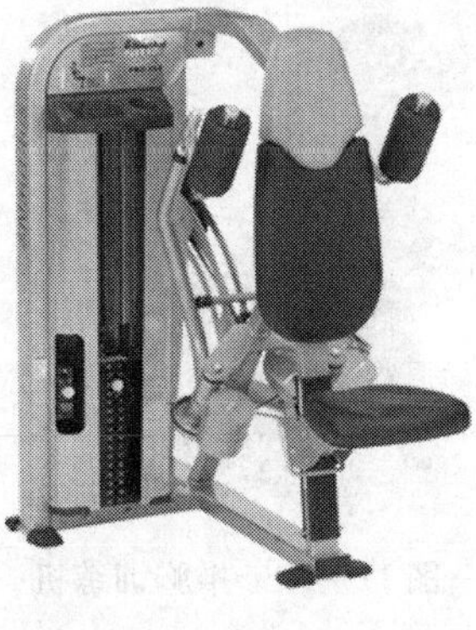

图1 – 37　蝴蝶式扩胸练习器

【规格】长度 82 厘米，宽度 166 厘米，高度 158 厘米，重量 141 千克。

【产品说明】体验非凡的胸部肌肉训练 ，通过负重片的调整来调节不同的训练级别 ，独特的双面和单面使用设计，隐藏式椭圆凸轮可以任意进行不同耐力训练达到更好的效果。

3. 高拉练习器

【材质】采用大规格的钢管制造和静电喷涂处理，高硬度、高精密度直线导轨。

【规格】长度158厘米，宽度61厘米，高度211厘米，重量201千克。

【产品说明】特长的手把可以让训练者选择宽、中、窄三种手柄位置，可调性压腿垫适合不同训练者。

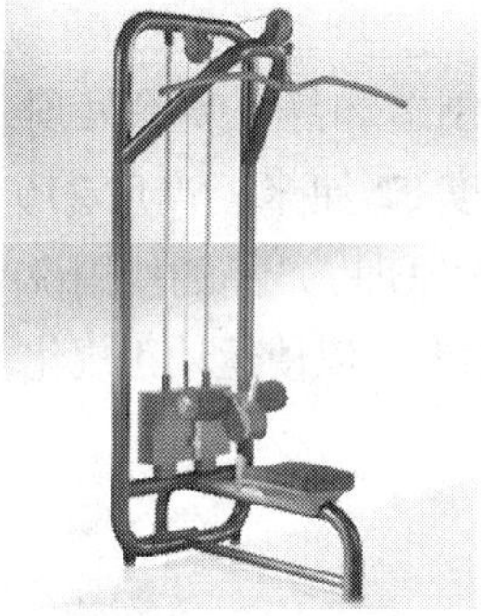

图11－38 高拉练习器

4. 推胸训练机

【材质】选用高延展性低碳椭圆钢管，结构钢架均采用静电粉体涂装防锈处理。高品质耐寒乳胶皮座垫设计。

【规格】长度126厘米，宽度140厘米，高度166厘米，重量141千克。

【产品说明】整体机器部件所有螺帽接口和裸露口都配备进口橡胶缓冲套，安全稳定。使用者无需离开训练位置就可自行调整负重、运动角度等，更显人性化。配置感应电子显示屏，方便使用者掌握自身运动的重量、次数，消耗热量等数据。辅助式液压自动归位升降调节座椅，更便捷，让使用者更加专注于运动中。

图11－39 推胸训练机

5. 上肢十字内收练习器

【材质】主框架由一根椭圆形钢管弯曲而成，钢制配重盘。

【规格】长度377厘米，宽度110厘米，高度230厘米，重量91千克。

【产品说明】多功能器械，可进行众多全身练习，特别是对躯干的练习，练习时站在两条柱之间，可在钢索上固定随附的各种配件和手柄。

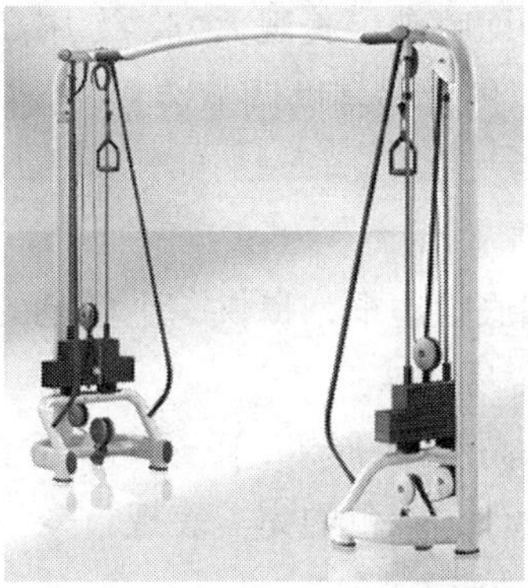

图11－40　上肢十字内收练习器

6. 坐式肩膊后展练习器

【材质】椭圆管，经酸洗后喷漆采用静电吸附，银灰色，坐垫为人造皮革。

【规格】长度113厘米，宽度120厘米，高度148厘米，重量130千克。

【产品说明】双轴分动式，可做单轴单臂运动。自然运动的椭圆形状锻炼侧向下拉练习所需的全部肌肉 。

图11－41　坐式肩膊后展练习器

7. 肩肘提升训练器

【材质】超厚大规格矩形管设计，结实耐用，高密度海绵，优质虎革面料。

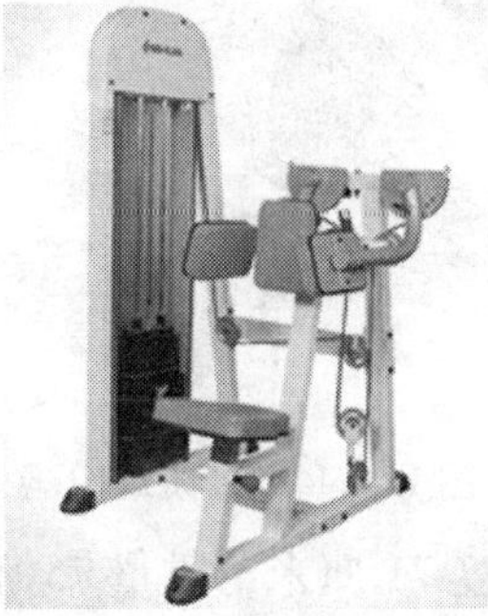

图11－42　肩肘提升训练器

【规格】长度 135 厘米，宽度 117 厘米，高度 171 厘米，重量 230 千克。

【产品说明】透明闪银表面喷塑，美观大方，专用高强度、高硬度、高精度的耐磨镀硬铬导杆，使用更顺畅，气弹簧辅助调节装置，使用更方便。

（二）下肢力量练习器材

1. 健身跑台

【材质】全新高强度全铝底盘边框，提供一个稳定的跑步空间，钻石纹专业商用跑带，防滑、抗寒、抗静电，易清洁。

【规格】长度 235 厘米，高度 71 厘米，重量 170 千克。

【产品说明】时尚外观设计，双色的完美表现，豪华超大型操作显示面板，可拆卸式储物盒设计。

图 11－43　健身跑台

2. 台阶练习器

【材质】把手防汗设计，多种运动模式椭圆管材设计，排汗纤维材质设计，易清洁，舒适卫生；珍珠银高档烤漆技术。

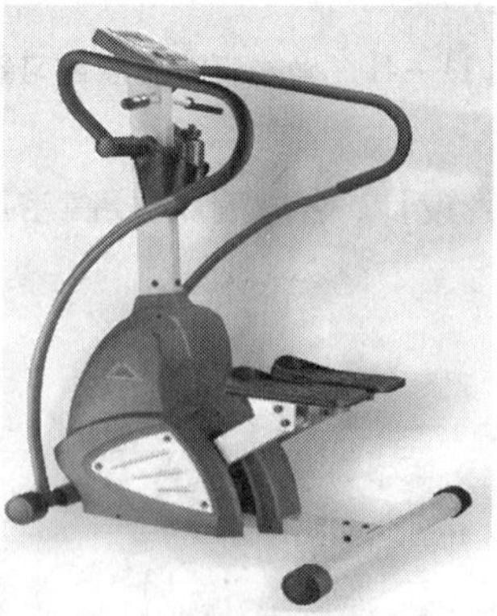

图 11－44　台阶练习器

【规格】长度 165 厘米，高度 71 厘米，重量 75 千克。

【产品说明】皮带传动，领先技术，超静音，克服原链条设计带来的各种弊端，自动保持水平技术，方便使用，安全可靠，一体中轴设计，经久耐用，保证脚凳在常规负荷下依旧正常使用。

3. 椭圆机

【材质】高品质金属构架设计，15 级阻力设计，30～450 瓦特，自主发电系统。

【规格】长度 222 厘米，高度 74 厘米，重量 83 千克。

【产品说明】可操作实用及多功能面板设计，操作简便、舒适踏板，保证运动的品质，自主发电系统，手握心律测试，贴地调整设计，使机器在不平整的地面上也能保持稳定、安全。

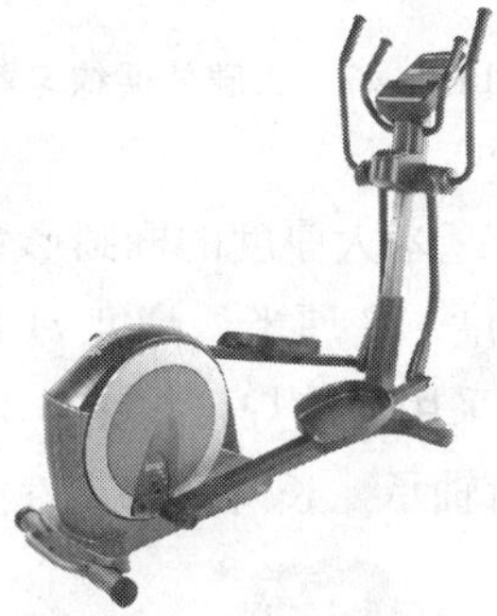

图 11－45　椭圆机

4. 座式蹬腿练习器

【材质】高品质金属构架设计，15 级阻力设计，30～450 瓦特，自主发电系统。

【规格】长度 191 厘米，宽度 117 厘米，高度 184 厘米，重量 148 千克。

【产品说明】精铸设计座架有效避免运动产生的摩擦，脊柱减压式设计，坐架手柄调节使训练者更自然地进行锻炼，全调式后背垫和二位调节适合不同训练者。

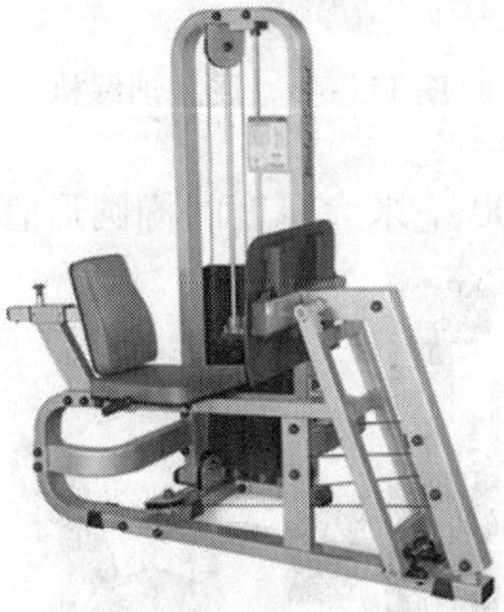

图 11－46　座式蹬腿练习器

5. 大腿伸展练习器

【材质】高品质金属构架设计，15 级阻力设计，30～450 瓦特，自主发电系统。

【规格】长度 107 厘米，宽度 100 厘米，高度 183 厘米，重量 141 千克。

【产品说明】锻炼腿部肌肉和膝关节，坚固的框架和偏心凸轮阻力系统设计，可调式斜靠式座椅适用于各种训练者，易减轻腰部压力。

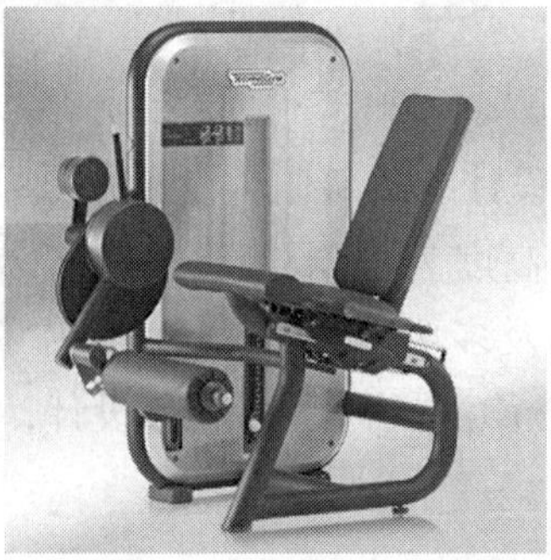

图 11－47 大腿伸展练习器

6. 屈腿训练机

【材质】采用 50 毫米 ×100 毫米大厚度的椭圆形管材，高密度泡沫材质

【规格】长度 186 厘米，宽度 128 厘米，高度 71 厘米，重量 162 千克。

【产品说明】人性化设计，采用连续焊接，无空隙，稳固。静电粉末喷漆，耐刮擦，不易脱落。工业级标准密封轴承，长寿命和高性能运转。

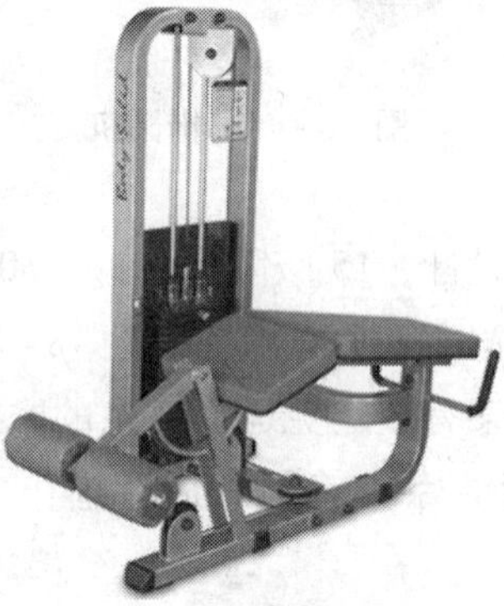

图 11－48 屈腿训练机

7. 大腿内侧肌练习器

【材质】采用 50 毫米 ×100 毫米大厚度的椭圆形管材，坚固耐用安全。

图 11－49 大腿内侧肌练习器

【规格】长度 160 厘米，宽度 74 厘米，高度 163 厘米，重量 252 千克。

【产品说明】采用棘轮式调校系统，使用者可以每 10 度递增调节起始重量位置，膝垫与连接脚踏位置可承托腿部，并减少膝盖扭伤，铁片位置稍作提高，方便使用者在座位上作出调校。

（三）腰腹及综合力量练习器材

1. 腰部旋转训练机

【材质】主力架使用进口 50 厘米 ×80 厘米 ×3 厘米钢管管材 滑轮选用 ABS 材料制成，并且采用双排列滚动滑轮设计。

【规格】长度 170 厘米，宽度 106 厘米，高度 160 厘米，重量 177. 2 千克。

【产品说明】设计符合人体生物力学。座垫及运动者接触部位使用多层 PVC 皮革 器材配有运动说明图片，上面有操作说明、起止动作说明图、注意事项、锻炼部位图示等，直观、明了、简单、易懂。

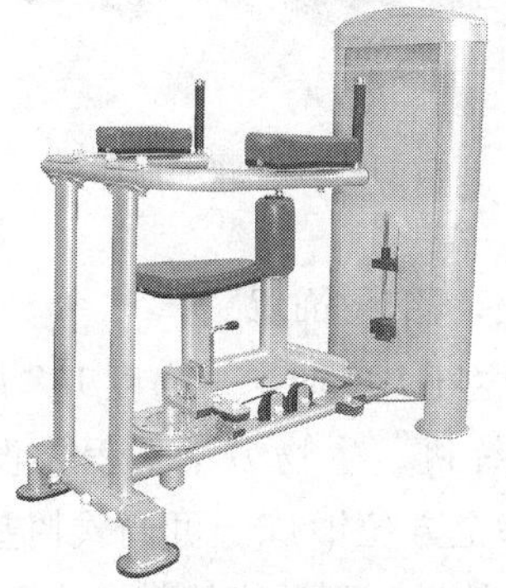

图 11－50　腰部旋转训练机

2. 背肌伸展练习器

【材质】面包管材设计，不锈钢装饰罩。

【规格】长度 130 厘米，宽度 130 厘米，高度 170 厘米，重量 160 千克。

【产品说明】可调节的脚踏合适，不同身体的锻炼者使用，更可在座位上容易调试，位置适中的腰垫与相对的旋转轴承，有助于使用者以正确的姿势进行锻炼。

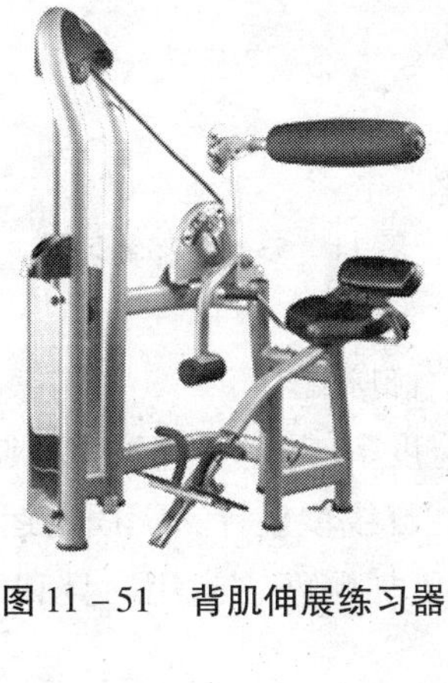

图 11－51　背肌伸展练习器

3. 腹部前屈机

【材质】面包管材设计，不锈钢装饰罩。

【规格】长度 112 厘米，宽度 126 厘米，高度 107 厘米，重量 80 千克。

【产品说明】可以进行腹部前屈，锻炼腹直肌，可调座椅带适合不同的训练者。

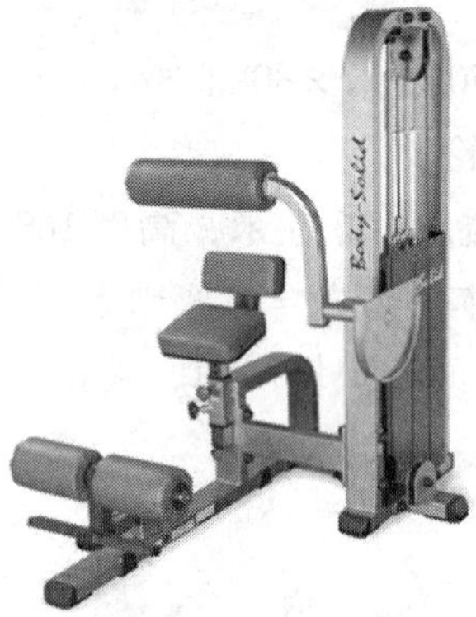

图 11－52 腹部前屈机

4. 腹部练习器

【材质】面包管材设计，不锈钢装饰罩。

【规格】长度 117 厘米，宽度 107 厘米，高度 158 厘米，重量 95 千克。

【产品说明】专业腹部训练机，生物力学工程化设计，使训练者更加平滑、舒适、全方位地进行腹部前屈部全方位锻炼。可调式椅垫、压腿垫、舒适的胸垫和一组配重片易于获得最佳的运动效果，可调座椅带适合不同的训练者。

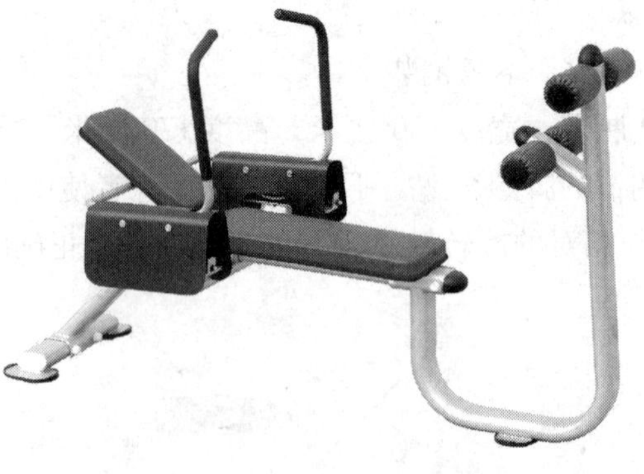

图 11－53 腹部练习器

5. 综合站位机

【材质】高密度钢材主架，椭圆管。

【规格】长度 107 厘米，宽度 76 厘米，高度 108 厘米，重量 225 千克。

【产品说明】全新椭圆管，流线型设计，无固定运动轨迹拉索，可轻松锻炼不同部位，下拉宽槽滑轮较之传统更加顺畅、耐用，且利于器械的保养与维护，气体辅助座椅伸缩，可扩展功能。

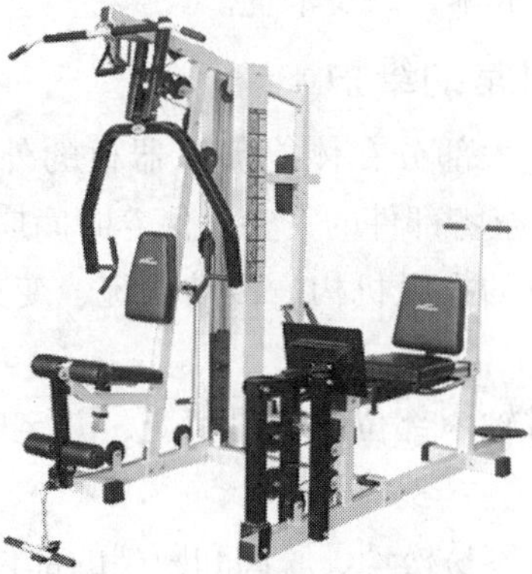

图 11－54　综合站位机

6. 综合训练机

【材质】高密度钢材主架，椭圆管。

【规格】长度 208 厘米，宽度 183 厘米，高度 211 厘米，重量 237 千克。

【产品说明】全新椭圆管，流线型设计，14 位 180°弧形设计多功能臂可轻松调节运动方位，无固定运动轨迹拉索，可轻松锻炼不同部位，下拉宽槽滑轮较之传统更加顺畅，耐用，且利于器械的保养与维护，气体辅助座椅伸缩可扩展功能。

图 11－55　综合训练机

第二节　体能训练器材的维护

体能训练器材的维护与保养是体能训练房器材管理的重要组成部分。体能训练器材维护与保养的好坏，直接决定着体能训练器材的使用质量与使用寿命，也决定着体能训练器材的运行成本。体能训练器材维护与保养的目的，主要是使体能训练器材的使用性能良好，延长修理间隔期，延长体能训练器材的使用寿命，提高体能训练器材的工作效率，降低成本，减少消耗。

一、体能训练器材日常的维护

日常保养的部位较少，大部分在体能训练器材的外部。保养方法包括：清洁、润滑、紧固易动的螺丝，检查零部件的完整。保养时间应该是每天进行例行保养。

（1）检查体能训练器材的操纵机构、传动系统、变速机构及安全防护、保险装置是否灵敏可靠。

（2）检查体能训练器材轴承部位的润滑情况，并定时、定点加注定质、定量的润滑油。

（3）检查体能训练器材容易松动、脱离和断裂的部位是否正常。

（4）检查体能训练器材的腐蚀、砸碰、拉动、断裂和漏油、漏气、漏电等情况，搞好清洁卫生。

（5）检查体能训练器材的配置附件和修理工具是否齐全。

二、体能训练器材每周的维护

每周保养的方法是对体能训练器材进行普遍的扭紧、清洁、润滑，并作部分调整。保养时间一般在每周或大型体能训练器材连续运转500个小时后保养一次，一般停机8个小时。

（1）根据体能训练器材的使用情况，对部分零部件进行清洗。

（2）对体能训练器材的某些配合间隙进行适当调整。

（3）清除体能训练器材表面的锈斑、油污，检查调整润滑油路，保证畅通不泄漏。

（4）清扫体能训练器材的电器箱、电动机、电器装置和传动装置，做到固定整齐、安全防护装置牢靠。

（5）清洗体能训练器材的附件。

三、体能训练器材年度的维护

年度保养的方法是对体能训练器材进行内部清洁、润滑、局部解体检查修理。保养时间按一班制计算是一年进行一次或大型体能训练器材累计运转2500个小时后进行一次年度保养，停机时间为32个小时。

（1）对体能训练器材进行内部清洁、润滑、局部解体检查修理。

（2）对体能训练器材的各种传动箱或传动系统、液压箱、冷却箱清洗换油，油质和油量要符合要求，保证正常润滑。

（3）体能训练器材的修复和更换损件。

（4）检查体能训练器材的电器箱、电动机、整修线路。

（5）对体能训练器材进行 检查、调整、恢复精度和校正水平。

第三节　体能训练器材使用的安全保障

一、器材质量标准

GB17498－2008 固定式体能训练器材书 。

附：《中华人民共和国国家质量监督检验检疫总局发布》。

二、器材使用操作程序

体能训练除了能够有效雕塑线条，更能防止骨质疏松，减缓骨质流失，体能训练器械是现代人不可或缺的生活必需品。但是越来越多的器材，如何能够顺利的上手，往往是体能练习者的罩门。为了让大家能够顺利展开体能训练生活，特别设计有系统的操作流程。

（1）做好开机运行前的准备工作；在使用体能训练器材之前，一定要先了解器械的使用说明、注意事项。

（2）熟练掌握开停机的操作程序和安全注意事项。

（3）了解器材的重要技术指标和极限范围，避免出现操作失误。

（4）防止出现事故的措施和紧急情况的处理方法。

三、器材的管理

为加强管理，确保体能训练器材能有效、安全地使用，应做到：

（1）随时了解体能训练器材的运行情况。

（2）严格执行操作规范，保持操作器材的灵敏可靠。

（3）用正确判断故障征兆和原因，掌握故障排除方法。

（4）熟悉体能训练器材的原理、结构、性能、使用范围。

（5）做好体能训练器材的日常保养和定期保养，保持器材整洁；熟悉检查项目内容，发现异常及时处理。

（6）管理好体能训练器材以及体能训练器材附件、仪器仪表、安全防护装置，使器材的附件、工具齐全无损。

第四节　体能训练房

体能训练房环境设计与布局的好坏，直接影响着体能训练的练习者的锻炼效果。在进行体能训练房的设计与布局时应做到以下几点基本要求：

一、场地要求

体能训练房具有为人们提供徒手、器材等多种运动方式进行体育锻炼的条件和相关设施，以增强人们体质为目的的锻炼活动场所。体能训练房是练习者进行徒手和器材锻炼的场所。

（一）位置要求

第一，相对分配要合理，同类体能训练房企业或同一档次体能训练房不能过分集中。

第二，交通便利，利于驾车（或骑车），在15~20分钟车程内为佳，建在交通繁华区域主干道公路旁，尽可能利于停车，最好设置停车场。

第三，市场定位，根据目标市场选择适当的地点，建立相应的规模，选择相应的器材设备、设施和相应档次的服务。

（二）面积要求

小型训练房：50~100平方米；

中型训练房：100~300平方米；

大型训练房：300平方米以上。

二、器械布局

体能训练房的器械布局，大多分为有氧徒手区、有氧器械区、力量器械练习区、体能检测区、休息区等等。

（一）有氧徒手区

最好用枫木制造，也可用地毯或塑胶铺设，并内置音响喇叭箱及弹簧设备，使地面随着音乐节拍震动；同时配备空调、墙身镜子、高频音响、电视系统、饮水机。

（二）有氧器械区

安置功率自行车、跑步机、划船器、骑马机、椭圆运动健身器、登山健身器等心肺功能锻炼器材，同时配置空调设备、音响系统、电视系统、地面铺软地毯。

（三）力量器械练习区

安置一系列标准型的杠铃、哑铃、控力器、举重床，各种独立式或综合式、单功能或多功能的力量练习器械设备，同时在适当的地方放一面镜子。

（四）体能检测区

便于锻炼者在练习前检验一下自己的体格，并编排适当的运动程序及难度安置身体成分测试仪、肺功能测试仪、心脏功能测试仪、身体柔软度测试仪、肌肉力量测试仪、脂肪厚度测试仪、血压测量器、身高和体围及体重量度等。

三、场馆应急处理保障

为预防和减少体能训练房突发事件的发生，控制、减轻和消除体能训练房突发事件带来的严重社会危害，切实保证体能训练房的安全，保障练习者的合法权益，提出以下保障措施：

（1）配置齐全各种消防器材、火警系统和喷洒器系统。

（2）备有可使用的急救箱。

（3）安全通道和紧急出口保证畅通。

（4）使用电器操作器械设备的区域，必须提供接地的电开关或漏电自动切断开关系统。

（5）前台或接待台，必须提供一个系统，用来监视事故和偷盗。

（6）不提供酒精饮料。

（7）严禁吸烟。

（8）所有的应急措施必须张贴出来。

思考题

1. 体能训练器材可以分为哪几类？

2. 体能训练器材的维护可以分为哪几类？其内容分别是什么？

3. 体能训练器材的使用与管理分别有哪些要求？

4. 结合本章的学习，让你设计和布局一间体能训练房，你会从哪些方面来设计和布局体能训练房？

参考文献

[1]体育理论编写小组.体育理论[M].北京:人民体育出版社,1996.
[2]田麦久.运动训练学[M].北京:人民体育出版社,2000.
[3]何雪德,龚波,刘喜林.体能概念的发展演绎着新时期训练思维的整合[J].南京体育学院学报,2005,19(1).
[4]李春雷.体能训练刍议[J]. 中国体育教练员,2010(2).
[5]张良力,袁运平.对体能训练的发展趋势与我国竞技体育体能训练中存在问题的探讨[J].广州体育学院学报,2009,29(4).
[6]钟莉.竞技健美操运动员体能训练方法的研究[D].苏州:苏州大学硕士论文,2010.
[7]全国体育学院教材委员会.运动训练学[M].北京:人民体育出版社,2000.
[8]王瑞元.运动生理学[M].北京:人民体育出版社,2002.
[9]王保成,等.竞技体育力量训练指导[M].北京:人民体育出版社,2001.
[10]陆一帆,方子龙,张亚东.游泳运动科学训练与监控[M].北京:北京体育大学出版社,2007.
[11]张洪潭.运动训练原理新知简述[J].体育与科学,2001,22(3).
[12]张英波.现代体能训练方法[M].北京:北京体育大学出版社,2006.
[13]谭成清,李艳翎,裴竞波. 现代大学体育教程[M].长沙:国防科技大学出版社,2010.
[14][英]韦恩·威伦.教你练肌肉(第一版)[M].长沙:湖南科学技术出版社,2005.
[15]曹兵.健美技巧图解(第一版)[M].北京:北京体育大学出版社,2007.
[16][美]奥利·霍夫梅克勒.多肌肉少脂肪[M]. 北京:北京体育大学出版社,2010.
[17]张先松. 健身健美运动[M]. 北京:高等教育出版社,2005.
[18]国家体育总局干部培训中心.高水平竞技运动体能训练研究[M]. 北京:北京体育大学出版社,2009.
[19][美]弗拉基米尔·M·扎齐奥尔斯基,威廉·J·克雷默. 力量训练的科学和实践(第二版)[M].金季春,译.北京:北京体育大学出版社,2011.
[20]吴东明,王健.体能训练[M].北京:高等教育出版社,2006.
[21]童昭岗.体操 [M].北京:高等教育出版社,2005.
[22][美]福伦. 高水平竞技体能训练[M].袁守龙,刘爱杰,译.北京:北京体育大学出版社,2006.

[23]樊丽丽. 健身指导员与健身房经营全攻略[M]. 北京:中国经济出版社, 2008.
[24]孙文新. 现代体能训练:核心力量训练方法[M]. 北京:北京体育大学出版社, 2010.
[25]吴东明. 体能训练[M]. 北京:高等教育出版社, 2006.
[26]刘令姝. 健身房百问:专业教练带你走进健身房[M]. 北京:北京体育大学出版社, 2008.
[27]李遵. 体能训练学[M]. 成都:四川科学技术出版社, 2001.
[28]邓树勋,王健,乔德才. 运动生理学[M]. 北京:高等教育出版社,2005.
[29]邓树勋,洪泰田,曹志发. 运动生理学[M]. 北京:高等教育出版社,2003.
[30]全国体育院校教材委员会. 运动生理学[M]. 北京:人民体育出版社,2005.
[31]田麦久. 运动训练学 [M]. 北京:高等教育出版社,2006.
[32]曲绵域,于长隆. 实用运动医学(第四版)[M]. 北京:北京大学医学出版社,2003.
[33]姚鸿恩. 体育保健学高级教程[M]. 桂林:广西师范大学出版社,2003.
[34]姚鸿恩. 体育保健学(第四版)[M]. 北京:高等教育出版社,2006.
[35]《国家学生体质健康标准解读》编委会. 国家学生体质健康标准解读[M]. 北京:人民教育出版社,2007.
[36]杨静宜,徐峻华. 运动处方[M]. 北京:高等教育出版社,2005.
[37]http://www.china.com.cn/chinese/SPORT-c/99266.htm.
[38]http://sports.sohu.com/20090920/n266859337.shtml.
[39]http://www.shanghai.gov.cn/shanghai/node2314/node2315/node18454/userobject21ai310430.html.
[40]http://sports.sina.com.cn/n/2006-01-16/10191996093.shtml.
[41]http://sports.sina.com.cn/n/2007-04-11/07322861612.shtml.
[42]http://news.xinhuanet.com/olympics/2008-08/15/content_9360211.htm.
[43]http://news.xinhuanet.com/sports/2008-08/15/content_9287105.htm.
[44]http://news.xinhuanet.com/olympics/2008-08/19/content_9512415.htm.
[45]http://news.xinhuanet.com/olympics/2008-08/17/content_9437558.htm.
[46]http://news.xinhuanet.com/olympics/2008-08/16/content_9411388.htm.
[47]http://news.xinhuanet.com/olympics/2008-08/17/content_9457278.htm.
[48]http://news.xinhuanet.com/olympics/2008-08/17/content_9453905.htm.
[49]http://news.xinhuanet.com/olympics/2008-08/15/content_9364148.htm.

图书在版编目（CIP）数据

体能训练／谭成清，李艳翎主编．—长沙：湖南师范大学出版社，2012.8
ISBN 978－7－5648－0846－4

Ⅰ.①体…　Ⅱ.①谭…②李…　Ⅲ.①体能—身体训练—高等学校—教材
Ⅳ.①G808.14

中国版本图书馆 CIP 数据核字（2012）第 163946 号

体能训练

◇**主　编：谭成清　李艳翎**
◇**副主编：胡　湘　雷艳云**

◇组稿编辑：宋　瑛
◇责任编辑：宋　瑛
◇责任校对：胡亚兰
◇出版发行：湖南师范大学出版社
地址／长沙市岳麓山　邮编／410081
电话／0731－88873071　88873070　传真／0731－88872636
网址／http：//press.hunnu.edu.cn
◇经销：湖南省新华书店
◇印刷：长沙印通印刷有限公司
◇开本：787mm×1092mm　1/16
◇印张：16.75
◇字数：328 千字
◇版次：2012 年 8 月第 1 版　2018 年 8 月第 4 次印刷
◇书号：ISBN 978－7－5648－0846－4
◇定价：32.00 元